汉朝其实很有趣

宛梦 —— 编著

中国华侨出版社
北京

前言

　　汉朝是继短暂的秦朝之后出现的朝代，分为西汉与东汉两个历史时期。大汉帝国是中国历史上寿命最长的帝国，是中华民族创造活力最为充沛、人性也较为高扬的时期。它和之前的秦帝国一起，开创并发展了一种崭新的政治制度和社会文化。在中国古代历史上，没有哪个朝代能像汉朝那样，至今还对我们的生活有着这么大的影响，它的成就在中国历史上是无法磨灭的。

　　"鸿鹄高飞，一举千里。羽翮已就，横绝四海"。"明犯强汉者，虽远必诛"！那是一个军功显赫的时代，遥望 2000 年前的大汉，东临大海，西征绝域，南服百越，北击匈奴。那是一个群英荟萃、人才济济的时代，刘邦、韩信、张良、萧何、司马迁、刘彻、董仲舒、刘秀、刘备、曹操等各类人物在各自领域独领风骚。那是一个文化空前繁荣的时代，文赋独领风骚，发明创造领先世界。

本书讲述了从西汉建立到东汉灭亡长达 400 年的历史。全书以宏大浩荡的气魄、充满激情的笔墨，刻画了一大批个性鲜明、呼之欲出的历史人物，描绘了一幅波澜壮阔的巨幅历史画卷，记录了大汉帝国的兴亡沧桑，再现中国古代军事帝国的勃兴与衰落。

回味中国历史，品味千年文化；纵观风云变幻，感受时世变迁。本书力图通过对汉朝 400 年间重要事件和重要人物的回顾、反思，帮助读者探寻中华民族兴与衰的因由与契机，感受当年的雄浑质朴、清丽温婉。一书在手，遍阅两汉王朝恢弘壮丽的历史；一卷在手，尽览大汉帝国 400 年的盛世传奇。

目 录

汉朝 其实 很有趣

市井出身

汉高祖刘邦是一位传奇帝王。对于刘邦的出生，史书的记载不免充满神话色彩。

司马迁在《史记·高祖本纪》中这样记载：

高祖，沛丰邑中阳里（今江苏徐州市丰县）人，姓刘氏，字季。父曰太公，母曰刘媪。其先刘媪尝息大泽之陂，梦与神遇。是时雷电晦冥，太公往视，则见蛟龙于其上。已而有身，遂产高祖。

纵观史书记载的历代中原汉族帝王，大多带有点神话色彩，有的看见彩虹而怀孕，有的因吃了神鸟蛋而怀孕，有的梦见红日入怀而怀孕，千奇百怪，可是记载说母亲跟蛟龙行周公之礼而怀孕的，独刘邦一个。

于是后人便有种种揣测，认为刘邦很有可能是其母红杏出墙而与外人私通所生。

刘邦也确实不像是刘家的人。刘邦的两个哥哥长大后，就帮着家里劳作，为养家糊口而终日辛劳，尤其是二哥刘仲，干活是一把好手，为刘家改善经济条件出了不少力。可是刘邦自幼顽劣，念书的时候就经常逃学，长大了更是游手好闲，也不懂给家里挣钱。不仅不赚钱，刘邦还爱交朋友，有了钱就同一群朋友吃喝玩乐花个精光，刘邦因为不求上进没少挨父亲刘太公的骂。然而骂是没用的，怎么骂，刘邦也不肯干农活。没办法，刘太公凭着自己人面熟、交际广，花了点银子，让刘邦当上了沛县泗水亭的亭长。

亭长的官职其实不大。当时，十里为一亭，设一个亭长，一里有百十户人家，一亭之长就相当于今天管理千八百户人家的村长或者街道办事处主任。十亭为一乡，乡再往上是县，县之上是当时行政区划的最高级别——郡。亭长属于芝麻绿豆大的小吏，主管治安警卫，兼管检查停留旅客，治理民事。

当了这么个小吏，刘邦也利用职务之便胡来，成天带着几个手下在街上厮混，与开酒馆的王氏、武氏有暧昧关系。刘邦没事就去王氏、武氏的酒馆喝酒调情，喝醉了就在两人那睡睡觉。喝了别人家的酒，刘邦也不给钱，只是记账。王氏、武氏也不客气，刘邦不付钱喝酒，以后酒价翻倍。刘邦也不言语，翻倍就翻倍，反正不给钱，他是无所畏惧。

酒账一直记到年末，王氏、武氏去要账，刘邦自然不干，直接点明两个酒馆掌柜针对他抬高酒价的事实。县官不如现管，账没法要，也就作废。王氏、武氏赔了钱财又失身，还得给自己找宽心丸吃，跟人说刘邦睡着的时候身上常常冒出一条龙，可见刘邦不是一般人，酒钱要不来就不要了。不仅跟王氏、武氏玩暧昧，刘邦还与一个曹姓女子有私，并生下一个儿子，此子就是日后的齐王刘肥。

在这期间，刘邦还发明了个东西。《史记·高祖本纪》记载："高祖为亭长，乃以竹皮为冠，令求盗之薛治之，时时冠之，及贵常冠，所谓'刘氏冠'乃是也。"后来这个刘氏冠还流行起来，晋朝皇帝祭祀的时候都得戴这种帽子。虽然说是小发明，但是在古时候却是不务正业的举动。

孔夫子说，男人三十而立，四十不惑。刘邦到了三四十岁却既未成家，也未立业，终日流连酒色，不务正业，估计刘太公都被这个"问题中年"弄得面目无光，可是谁又能想不久的将来这样的一个人竟会开创一个王朝，写就一段传奇呢？然而，偏偏就是这么一个普普通通的小人物，不是凤子龙孙，不是簪缨世家，不是一方富豪，没有满腹经纶，没有举鼎之力，却压倒了那些名门之后、盖世雄杰，平天下、定诸侯，成了富有四海的一国之君。

"承天景命"斩白蛇

月朗星稀，溪水淙淙流淌，蟋蟀唧唧鸣唱，大泽的夜色有那么一点撩人。

醉醺醺的刘邦倚在一块石头上，不时打着酒嗝。他有心对着这一片良辰美景赋诗一首，怎奈肚子里墨水不多，心里又有几分烦躁不安，想了半天，也没想出一句。又想起家里娇妻幼子，还有那卖酒的王氏、武氏和情妇曹氏，刘邦心里一声长叹：怎么就混到这步田地了呢？

婚后的泗水亭长刘邦终于享受到了属于自己的家庭温暖。然而，官场上有句话：当差不自在，自在不当差。领国家的俸禄，也不可能总吃闲饭。这一天，任务来了：奉朝廷旨意，沛县解送咸阳给秦始皇修骊山陵的刑徒凑齐了，要求刘邦负责此次押送任务。

当时，押送刑徒的任务已经不好干了。自统一中原之后，秦始皇造长城、修骊山陵、建阿房宫，大兴土木。那个时代没有什么先进的工程器械，甚至连铁都没有被广泛应用，干活全靠人拉肩扛。

长城，中国古代的伟大工程。骊山陵，方圆一百多里，从秦始皇十三岁即位开始修，一直修到他儿子胡亥登基，最后还是因为战乱草草收尾，仅仅是其陪葬坑中的兵马俑就被列为世界八大奇迹之一。阿房宫，从公元前212年开始修，一直到秦朝灭亡都没修完，要是修完了，又得是一个奇迹。

这三个大工程，哪个不是用人命堆出来的？三国的杨泉在其著作《物理论》中称："秦始皇使蒙恬筑长城，死者相属。"秦代有一首民歌：

生男慎勿举，生女哺用脯。不见长城下，尸骸相支柱。

意思就是说，生了女孩要好好喂养，生了男孩千万别养，养也是白养。没看长城底下那些壮丁尸骸相连吗？

修骊山陵、阿房宫虽然死亡率不会像修长城这样高，但是苦役累死、病死、被打死的情况也是经常发生的。故土难离，妻儿难舍，生死难料，老百姓对被抓壮丁是非常恐惧的，在被押送的路上常常逃亡。壮丁逃了，押送的人就得负责，就得挨骂、挨打、受罚。所以说，沛县县令此次派刘邦押解壮丁，绝没安什么好心。

刘邦押着刑徒们启程之后，一路上刑徒们逮住机会就开溜，没走出多远，人跑得差不多了。刘邦暗自琢磨：看这阵势，等到了咸阳，就剩我一个人了，安能得好？看来我这个亭长当到了头，也得逃命了。

逃，也得会逃。像之前逃走的那些苦役，单打独斗，一个人没法生存，十有八九还得被抓住。要跑就得多带几个人，拉起一支队伍，找个地形有利的山头做山贼。于是，刘邦眼珠一转，计上心来。

这一天晚上，在今天江苏丰县西边的大泽，刘邦买了酒菜，把剩下的几十人召集到一起聚餐。酒过三巡，菜过五味，刘邦站起身来讲道："各位壮士，这一路上不少人都跑了，也就你们够义气，没撇下我一个人。人已经跑了不少，就算带着你们到了咸阳，咱们也都没好日子过。既然如此，咱们干脆就在这告别吧，你们都赶紧跑，我也得逃命去了。"刘邦一发话，大家纷纷逃命，只剩下十多个人愿意追随刘邦。刘邦对这十几个人热情笼络，添了酒菜继续喝，酒足饭饱之后连夜赶路，寻找安身之所。

此刻，因为对道路不熟，刘邦派出一个人探路，自己则倚着石头，一边醒酒一边等消息。

正在此时，探路的人慌慌张张跑了回来报告说："前边行不得了。我去探路，看见有一条蟒蛇横在路上，这么老粗，好几丈长，要不是我发现得早，就被它一口吞了。咱们换条道走吧！"

听探路的人一番描述，众人心里也怯了，都劝刘邦调头另找道路。

有道是酒壮怂人胆。刘邦的胆子说小不小，可也没多大。要在平时，听说前边有巨蟒拦路，刘邦早就避得远远的。可此时借着酒劲，刘邦胆子大了许多："没出息！堂堂男子汉，还能被一条蛇挡住？看我的！"

说完，刘邦"锵"的一声拔出佩剑，迈着歪歪斜斜的步伐冲了出去。没走多远，果然有一条大蟒横在路上，大概是刚吃饱，正在消化。刘邦没给蟒蛇任何的机会，一时间也顾不上找蛇头，举起宝剑向蛇身用力一砍，巨蟒当即被砍为两截。

这本来是一件小事。但是刘邦将此引为自己的得意之作，后来，有人据此编出一段神话故事：

据说，刘邦斩蛇之后继续往前赶了几里路，实在不胜酒力，躺在地上睡着了。跟着刘邦的十几个人不见刘邦回来，就一起去寻。寻到刘邦斩蛇的地方，看见一个老太太坐在那呜呜哭。有人就问："你在这哭什么呢？"老太太一边哭一边说："有人把我儿子杀了，我能不哭吗？"有好打听的问："怎么回事，你跟我们说说？"老太太回答："我儿子不是一般人，是白帝的儿子。他今天变成一条蛇挡在路上，结果被赤帝的儿子给杀了！"众人认为老太太在胡说八道，正要拆穿，老太太突然在众人眼皮子底下不见了。后来众人找到刘邦，把这事说了。刘邦从此成了赤帝的儿子，跟随的人也称刘邦是大神之子，日益敬畏。

白帝是中国上古五帝之一，东夷人的首领，中国嬴姓及秦、徐、黄、江、李等数百个姓氏的始祖。有说法称白帝就是少昊，总之是神。赤帝则为炎帝，中国上古五帝之一，中华民族的始祖之一，也是神。

《史记·封禅书》记载："鲁人公孙臣上书曰：'始秦得水德，今汉受之，推终始传，则汉当土德，土德之应黄龙见。宜改正朔，易服色，色上黄。'是时丞相张苍好律历，以为汉乃水德之始，故河决金堤，其符也。年始冬十月，色外黑内赤，与德相应。如公孙臣言，非也。罢之。后三岁，黄龙见成纪。文帝乃召公孙臣，拜为博士，与诸生草改历服色事。"

种种迹象表明，刘邦斩蛇或为史实，而所谓的"白帝之子被赤帝之子所杀"等一系列神话纯属杜撰之言。史书所载不能不信，也不可尽信。这则传说的起源，大概是刘邦为了提升人气、扩大队伍，与人串通之后造的谣。

后世常有人说"高祖斩蛇起义"，这也不符合事实。此时的刘邦手下不过十几人，连兵器都不齐，哪里谈得上造反，不过是带了一伙人落草为寇。

刘邦当了山大王之后，据说秦始皇称"东南有天子气"，因此屡屡东巡，要用自己的王霸之气镇压东南天子气。秦始皇浩浩荡荡地出游，刘邦怕被剿，就带着队伍到芒砀山（今天的豫、鲁、苏、皖四省结合部）打游击。

那时候地广人稀，山贼生意不好做，难得开一次张，刘邦等人过得跟野人一般。多亏吕雉时不时能带点东西来，大家不至于饿死。趁这个机会，刘邦还有闲心造谣。吕雉每回来探亲，总能找到行踪不定的刘邦。刘邦当着大家的面故作惊讶地问："你怎么总能找到我呀？"吕雉也跟着演戏："那有什么难处？你住的地方天上有云气。我看着云气找你，就找到了。"望着云气找人，实属胡言乱语。这其实根本就是刘邦和吕雉串通好了的。其他人可不知道这夫妻二人装神弄鬼，以为是真事。许多被严刑峻法逼得活不下去的人就有了"实在不行投奔刘季当山贼"的念头。

沛县起兵抗暴秦

在刘邦带着队伍躲进芒砀山做山贼的日子里，山外的世界变得越发精彩。

公元前 209 年，陈胜、吴广在大泽乡举起了反旗，第一个吃了反抗帝国的螃蟹。

有时候，当第一未必是好事。枪打出头鸟，出头的椽子先烂。陈胜、吴广走投无路率先起义，最终也率先被剿灭。但是，这场起义给山大王刘邦的命运带来了转机。

陈胜、吴广起义后，接连攻城拔寨，在陈县树起了王旗。附近郡县"苦秦久矣"，纷纷杀官造反，响应陈胜。起义势头如火如荼。辖区就在张楚政权边上的沛县县令心慌了。

集结战士抵抗张楚？作为区区一个县令，别说要兵没兵，就算募集了一批乡勇，兵器都凑不齐。尽忠报国？千古艰难唯一死，县令可没打算为大秦搭上自己的性命。思来想去，县令认为还是应该举沛县向陈胜投降，先熬过这一关再说。

投降也不是县令一个人说了算。别看他在沛县官最大，手下要都不同意投降，他也降不成。因此，县令把功曹萧何和管刑事的曹参找来。这两个人在县里都是说得上话、很得人心的。县令首先发表了一通"为使本县免于战乱之苦携沛县投降"的高调开场白，然后很民主地征求萧何、曹参的意见。

萧何、曹参早就提心吊胆地琢磨过这件事。好歹他们也都是县里有头有脸的官吏，是百姓眼中的官僚，如果顽抗到底，百姓绝对不会对他们客气。县令一直以来没动静，两人早就着急了。今天听县令这么一说，两人心想：原来你也怕死，也难为你硬挺了这么多天。

萧何比较重义气，他早就知道刘邦跑到山里当山贼的事，有心趁这个机会把刘邦找回来。于是，萧何上前拱手施礼，慢条斯理地对县令说："大人，沛县这么大点地方，不够人家一口吃的，抵抗肯定是抵抗不了，归附也肯定得归附。但是大人，您是朝廷任命的官员，如今要是由您来带这个头，带着沛县子弟归附张楚，恐怕大家不能信任您。我建议您把本县逃亡在外的人找回来，组成一支队伍，估计人数能有数百人。咱们用这群人作为震慑力量，不怕大家不听您的。"曹参一向唯萧何马首是瞻，立即发言表示赞成萧何的意见。

县令想了想，觉得有道理，当即采纳。萧何与刘邦一直有联系，联络员就是樊哙。樊哙本来是个卖狗肉的，跟刘邦交情莫逆，后来跟着刘邦一起在芒砀山当山贼，时常往返于沛县和芒砀山。萧何火速找到樊哙，让他赶紧请刘邦带人来接管沛县。刘邦得到消息激动得热泪盈眶，谁想到这种好事居然就落到他头上了！刘邦赶紧把手下聚拢起来，直奔沛县。

再说沛县这边，樊哙刚走，沛县县令再一寻思：不对！刘邦来了能听我的吗？刘邦要是不听我的，我可是什么办法都没有啊！大秦连六国都灭了，小小张楚能成什么气候？朝廷大军一到，张楚顷刻败亡，投降张楚不是找死吗？左思右想之下，还是觉得不能反！

于是县令便下令城门紧闭，不放刘邦进城，还命人把萧何、曹参抓起来，准备杀了二人。萧何、曹参非常机灵，见事情不妙早就溜出城去投奔刘邦了。

刘邦带着人马来到沛县一瞧，城门紧闭，自己这点人想攻城那是不可能了，还是攻心吧。在萧何的参谋下，刘邦写好书信，让弓箭手射上城头。信中如是写道：

父老乡亲们，天下人饱受暴秦役使，早就不堪其苦。现在陈胜已经造反了，你们还敢帮县令守城？你们不知道陈胜的队伍遇到抵抗不降的都要屠城吗？你们应该赶紧把县令杀了，选一个带头人响应反秦的诸侯，这样才能保全性命，否则，陈胜大军一来，大家全得掉脑袋！

沛县百姓早就听说张楚军喜欢屠城，再加上早听说刘邦不是一般人，天命所归，被刘邦鼓动之后立即杀死县令，迎刘邦入城，要拥立其为沛县县令，领导大家干反秦的事业。刘邦假装不同意，假模假样地推辞："我这个人没什么本事，恐怕不能保全你们。你们选一个更好的吧。"有人也觉得刘邦不过一个泗水亭长出身，恐怕真干不了大事，认为萧何、曹参素得人心，应该从他们两人里边选一个。

但是，萧何、曹参属于文官，根本不懂得造反这回事，而且二人也考虑到造反有失败的可能，一旦失败，领头的人准得诛九族。于是萧、曹二人坚决推辞，都说还是刘邦最合适。萧、曹二人大力推荐刘邦，自然就有人为刘邦说话，有人便就着二人的举荐说刘邦头上有云气、夜里斩白帝子，还有人说秦始皇几次东巡就是因为刘邦上应天命的，更有人说卦象说刘邦是最合适人选的……总之是都同意刘邦当这个带头人。

刘邦其实心里也害怕，毕竟是脑袋别在腰带里的事，谁心里都打鼓，可是他已经没有退路了。私放刑徒逃亡、畏罪潜逃的是他，躲在山里当山贼扰乱治安的是他，造谣说自己是赤帝子、有云气的是他，兵临沛县鼓动百姓杀死县令的还是他。桩桩件件都是死罪，还怕加上造反这一条吗？因此，刘邦假意推辞了一番后接受了，但觉得不能当县令。众乡亲也来了个折中，不当县令就不当县令吧，称沛公。

秦二世元年（公元前209年）十月，刘邦欣然接受家乡父老的拥立，称沛公，祭了黄帝，宰三牲发血誓，正式起义反秦。因为之前刘邦制造谣言说自己是赤帝之子，因此沛县兵马打的旗子是红旗。

既然打出了造反的旗帜，就得干点造反的实事。刘邦在沛县招兵买马，凑了两三千人，气势汹汹奔胡陵、方与而去。胡陵、方与两县就在沛县西北方不远，在今天山东鱼台的东南。刘邦是市井混混出身，根本不懂兵书战策，手下其他人也没一个是将门之后、鬼谷子的传人，这么点人马却要攻打两县，已经犯了兵家大忌。更何况，因为陈胜、吴广起义，本来都没有防备的各个郡县现在都是城门紧闭，轮班放哨，绝不出城迎战，一心严防死守。沛县军来到城下，顿感狗咬乌龟——无从下口。围城多天，却一无所获，沛县军只好灰溜溜地撤退了。

项羽豪言，少年即有壮志

项梁，下相（今江苏宿迁市宿城区）人，楚国名将项燕的儿子。

项羽，项梁的侄子。

项梁这个人在史书里没留下多少痕迹，也没什么值得大书特书的地方，他的侄子项羽则不同。

项羽名籍，字羽。古时候称呼人，直接叫名字是不礼貌、不尊重的，所以后世对项羽只称字而不称名。

根据史书记载，项羽有拔山举鼎之力，而且天生异相——双目重瞳。

重瞳，就是眼睛里有两个瞳孔，是瞳孔发生畸变造成的，对视力没什么影响，又叫对子眼，现在叫多瞳症。

项家本来在楚国是贵族世家，家里的人大多在楚国做官，最有名的就是项燕，当年给秦国的统一战争设置了不少障碍。因此，楚国灭亡之后，项氏家族遭到了强烈的报复，项羽、项羽的堂弟项庄、项羽的叔父项梁和项伯侥幸留得性命。

项氏家族遭此劫难，项梁把家族振兴的希望寄托在侄子项羽身上，哪知道项羽跟刘邦有个共同点——厌学。项梁请名师教项羽读书，项羽学了两天半，不学了。不愿意学文，那就学武吧，兴许能在武艺上有成就。于是，项梁又请高人教项羽剑术。项羽学了两天半，又不学了。项梁很生气，可项羽说："叔父，学文也就记个姓名用，剑术也不过是单打独斗的本事。学了这两样能顶什么用呢？所以我才不想学。我想学的是做'万人敌'的本事。"项梁听到就乐了，心想：我侄子有出息，不愧是重瞳啊！于是项梁亲自出马，教项羽兵书战策。

早年间，项梁曾经因为与一桩案子有牵连，被栎阳县逮捕。好在项梁跟蕲县狱掾曹咎有交情，曹咎又跟栎阳县狱掾司马欣有交情。项梁求曹咎出面说情，这才被放出来。进过监狱、留了案底的项梁没有记住教训，不久之后竟然杀了人。

杀人不是小事，不仅官府要捉拿，死者生前也有势力，家人肯定要报仇。项梁为了避仇，带着侄子逃到到吴县（今江苏苏州）。项梁也是有本事，在天高皇帝远的吴县很快又过得风生水起。

有胆大包天的叔父带着，项羽也是天不怕地不怕。有一回赶上秦始皇出巡，项梁带着项羽看热闹。项羽看着看着，突然说："我要取代他，当皇帝！"这话可比刘邦的"大丈夫当如是"响亮多了，非常直白地表明项羽此时立下的人生目标。说"男人要像秦始皇"，这话不犯毛病；说"我要取代他"，在那时候许多人有胆想但是没胆说。项梁对侄子能说出这番话感到很欣慰，觉得这孩子有出息。

秦二世元年（公元前209年）七月，陈胜、吴广在大泽乡起义，不久之后势力越来越大，秦朝疲于应付。当年九月，会稽郡（今浙江地区，郡治在当时的吴县）郡守把项梁找来密议。郡守开诚布公，说："项梁，你看长江南北现在全反了，这是天亡秦朝！所谓先发制人，后发制于人。反正秦朝是要灭亡了，我不想绑在秦朝这艘船上淹死。现在，我想起兵，由你和桓楚率领，响应反秦。你意下如何？"

项梁一听此言，心里瞬间闪过无数个念头：反秦？反还是不反？天下大势确实如此！但是，跟着郡守一起造反？这可不行，如此绝佳的机会，他项梁怎能屈居人下！莫不如杀了郡守，由自己取而代之，遂领兵造反！

项梁迅速做出决定，装出一副敬佩和受宠若惊的表情，说："郡守大人您真是目光长远啊！我同意您的决定。不过，桓楚现在逃亡在外，谁也不知道这人在哪。他跟我侄子项羽是好朋友，我估计项羽知道他藏身何处，请大人允许我去问问。"得到郡守同意后，项梁立即找项羽，趴在项羽耳朵上仔细嘱咐了一番，然后让项羽佩好宝剑，在郡守门外候着，自己春风满面地走进房中，重新落座。

项梁对郡守说："大人，我把项羽带来了。您看我是不是这就把他叫进来？"郡守急忙命项梁把项羽带进来。项梁趁这个工夫观察了一番，确定附近没有别人，高声把项羽喊进来。项羽刚一进来，郡守还没醒过味来，项梁立即使了个眼色。说时迟那时快，项羽"唰"的一声猛然拔出宝剑，直奔郡守心口刺去。只听"噗"的一声，来不及叫喊的郡守倒在血泊之中。

项羽初次杀人，心里一点不紧张，从容地拔出宝剑，把郡守的脑袋砍下来。项梁手提郡守的人头，又把郡守的印绶搜出来挂在脖子上，在项羽的护持下大摇大摆地出现在大家面前。郡守的部下见此情景大惊失色，有人夺路而逃，有人抖成一团，有人拔出刀剑要捉拿凶手。项羽毫不畏惧，大喝一声，挺剑抢先迎了上去，凡是敢动手的当胸就是一剑。

地上尸首相枕，剑上滴血犹温，项羽脸上不见一丝一毫的不忍，开口断喝："还有谁！"胆大、不服的已经在地上躺着了，剩下的就差没尿了裤子，趴在地上哀声求饶。

项梁满意地点了点头，把向来听话、有本事的士绅官吏召集起来，明确地告诉众人："秦朝要完了，我决定起兵造反。咱们平日都处得不错，我希望你们跟着我干。如果你们有不同意见，请跟我侄子项羽打个招呼。"众人偷眼看了看血染衣袍、面目狰狞的项羽，哪还敢有异议。项梁平时经常主持一些工程、丧葬，趁机用兵法组织这些人，早就对这些人有什么本事了如指掌，此时当堂分派职务，各就所长，皆大欢喜。

秦二世元年（公元前209年）九月，项梁自立为会稽郡郡守，以项羽为裨将，聚拢了近万精兵，割据一方。

秦末历史上的另一个英雄人物项羽登场了。

大秦的最后一根稻草

秦国，以战争起家。在秦国到秦朝的六百多年时间里，名将辈出，屠戮无数。虽然被陈胜吴广起义打了个猝不及防，一旦缓过气来，大秦的刀锋还是那样锐利。

秦二世时代，秦国最猛的武将非章邯莫属。

临危受命的章邯，率领着大部分由刑徒组成的军队，就像一头从山上冲下来的饿虎，势不可当。在消灭张楚之后，章邯并没有把江南群雄放在眼里，仅仅派出几支队伍去围剿，自己则把主要目标对准了魏国。

复国后的魏国正处于战略要冲，是秦军东出北击的瓶颈。拿下魏国，秦军进可攻退可守，将一举扭转不利局面。

秦二世二年（公元前208年），就在项梁刚刚推出楚后怀王这个傀儡没多久，章邯将魏都临济（今河南封丘县东）包围了。

魏王咎本是西周文王之后，怎奈此时立足未稳，不复乃祖遗风。早在听说秦军将要杀过来时，魏咎就已经惶恐不安，找主心骨周市商量。忠心耿耿的老周市的意见是：向齐国、楚国求救，三国合兵坚决抵抗。魏咎也别无他法，只好鼻涕一把泪一把地写了两封求援信，派人杀出重围，送到齐、楚两国。

唇亡齿寒的道理谁都明白。接到求援信后，齐王田儋率先反应，亲自与弟弟田荣共同领兵前来救援。

田儋出兵，一半是因为休戚相关，一半也是因为要还周市的人情。陈胜占据陈县称王的时候，派周市率军北上。周市在黄河下游辗转作战，为田儋创造了机会。田儋当机立断，和从弟田荣、田横杀死当地县令，自立为齐王，恢复了原齐国领地。田儋能有今天，多亏周市。投桃报李，田儋带着人马来了。

相比齐王的身先士卒，楚国的反应并不热烈，项梁只派远房族侄项佗带一队人马赶来援助。齐、楚两军与魏军在临济城下合兵一处，一时间车如流水马如龙，刀枪林立，人浪起伏，倒也壮观。魏咎与周市喜极而泣：援兵来得很及时，这下有救了！

临济城内，三国联军紧急布防，忙得热火朝天。临济城外，章邯的大军镇定从容，不急不躁。章邯并不在乎面对多少人马。临济就在眼前，他相信自己要胜利了。

当忙碌了一个白天的魏、齐、楚联军疲惫不堪的时候，这天夜里，驻扎在城外的章邯命令秦军人衔枚，马勒口，悄无声息地对临济发起突然袭击。齐、楚两军驻扎在临济城脚下，围成一道坚强的人体屏障。没想到眨眼之间，势如疾风的秦军幽灵般来到了他们的营外，默契地平端矛戈，雷霆一击般冲进了齐、楚军营。

使用了偷袭战术的章邯军如同猛虎闯入羊群，杀得齐、楚两军措手不及。在这个沉寂的夜晚，打破了静谧的喊杀声和惨叫声没有持续多久，就又恢复了宁静。只是那强烈的血腥味刺激得临济城上的魏军欲呕。

旭日在同一个位置升起，并不顾及人间悲欢，兀自放射着耀眼的光芒。临济城下却已经成了死者的坟场。天刚大亮，秦军已把临济包围得水泄不通，魏国顶梁柱周市和齐王田儋已经在昨夜的混战中战死，魏都已变成了一座孤岛。

魏咎得到报告后，一声长叹。事已至此，又能如何？天赐他一个天皇贵胄的血脉，天赐他一颗不甘沉浮的雄心，天赐他一个千载难逢的良机，然而，天没有赐予他指点江山的实力。此时的魏咎自知死期不远，反倒看得开了。他派人向章邯送信，表示愿意放弃抵抗，开城投降，只求秦军不要屠城，放过满城百姓。章邯回答得很干脆：好！得千金一诺，魏咎下令开城投降。就在秦军浩浩荡荡进入城内之际，魏咎纵火自焚。

宏图霸业转眼成空，壮志残躯尽付寒风。魏咎到底是文王后裔，没有让先祖蒙羞。

末世的秦朝，在章邯的南北厮杀下，发起了绝地反扑，掀起了冲天巨澜。谁能阻挡秦军的脚步？谁能在秦王朝的坟丘上堆下最后一抔土？

魏咎死了，他的弟弟魏豹还活着。魏豹成功逃到了楚国，在楚后怀王熊心驾前，魏豹痛哭流涕，恳请楚国看在死去的魏王份上拉他一把，给他一支军队报仇复国。楚国需要这样一个战友，可是也不能拿出太多兵力做冤大头。在项梁的授意下，熊心拉着魏豹的手，好言安慰，给了几千人马，交给魏豹报仇。

几千人马也不算少了。魏豹当即跪谢楚王，带着这点人马杀奔魏国。

章邯一举灭掉魏国后，田荣带着齐国的残兵余将退守东阿（今山东阳谷县东北阿城镇）。章邯正好打算继而攻打齐国，当即衔尾而来。田荣正准备鼓舞士气、组织人马抵抗，不幸的消息从后方传来：齐国留守人员得知田儋战死，马上趁机拥立原齐王田建之弟田假为王，拜田角为国相，拜田角之弟间为将军。

这一下子可要了田荣的命。前有秦军虎狼之师，后院又起了火，失去支援，这仗还怎么打？田荣赶紧向楚国求援。项梁这时候正带着项羽、刘邦攻打亢父（今山东济宁市南），得知田荣有难，基于战略考虑，立即放弃亢父，挥师急奔东阿，与田荣军一前一后夹住了章邯军。楚军骁勇，田荣军拼命，章邯军腹背受敌，消耗太大。章邯当机立断，指挥大军跳出包围圈，向濮阳（今河南濮阳市）方向撤退。

项梁此次挥师增援的目的之一就是要吃掉章邯军，解决秦朝最强战斗力。章邯撤退，项梁立即亲自率军追击。

山雨欲来风满楼，一场攸关秦楚命运的恶战即将开始。

怒杀宋义，项羽重夺兵权

宋义奉命救援赵军，走到安阳驻扎下来之后再也不见行动。

这一待，就是四十六天。赵王歇就像久旱盼甘霖一样眼巴巴地盼着楚军的到来，宋义却悠然自得地在安阳看风景，楚军将士摸不透卿子冠军（宋义号）打的是什么主意。

宋义不着急行动，项羽着急，忍不住怒言："我要西进，你们不让我去，而让我北上。今我随军北上，宋义偏偏赖在这里不走。打又不打，退又不退，安的是什么心！"实在无法忍受的项羽气冲冲地去找宋义："将军，秦军现在将赵王困在了巨鹿城，我们奉命援救，应该迅速渡河发起进攻。赵、楚两军内外夹击，秦军必败。时机稍纵即逝，您怎么还不出兵呢？"

宋义看是项羽，暗自撇了撇嘴，甚是不屑，但还是摆出一副和蔼可亲的面孔："贤侄，你所言差矣。牛虻厉害不？叮得老牛毫无办法。可是这么厉害的牛虻，偏偏就拿虮子虱子没办法。秦国好比牛虻，赵国好比虮子虱子。秦国想一口气拿下赵国，哪那么容易啊？我之所以命令大军驻扎在这里，就是为了等待时机。如果秦国胜了，必然士卒疲惫，我就乘他疲惫的时候打过去。如果秦国败了，那更好了，我直接引兵西征，一举灭掉秦朝。这就叫以逸待劳。冲锋陷阵，我不如你；运筹帷幄，你不如我。这仗该怎么打，你就不用操心了。"跟项羽这边客客气气地说完，宋义转过脸去就阴沉地对亲兵下令："传我的命令，今后凡是有对将士凶猛如虎、对上司违逆如羊、对财物贪婪如狼、倔强不听指挥的，斩！"

锣鼓听声，说话听音，这道命令明显就是专门冲项羽来的。项羽平素性格暴躁，对手下张口就骂，抬手就打，对宋义也是一点不服气，不听指挥。宋义此刻正是指桑骂槐，说项羽的不是。言下之意要是项羽再有意见，就要他的脑袋。

项羽知道，只要找到借口，宋义真的敢杀他。于是，他决定暂时忍耐。

震慑了项羽，宋义算是出了口恶气。这时，齐国田荣为了讨好宋义，请求宋义让儿子宋襄到齐国做国相。这种好事宋义怎么会不答应？当即亲自为儿子送行，从安阳直送到无盐（今山东东平东部），送出四百多里地。前边说过，安阳到被秦军围困的巨鹿也不过就是四百多里地。宋义此举甚是嚣张，不仅来了一场"四百里相送"，还在无盐大摆酒宴，跟儿子喝了顿饯行酒。当时正是深秋时节，天气寒冷，又下了大雨，楚军粮草不够充足，全军将士又冷又饿，宋义却陪着儿子喝酒吃肉，大家不由得心生怨言。

有史家分析，根据宋义的种种表现来看，很可能表明以楚怀王为首的楚国保王派此时是在谋求绝赵联齐，以彻底根除项氏一族的威胁。因为收留了田假、田角和田间，以田荣为首的齐国对楚国的项氏集团和赵国非常不满。宋义奉命援赵，却敢在安阳逗留四十六天，还敢送儿子去齐国为相，很可能正是得到了楚后怀王熊心的同意，是示好齐国之举。有人认为，宋义以项羽不听调遣等为借口颁下军令，就是为诛杀项羽预留借口，以免熊心落下诛戮功臣的口实。

不管熊心到底有没有绝赵联齐的计划，事实证明，熊心派系中的主要人物宋义是亲齐的。而对赵国和项羽，他绝对是虚与委蛇，不怀好心。

但是，宋义看穿了项梁的傲慢，却没有认识到自己也犯了同样的毛病。对项梁兵败预言的准确、高陵君的赞誉和楚后怀王熊心的赏识，使宋义自信心极度膨胀，真的以为自己是举世无双的名将了。

宋义的嚣张令项羽再次爆发。他恨恨地骂道："我们本是来救赵伐秦的，但是宋义这老匹夫却止步不前！今年本就闹饥荒，老百姓没饭吃，将士们也靠吃芋芳掺豆子过活！咱们军粮短缺，这老匹夫却在那大摆酒宴！士兵们没饭吃，他不说带着大伙进入赵国取得补给，跟赵国合力攻秦，反而说要等秦军疲惫了再出兵！凭秦国的实力，灭掉赵国有什么困难可言。赵国一旦被攻占，秦国更加强大，到那时，还谈什么利用秦国的疲惫！我们刚刚打了败仗，大王忧心忡忡，把全部的兵卒粮饷交给他，对他寄予厚望。国家安危，在此一举，可他倒好，不体恤士卒，反而徇私！他还算是个人吗！"

项羽越说越激动，越想越生气，杀意充塞肺腑，久久难平。

第二天一早，醒了酒的宋义擂鼓聚将，在帅帐内开早会。见诸将到齐，宋义清了清嗓子，刚准备说话，只见项羽突然抽出宝剑，带着呼呼的风声扑到宋义面前，举剑就砍。剑光一闪，宋义的头颅骨碌碌滚落在地！

诸将惊叫声一片，个个呆若木鸡。帅帐内的空气仿佛凝固了。项羽冷笑一声，抓住宋义的头发，将头颅提起，对诸将高声说："大家不必惊慌。宋义与齐国密谋反楚，楚怀王秘密令我来锄奸！"

项羽一手提人头，一手提宝剑，眼里凶光四射，身上杀气四溢。诸将全被项羽震慑，没有一个敢出声质疑，异口同声地说："当初扶持楚怀王上台的，是您项将军一家。今天您诛杀这个叛逆，这是您的家事，我等不敢干预！"在一片恭维声中，终于有人提议让项羽暂时代理上将军之职。

项羽毫不推辞，立即就发布了代理上将军一号令：追杀宋襄！这道命令被坚决执行。负责追杀的将士一直追到齐国境内，才追上毫不知情的宋襄，将其人头提了回来。

手握兵权的项羽当即派大将桓楚给楚王熊心送信，名为汇报事件经过，实为向熊心讨要正式任命。熊心听说宋义被杀，顿觉晴天一声霹雳，几欲昏倒。他心中暗暗念叨：完了，全完了！寡人所托非人，才脱虎口，又入狼窝。天意如此啊！

无奈之下，熊心正式拜项羽为上将军，授予印信。但是，趁自己说话还有点力度的时候，熊心还是给项羽设置了点障碍。除了当阳君英布和蒲将军这两员大将没办法调走，其他将领，按照熊心的命令，全都不归项羽管辖。因此，此时项羽能够任意调动的兵力只有五万。

项羽心里却是做了另外的打算：楚国是自家的地盘。楚怀王、卿子冠军都不作数，还不都是要听他项羽的。若是谁敢不听，他杀了那人便是。

虽然已经站在了权力的巅峰，但是项羽的能力足不足，还需要实战来检验。不管是出于何种考虑，奉命救赵的项羽已经不能回头。

项羽军，五万。

王离军，二十万。

一比四的军力对比，制造了一场史上著名的疯狂一战。

巨鹿一战成名

被王离困在巨鹿已经数月之久，赵王歇绝望了，张耳也绝望了。面对城池残破、将士疲惫、人心惶惶的惨况，赵王歇和张耳动摇了，继续坚守下去还有什么意义呢?

就在这紧要关头,项羽来了。

项羽首先拨给当阳君英布和蒲将军两万人马,让两人率领大军渡过黄河,专门破坏王离军的运粮河道。

打仗,打的就是钱粮。王离统帅二十万大军。如果让他们吃饱喝足,对兵力过少的各路诸侯来说,绝不是一件好事。而一旦粮草供应不上,王离军必会士气低落、军心不稳,这就要好对付多了。

英布和蒲将军也都是当世猛将。他们渡过黄河后,在章邯开挖的河道两岸神出鬼没,各种手段无所不用其极,彻底破坏了王离军的粮草供应,断了王离的粮道。

自从有了漕运河道,王离军就没注意囤积物资。漕运一毁,围攻巨鹿的秦兵开始饿肚子了。暂时性粮道断绝并不能使王离退却。王离相信章邯不会坐视不管,自己只要安心对付巨鹿就行了。

章邯得到报告,果然立即派人追击楚军。英布和蒲将军不愧是项羽麾下的猛将,不仅牵着章邯军的鼻子走,还屡屡进攻得手,逼得章邯军频频后撤。

秦二世三年(公元前 207 年)十二月,项羽得知英布和蒲将军顺利执行了预定战略、王离军已经断粮之后,立即挥师渡过黄河。军队刚刚成功登岸,项羽就传下一条十分决绝的命令:把渡船全部凿沉,饭锅全部打破,每人只准留三天的口粮。

采用"破釜沉舟"这个对自己够狠的办法断绝了包括自己在内的楚军的后路,项羽成功地使士兵们由骄奢陷入绝望,又因为绝望而变得凶狠。

三万人马一个不留,在项羽的率领下倾巢而出,杀向巨鹿。

正所谓置之死地而后生。在没有后勤可做保障的情况下，楚军没有了侥幸心理，只能选择拼命。三万楚军气壮如山，带着绝望的眼神，咬着森然的钢牙，挥舞着泛着寒光的兵器，怒吼着冲向王离军，如同虎入羊群一般疯狂砍杀。

百战百胜、兵骄将傲的北方军团已经很多年不曾见过如此凶残的对手。王离军越打越混乱，越打越恐慌，越打损失越惨重。

就这样，项羽军与王离军九战，连战连捷。秦军主帅王离被俘，副将苏角被杀，另一名副将涉间在楚军包围之下不肯投降，自焚而死。

项羽军在战场上奋勇冲杀的时候，"巨鹿围观团"主要人物陈馀、臧荼、田都、张敖等人继续保持围观，看着三万楚卒以螳臂当车的勇气追杀二十万秦军。这些人看得都呆了：三万打二十万，人少的追着人多的杀。此仗简直是惊世骇俗。几员大将争先恐后地下命令，围观了数月的援军们如山崩地裂般冲了出来。那真是，人如杀神再世，马如挟翼重生，矛似蛟龙出水，刀似猛虎带风。

巨鹿之战，战果是辉煌的。项羽以少打多，一举影响了秦末历史走势，在中国战争史上留下了又一次经典战役。

战争结束后，项羽端坐中军大帐，传令召见各路援军将领。诸将战战兢兢来见项羽。没等进项羽的帅帐，刚到军营就全跪倒了，膝行至项羽面前，头都不敢抬，趴在地上大气都不敢喘。

项羽本来心里有气，可是一看见诸将这副服服帖帖的模样，他又高兴起来，把大伙拉起来好言安慰。自此以后，天下诸侯、大将都尊项羽为上将军，服从项羽统帅，甘做项将军的马前卒。

大破咸阳城

刘邦四处乱撞，运气不错，实力日渐强大。估算着日子，分析着形势，他迫不及待地要兵发咸阳。

进咸阳最短的路就是从函谷关（在今河南灵宝）直接打进去。但是，刘邦是绝对没有这个实力的。

函谷关是中国历史上建置最早的雄关要塞之一，素有"冲要无双"之称。秦国扫平天下之前，函谷关一直是秦国一大门户，就算在秦朝建立后也是拱卫咸阳的东大门，因此备受秦国重视。函谷关城墙坚固高大，地势险要，绝不是现在只有两万虾兵蟹将的刘邦可以觊觎的。因此，刘邦的战略是，绕过函谷关，从武关（在今陕西商洛丹凤县东武关河的北岸）、峣关进抵咸阳。

秦二世三年（公元前207年）八月，刘邦留韩王守阳翟（即今河南禹州市），带张良等人先攻下宛（今河南南阳），准备直扑武关。

这时，赵高已经害死了胡亥，秘密派人来跟刘邦谈判，愿意开关让刘邦进咸阳，但是要求刘邦封他做关中王。赵高为人老奸巨猾，贪得无厌，刘邦根本信不过。再说，刘邦如果进入咸阳，按照怀王立下的约定，关中就应该是他的地盘。把关中给赵高，他刘邦岂不是白白辛苦，为他人做了嫁衣？于是，一半是因为不信任赵高，一半是因为赵高无耻抬价，刘邦对赵高的请求不予理睬，执意要打武关。双方谈判破裂。既然如此，那就没有什么好说的了，武关再难打也要把它拿下。

武关虽不如函谷关险要，但也是关中咽喉，重要性不言而喻。但这座雄关还是被刘邦攻克了。

《史记·秦始皇本纪》记载："沛公将数万人已屠武关……"从这句简要的记载来看，刘邦在武关下达了屠城令。大概是刘邦攻打武关的时候受了重挫，以至于屠城泄愤。

武关之后，还有峣关。所谓关，大抵都是居于"一夫当关，万夫莫开"的险要之地，峣关也是如此。刘邦没办法，硬着头皮就要发兵。

张良连忙阻止："沛公切莫着急。秦军实力还是很强的，不能小视。宜智取，不宜强攻。我听说峣关守将家里本来是卖肉的。商贾之徒重利轻义，可以利用。沛公您先不要动，派一伙人伪装五万人的规模，大张旗鼓地慢慢向峣关进发，同时在山林里边多设几处疑兵。然后您再让郦食其和陆贾多带金银财宝去贿赂峣关守将。这样，有疑兵做威胁，有财宝做诱惑，应该能达到不错的效果。"

刘邦对张良的建议深以为然，马上照办。陆贾和郦食其一样，也是能言善辩、善于外交的人才，跟刘邦比较早。两人到了峣关，巧舌如簧一番游说，守将果然上道，与郦食其和陆贾推心置腹，表示愿意降楚，跟着刘邦一起打咸阳。刘邦得到好消息，马上就要接受峣关守将的投降。张良这时候又站出来阻止了："沛公，您别高兴得太早了。峣关守将愿意投降，这只是他个人的意思。我看其下的士卒恐怕大多不肯跟着他投降。如果士卒们不肯，我们冒冒失失跑去接管，恐遭不测。莫不如趁着峣关将士离心、主将失去警惕的时候，咱们立即进攻，必能大获全胜。"

刘邦对张良言听计从，果然不费吹灰之力拿下峣关。

峣关已下，咸阳城自然也毫无抵抗之力了。

刘邦攻破峣关之后，先于各路诸侯赶到咸阳，驻军于灞上（今西安市东，因在灞水西面高原上得名)，派人向秦王子婴下书，以保证人身安全为条件，要求子婴投降。

刚刚在王位上坐了四十六天的秦王子婴环顾四周，内无可用之将，外无救亡之兵。一声叹息过后，他乘坐白马素车，自缚出城，携皇帝印玺向刘邦投降。这是秦国历史上的第一次，也是最后一次。

刘邦军中有不少人深恨秦国，建议刘邦将子婴杀掉。刘邦坚持要展示自己宽容仁慈的一面，想展示仁义之师的风采，想安抚秦人的情绪，因此，他力排众议，接受了子婴的投降，将子婴交给属下看管，自己则率军直入咸阳城。

从秦始皇称帝以来，秦朝历经两帝一王，是中国历史上短命的封建大一统王朝。至子婴出降，秦的统治就此彻底宣告结束了，一个新的王朝即将来临。

咸阳城是秦国财富的聚集地。刘邦军一进城，就被那无尽的财富晃花了眼睛。人人都陷入了疯狂之中，人人都开始了贪婪的抢劫和掠夺。只有从沛县起义就一直跟随刘邦的萧何与众不同。别人抢金银，抢珠宝，抢女人，萧何抢的是秦国丞相府和御史府内的律令图书、户籍、地图。这些珍贵资料在日后刘邦大战项羽、治理国家时派上了大用场。

对于属下的疯狂抢劫行动，刘邦没有制止，也无法制止。就连他自己，当平生第一次走进一座皇宫的时候，也变得疯狂起来。

贤成君樊哙，刘邦手下屠狗辈出身的将军，后世常因其粗豪勇敢而将其误解为一个莽夫，很少有人知道他隐藏在莽夫外表下的睿智。对刘邦的堕落，樊哙看在眼里，急在心头。他苦劝刘邦放弃这种骄奢淫逸的生活，立即出宫主持工作。张良也劝刘邦以大局为重，莫被暂时的安逸冲昏头脑，莫忘记脾气暴躁的项羽的威胁，赶紧撤回灞上。

听了樊哙、张良的先后劝说，刘邦沉吟良久。一边是眼前的神仙般的日子，但是享受之后肯定凶多吉少；一边是不可预知的未来，可能大富大贵，也可能迅速败亡。如何选择？最终，刘邦还是寄希望于未来，带着几分不舍走出了皇宫。他把宫中的金银财宝全部封存起来，没敢私藏，准备等诸侯聚齐再作打算，自己则带着士兵返回灞上。

虽然名义上暂时还不能做咸阳的主人，但是刘邦没有就这么放弃。他以临时占领者的身份，把关中诸县说了算的地主、豪强、乡老召集到一起商议大事。

在会上，刘邦大声说："诸位父老乡亲，你们受秦朝严刑峻法之苦太久啦！秦朝的严刑峻法诸位也都知道，诽谤朝廷和皇帝的，要族诛；就连两个熟人见面说个悄悄话都可能被砍头。现在咸阳被我占领，秦朝已经灭亡了。我起兵的时候，跟诸侯有约，谁第一个占领咸阳，谁就做关中王。我侥幸占了先，那么将来关中这块地方就是我的地盘了。我不像秦朝那么霸道。今天，我跟你们约定，我定的法律就三条：杀人者，死罪；伤人者按情节轻重论罪；盗窃、抢劫者按情节轻重判刑。这些都按照秦朝原本的规定来。其余的，所有以前秦朝规定的法律，全部废除！所有官吏职位不变，即刻履行职责，百姓们请安居乐业，不要恐慌。总之，我到这来，是要为父老们除害，不是来侵犯你们的利益的，所以请不要害怕！我现在把军队撤回了灞上。等各路诸侯到来，我们再共同制定规矩，然后我再来领导大家共建关中！"

跟诸县管事的交代完，刘邦又怕这些管事的为了谋取私利不跟下边的人说，让自己打造群众基础的企图白费，于是当即派人跟着地方官到田间地头去巡视，向老百姓做宣传。

听说刘邦免除严刑峻法、苛捐杂税，关中百姓欢呼雀跃，纷纷杀牛宰羊，载歌载舞地到灞上犒军。

要做好事，就要做到底，否则还不如不做。刘邦当年在乡里也是个仗义的人，此时见老百姓来送礼，更是坚决拒绝："父老乡亲们，你们的一片好意，我刘邦心领！我军中粮草充足，并不缺乏，不想让你们破费。大家赶紧把东西拿回去！"

见刘邦是真的坚决不收礼，老百姓更觉得好日子终于来了。现在百姓们就担心一个问题：大伙好容易摊上这么一个好大王，等诸侯来了，可千万别不让他当咱们的王啊！于是乎，千家万户日日祈祷，盼着刘邦能在关中站住脚。

刘邦有心在关中为王，老百姓也拥护。可刘邦眼大肚子小，说了不算。他想当关中王，还得看项羽答应不答应。而项羽的意见只有两个字：休想！

先入关者能称王

巨鹿之战后，王离被俘，章邯投降，项羽获得秦军二十余万人，又带上了四十余万各路诸侯的队伍，号称百万，雄赳赳气昂昂地向函谷关进发。万夫莫开的函谷关，也只有项羽敢打。

项羽率领的诸侯联军中，从将领到士卒，有许多原来都饱受秦朝劳役和刑罚之苦，受过秦国官吏、士卒的欺负，或者见过这些人的残暴。比如说英布，就是受过黥刑还被抓去做劳役的。大家对秦朝恨之入骨，对秦的士卒当然也没有好感。

项羽派秦军做先锋，本来也没安好心。项羽不待见秦军，手下人就更肆无忌惮。在行军的过程中，联军将士直接就拿秦军降卒当奴隶对待，随便使唤，恣意羞辱。一回两回也就忍了，天天如此，秦军受不了了。人最怕的就是没有归属。这些降卒已经背叛了秦朝，又不被联军善待，时间久了自然生怨。

私下里，项羽军中的秦军就悄悄抱怨，责怪章邯把他们诓骗到项羽这里，但他们的妻儿都在秦国。因为他们的背叛，朝廷必然要杀自己的妻儿，这岂不是得不偿失。

没有不透风的墙。诸侯联军的将军们无意中听到了秦军私下里的抱怨，连忙报告项羽。这可不是小事！岂不是军中出现了要哗变、造反的苗头。一旦处理不好，二十万秦军一同挥戈相向，联军全军覆没都有可能。

项羽又惊又怒，立即把英布和蒲将军招来商议对策。商量来商量去，项羽的最终结论是：不能放任这种随时可能爆发的危机在身边滋长。况且军中没有充足的粮食养这么多人。因此，除了章邯等几个可以留用的秦军将领，其余的秦军必须全部杀掉，坚决不留祸患！

秦二世三年（公元前 207 年）十一月的一天，诸侯联军在新安（今河南渑池县）扎营休息。睡前，秦军降卒突然被收走兵器、盔甲，不由得人心惶惶。这天夜晚，在项羽的指挥下，联军突然向惊疑不定的秦军降卒举起了屠刀，在新安城南将这些降卒三面包围，只留了一条出口。秦军降卒不知道发生了什么事，只知道联军要杀他们。恐惧之下，他们顺着项羽故意留下的缺口疯狂逃窜，哪知道在拥挤和推搡中正好逃进项羽早就命人挖好的大坑。埋伏了半天的联军泼洒下遮天的箭雨，礌石也像冰雹一样砸下。不一会儿，泥土飞扬，大坑被逐渐填满，降卒的最后一声哀鸣戛然而止。曾经纵横了半个中国的二十几万虎狼之师，就这样成了泥土下的冤魂！

二十几万秦军，就仅仅存活了三个人：章邯、司马欣和董翳。章邯是一代名将，利用价值巨大，且归降有功，是以不杀；司马欣曾经在做栎阳县狱掾的时候因曹咎说情，放了犯罪的项梁，对项家有恩，是以不杀；董翳因为劝章邯降楚有功，是以不杀。

还有一个重要人物，史书没有记载，这个人就是接替蒙恬统帅北方军团的大将王离。王离在巨鹿之战被楚军俘获，自此就再没有出现在史书的记载中。那么，王离得到了什么样的归宿呢？

王离的爷爷是秦国名将王翦，父亲是秦国大将王贲。在秦始皇灭楚的军事行动中，最终就是王翦带着儿子王贲大破楚将项燕率领的楚军。项燕就是在此战役中死亡，不知是兵败被杀还是自杀。项燕正是项羽的爷爷。楚国、项燕均亡于王家之手，项家跟王家可以说有血海深仇。以项羽的性格，绝不可能饶过王离。因此，王离的结局只有一个：被项羽亲手杀死。当然，这仅仅是猜测。王离的结局到底如何，已经成了不解之谜。

却说除掉降卒这个心腹之患后，项羽心里的一块石头落了地，快马加鞭直奔函谷关。

到了函谷关，只见雄关城门紧闭。项羽派人邀战，却发现函谷关上是刘邦的人马。虽然是自己人，但是看见项羽来了，守关将士拒不开关放行。

原来，刘邦在灞上驻扎，手下也不知道是哪个谋士，闲着没事找刘邦献计来了："沛公，关中这块地方太富裕了，简直比天下其他地方强上十倍，而且地势还好，易守难攻。按照当初的约定，这块地方就该是您的。可是我听说前些日子章邯降了项羽，被封为雍王，封地就是关中。要是让他们到了咸阳，这块地方恐怕项羽不会给您。我建议沛公赶快派人去把守函谷关，堵住项羽，不让他进来。同时您再从关中征兵，壮大实力，抵抗诸侯。这样，关中就是沛公您的了！"

这人出了个馊主意。以刘邦的实力，想堵住项羽谈何容易！可是刘邦觉得这个建议相当好，合自己的心意，于是没跟张良等人商量就马上照办了。

项羽在函谷关前听说刘邦已经拿下咸阳，还派了兵在这里堵他，气得差点吐血，当即传令，命大将英布立即强行攻关。

函谷关是千古名关，这不假；易守难攻，这也不假。可是再难打的关，也得看是谁来守、谁来打。守关的人是非常重要的，刘邦派去的守关兵将，几乎没对项羽产生一点阻碍作用。在英布等人的带领下，联军迅速破关。项羽杀气腾腾，直奔咸阳而来。

封堵函谷关可以说是刘邦的一个不智之举。项羽原本并没有把刘邦视为对手。他不觉得刘邦敢跟自己分庭抗礼，也不觉得刘邦有这个实力。项羽自认为是灭秦主力，牵制住了秦国最后一支大规模抵抗力量并将其消灭，而诸侯对他也是服服帖帖，又敬又怕，从没人敢对他说半个"不"字。函谷关前的被拒，让自尊心极强、占有欲极强、支配欲极强的项羽尤为愤怒。这个行动过早地暴露了刘邦的野心，让兵微将寡、实力不济的刘邦过早地站在了项羽的对立面。

项羽军兼程而行，很快于十二月中旬抵达戏水，在新丰鸿门（今陕西西安东北鸿门堡村）就地扎营。在项羽军西面，就是驻扎在灞上的刘邦军。两军相距仅约四十里。

项羽此时仅仅是生气，倒没有非要把刘邦怎么样的想法。哪知道不怕没好事，就怕没好人。刘邦手下有个叫曹无伤的人，是刘邦军中的左司马，负责执掌军政，生性趋炎附势，热衷名利，爱攀高枝。曹无伤得知了项羽在函谷关大发雷霆的消息，眼珠一转，肚子里坏水翻涌，当即给项羽写了封信：

项将军，我在沛公军中任左司马之职，发现一些情况。我发现沛公想做关中之王。他没向您请示就擅自做主，封原秦王子婴为丞相，将咸阳的金银财宝全都纳入自己的囊中。我认为沛公这样做是不对的，出于一片赤胆忠心，故而向您汇报。

曹无伤的这封信基本属于诬告信，刘邦确实想做关中王，但是没有任何史料证明刘邦封子婴做了丞相，他也没有这样做的理由。而且，根据《史记》的记载，刘邦根本没敢动咸阳宫里的财物。曹无伤之所以诬告，就是想攀项羽这条高枝，得到封赏。

项羽看了信之后，早就暴跳如雷，哪里会去调查信里的内容是否属实？而且，亚父范增早就看刘邦不是久居人下之人，将刘邦视为项羽的大敌，立即趁机对项羽说："我曾经了解过，刘季这人是出了名的贪财好色之徒，听说在老家当亭长的时候，明明有老婆，还养了个情妇，另外跟两个开酒馆的女人也不清不楚，还总欠酒账不还。就是这么一个无赖自从进入关中后，听说就像变了个人一样，也不贪财好色，这不是奇事吗？由此可见，刘季是故意作秀，野心可不小啊。我曾请人夜观天象，发现他头上有天子才具有的五彩斑斓的龙虎之气。将军应该赶快除掉刘季，以免养虎为患！"

范增为了让项羽下决心杀刘邦，都不惜胡说，竟以刘邦头上有天子气为名，要求项羽击杀刘邦。项羽听了更加着急——刘邦当天子，他项羽作何去？于是，项羽传下军令：今晚饱餐战饭，明天一早随他消灭刘邦！

鸿门宴，安能吃得稳

当时项羽有联军四十万，刘邦口挪肚攒，好不容易才积累了十万人马。项羽军是百战精锐，相比之下，刘邦军只能说是乌合之众。四十万精锐对十万乌合之众，怎么看，刘邦也是难逃一死。

也许是刘邦命不该绝。项羽要打刘邦，但另外一个人却不允许，此人正是项伯。

项伯是项羽最小的叔叔。当年项梁惹是生非到处逃亡的时候，项伯也杀了人，逃亡在外。

项伯逃亡的时候，曾经到下邳投奔张良避难，得到了张良的关照。因为这个缘故，项伯很感激张良。他早就听说张良正跟着刘邦，此时听项羽传令第二天要举兵攻打刘邦，心想：大军一出，刘邦军不堪一击，恩公张良恐怕凶多吉少啊！不行，自己得去救他！

想到这里，项伯坐不住了，趁着夜色，悄悄牵了一匹快马出去。遇到巡逻的哨兵，项伯就说出去散心。哨兵们哪敢拦主帅的亲叔叔？一句话也不敢多问就放行了。项伯溜出军营，翻身上马，快马加鞭飞奔到灞上，跟张良讲了事情经过，一边拽着张良往外走，一边说："赶快跟我走，不然你就没命了！"

张良认定了要追随刘邦，哪能不管。他急忙拉住项伯，推说要跟刘邦辞行。稳住了项伯，张良急忙来见刘邦，把项伯的话学了一遍。刘邦大惊失色，连声问该如何是好。张良肚子里憋着火，问："谁给您出的封函谷关这个主意？您怎么就不跟我商量一下？现在项羽要打上门来了，您觉得您这点兵能挡住项羽吗？"

刘邦想了又想，说："肯定挡不住！这可怎么办，你快帮我想想办法！"

张良胸有成竹："别急，现在着急有什么用？这事还得落在项伯身上。您赶紧跟项伯解释解释，让他帮您说说话。好歹他也是项羽的亲叔叔。"

眼下也只好这么办，刘邦赶紧跟张良了解了一下两人的交情，得知张良对项伯有救命之恩，又了解了一下项伯的年纪，当即让张良把项伯请进来，用对待哥哥的礼节对待他。

为了活命，刘邦自然是用尽了讨好姿态，先是敬酒，越说越热络，把项伯说得不知所以然，甚至把自己闺女许给了项伯的儿子。这样一来，两人成了亲家，刘邦就开始转入正题，再三解释说自己没有二心，恳请项伯在项羽面前说情。

都成了亲家了，项伯哪能看着刘邦死？当即拍着胸脯答应帮刘邦说情，并叮嘱刘邦："我一会儿回去就跟项羽说。你明天一早就到鸿门请罪。你可一定要听我的，一定要来。这样我才能保住你。"

仔细交代一番之后，项伯连夜又赶回鸿门来见项羽，把刘邦跟他讲的那些话又向项羽学了一遍，然后又说："要不是刘邦先破关中，你能就这么长驱直入吗？刘邦那是立下大功的。你现在要杀他，太不仗义了。你别听别人胡出主意，反倒应该善待刘邦，免得大家寒心。"

项羽这人有许多致命的弱点，其中一个就是耳根子软。之前他还怒不可遏要杀刘邦，现在听叔叔这么一说，项羽又改主意了，决定不杀刘邦。

第二天一大早，天刚蒙蒙亮，范增起得特别早，正准备跟项羽出征，却听说项羽又不打了，气得面色铁青。后来他听说刘邦一会要来赔罪，心想：正好在这里杀了他，省了一场大战。

不久，刘邦即带着张良、樊哙，在百余人的护卫下来到鸿门求见项羽。刘邦一见项羽，当即拜倒说："将军！我跟将军合力攻秦，将军在河北，我在河南。没想到，我侥幸先一步入关，得以在这里见到您。现在听说有小人陷害我，说了我的坏话，让将军和我之间产生了误会。我对您是绝无二心啊。我今天特地来见将军，希望您能信任我，千万别听谣言。"

项羽被刘邦说得老脸一红，立马就把曹无伤卖了："谁说不是呢？都是你的左司马曹无伤对我胡言乱语，要不我哪能怀疑你呢？"就因为项羽泄密，后来刘邦回到灞上，立即就把曹无伤杀了。

项、刘二人尽释前嫌之后，一来两人多日未见，二来项羽也想安抚刘邦，于是挽留刘邦喝酒。一声令下，鸿门大帐里摆下几张桌子，项羽、项伯、范增、刘邦四人分宾主落座，张良作陪。侍者川流不息，顷刻间摆满酒菜。

坐在一边的范增哪有心思喝酒，冲着项羽连连使眼色，示意项羽赶紧动手。见项羽不搭理，他又再三把自己佩戴的玉玦举起来在项羽眼前晃，提醒项羽尽快决断，不要犹豫。

范增的小动作，项羽看得真真的。范增是什么意思，他也一清二楚。可是项羽不吭声，装没看见。因为项羽爱面子。这就是项羽性格中的另一大弱点。如果刘邦今天没来见项羽，范增背后再说上二三，项羽肯定发兵。可是刘邦来求饶服软，这种情况下再杀刘邦，各路诸侯怎么看他？天下百姓怎么看他？

范增看项羽指望不上，赶紧出来找项羽的堂弟项庄帮忙。项庄按照范增指示走进帐来，装作为众人助酒兴，提出舞剑。项羽知道项庄葫芦里卖的什么药。他自己不好意思下手，乐得别人来背这个黑锅，立即表示同意。

　　项庄拔出宝剑，闪转腾挪地舞动开来，一边出招，一边往刘邦身前凑，准备下手。项伯在旁边坐着，发现不对，暗叫一声：不好！我昨晚让刘季今天来请罪，保证说准没事。项庄要是杀了刘季，我的脸往哪搁？想到这，项伯拔剑而起，用自己的身体护住刘邦，跟项庄对舞。项庄哪敢连叔叔一起砍，只好兜着圈子寻找机会。

　　眼见着项庄不杀刘邦誓不罢休，张良急忙出去找樊哙。樊哙听说沛公有危险，按剑持盾，硬生生撞倒守卫，闯入大帐，睁着两只豹眼恶狠狠地瞪着项羽。项庄看见突然闯进来一条恶汉，吓得赶紧收剑。项羽也吓了一跳。项羽本来是跪坐在那喝酒看戏，樊哙这一闯进来，吓得他手握剑柄，挺身问张良："这位是谁？"

　　张良头一次见项羽受惊，心里偷着乐，嘴上没忘了回答："将军，这是沛公的侍卫，名叫樊哙。"

　　听了张良的介绍，项羽稍微放下心来，不无惺惺相惜之意地赞叹道："真是一位壮士！来人呀，赐这位壮士一斗酒！"樊哙也不推辞，接过酒来一饮而尽。

　　项羽就喜欢这样的，连忙吩咐："再给壮士来个肘子！"侍者立即给樊哙端上来一个大块生猪肘。樊哙没含糊，接过肘子，以盾牌为砧板，以佩剑为刀，边切边吃，吃得不亦乐乎。

　　项羽连连赞叹："真是条好汉！壮士，还能再饮一斗吗？"

　　樊哙抹了抹嘴，满不在乎："我死都不怕，还能怕喝酒？不过，喝酒之前，我有几句话，不说出来心里不痛快！想那秦王胡亥，心如虎狼。他杀人无数，就怕杀不绝，给人用刑，就怕不够狠。就因为这个，天下人才起来反抗。当初起兵的时候，怀王跟大家约定'先破秦入咸阳的人为关中王'。如今我家沛公先到了咸阳，分文都不敢动，封闭宫室，驻军灞上，就为等将军您来接收。之所以派人守函谷关，那也是为了防备流寇啊！沛公如此劳苦功高，您不仅没给封赏，还听信谗言要诛杀功臣！这不是走秦朝的老路自取灭亡吗？我认为项将军您不应该这么做。"

项羽的脸皮薄，被樊哙这样抢白，还真觉得自己对不住刘邦，臊得无言以对。好几个人就这么坐着，大眼瞪小眼，气氛很尴尬。刘邦赶紧趁这个机会装内急："将军，不好意思，我方便方便，去去就来。樊哙，来扶我出去。"说着，刘邦在樊哙的护送下直奔茅房而去。人有三急，也不能拦着，项羽就坐在那等。等了半天，刘邦没回来。项羽一皱眉："怎么这么久？陈平，张良，你俩去找找，酒还没喝完呢。"

刘邦为什么没回来？他哪敢回来。这鸿门宴就是个火坑，哪能回去送死？刘邦有心直接跑回灞上，可是不跟项羽告辞又怕项羽发怒；去告辞，又怕肉包子打狗，一去不能回。正犹豫呢，樊哙说了："您犹豫什么呀？现在都什么时候了，他们就是刀子和砧板，我们就是鱼肉，跑还怕来不及呢，告什么辞啊！"

刘邦一想，也是这个理，于是把自己带来准备送给项羽的一对白璧和准备给范增的一对玉斗转交给张良，让张良代为送礼，并且一再叮嘱："子房，你先不忙进去啊，我抄小路回去，不过二十里地。你估计着我到了军营，再回去见项羽！"说完，刘邦也顾不上那一百来个随从了，弃车骑马，在樊哙、夏侯婴、靳强、纪信四个人的护送下顺着小路回到了灞上。

楚霸王分封天下

秦朝既灭，自认为是诸侯领袖并且也得到诸侯认可的项羽，自然要论功行赏。

这时候，摆在项羽面前有三个选择，一是学习西周姬发称王，分封家族子弟；二是沿袭春秋战国，分封各路诸侯为王，自己为霸主；三是学习秦始皇，放弃分封，独揽天下。

秦始皇，项羽并不想学。当时的人认为秦始皇建立的帝国之所以短命，苛刻的刑罚是一方面，不搞分封则是另一方面。

学习周武王也不行。武王伐纣之时，主力是武王，而项羽的队伍是诸侯联军。项羽的实力显然不足以与诸侯为敌，不能不考虑诸侯的利益。

因为春秋战国时期的深远影响，秦末起义的英雄豪杰们都有裂土封王的愿望。如陈胜刚打到陈县就自立为楚王，并且或认可或默许了手下裂土称王以及六国后代复辟。对于大多数人来说，统一中原、成为九州之主，这种目标太过遥远，占据一块地盘当王的理想则容易了许多，足以满足各路英雄。因此，项羽在灭秦之后，顺应了大多数人的愿望，裂土封王，恢复春秋战国时列国并存、盟主主宰天下的政治局面，选择了霸业，而不是继承秦朝的帝业。

在分封之前，项羽打算先给自己定个名分，派人回去向楚后怀王熊心汇报，意思是让熊心给项羽封王。楚王的回复只有两个字：如约。然而这个约定却是"先破秦入咸阳者王之",这岂不是要封刘邦为天下之王,没他项羽什么事了。

项羽恨得咬牙切齿,遂打算不再理会熊心。于是,为了让怀王的约定成为一纸空谈,项羽对着地图仔细琢磨数日,开始分封天下。

头一个要封的,是项羽自己。项羽自立为西楚霸王,以九个郡为封地。九郡都是哪些,自古至今说法不一,据清朝学者姚鼐等人考证和分析,这九郡是梁地二郡加楚地七郡,也就是砀郡、东郡、陈郡、薛郡、泗水郡、东海郡、东阳郡、鄣郡、会稽郡,范围基本上相当于今天的河南省东部、山东省西南部、安徽省淮北及江南部分、江苏省全部、上海市全部和浙江省大部分地区。项羽的地盘是当时最大的。熊心是楚王,项羽也是楚王。一个楚国出了两个王。楚怀王的日子可想而知。

第二个是刘邦。虽然项羽和范增对刘邦身上的那些神异怪事非常顾忌,但是在鸿门大家已经和解了,项羽又好面子,不好明目张胆地废除怀王的约定,让诸侯寒心,所以只好把刘邦封为汉王,封地为巴、蜀、汉中三郡,都城在南郑(今陕西汉中)。

但是就这样项羽还是不放心,又把八百里秦川一分为三,封三个秦朝降将为王,目的就是把刘邦死死地堵在巴蜀,不让他出来:

封章邯为雍王,封地为咸阳以西,紧挨着刘邦,都城为废丘(今陕西兴平东南);

封司马欣为塞王,封地为咸阳以东至黄河,都城为栎阳(今陕西富平东南);

封董翳为翟王,封地为西至今甘肃正宁、内蒙古毛乌素沙地中部一线,北至今内蒙古鄂尔多斯市以北,东至黄河,南至今陕西铜川王益区、黄龙一线，都城是高奴（今陕西延安北）。

其他诸侯，也各有分封：

魏王豹改封西魏王，封地为河东（今山西），建都平阳（今山西临汾西南）；

瑕丘公申阳是张耳的宠臣，曾经率先攻下河南郡（今河南黄河以南，灵宝以东，中牟以西），接应楚军过黄河，有功，被封为河南王，封地就在河南郡，都城为雒阳（今河南洛阳东）；

韩王成仍旧统治韩国土地，都城为阳翟（今河南禹州）；

赵国大将司马卬平定了河内树立战功，奉为殷王，统治河内，都城为商朝故都朝歌（今河南淇县）；

赵王歇改封为代王，统治代郡（今河北西北部、山西东北部），都城为代县（今河北蔚县东北）；

张耳有贤名，又一路跟着项羽入关，因此被封为常山王，统治原来的赵国（今山西北部、河北西部和南部一带），都城为襄国（今河北邢台）；

当阳君英布勇冠三军，战功赫赫，封为九江王，封地为淮南（今安徽淮南一带），都城为英布的老家六县；

番君吴芮，也就是英布的岳父，率领百越精兵跟随诸侯入关，被封为衡山王，都城为邾县（今湖北黄冈北）；

义帝熊心的柱国（仅次于令尹、相国的高官，是楚国最高武官官职）共敖率兵攻克了南郡（今湖北荆州地区），有战功，被封为临江王，封地就是南郡，都城是江陵（今湖北江陵）；

燕王韩广被改封为辽东王，统治辽东（约为今辽宁省），都城为无终（今河北蓟州）；

燕国大将臧荼救赵有功，并且跟随项羽入关，被封为燕王，统治燕国（今北京及河北中、北部），建都蓟县（今北京西南）；

当前的齐王田市，被改封为胶东王，封地就是胶东（山东胶莱谷地以东，东、南、北三面环海半岛地区），都城为即墨（今山东平度东南）；

齐将田都自发救赵，跟着项羽入关，被封为齐王，封地就是齐国（今山东北部和东部），建都临淄（今山东临淄东）；

原齐王田建的孙子田安曾携济北（辖境相当于今山东德州、茌平以东，东平、泰安、莱芜以北，邹平、信阳以西及河北省沧州、海兴以南）数城归附项羽，被封为济北王，统治济北，建都博阳（今山东泰安东南）；

成安君陈馀虽然弃将印而去，没有跟着项羽入关，但是有贤名，对赵国也有功，项羽听说他现在正在南皮（今河北南皮）隐居，就把南皮等三县都封给了他；

番君吴芮手下大将梅鋗功劳很大，封十万户侯。

齐国相国田荣也是一个人物，但是因为对项梁不够意思，不派援兵，也不肯带兵跟项羽入关，所以不给任何封赏。连带他的侄子也被调到了胶东。

从这次分封里，可以看出来很多东西。

第一，对刘邦、三降将的分封是为了解决刘邦这个隐患，牢牢地掌控关中。刘邦是从彭城出发，他自己本身就是南方人，手下大多也都是江浙、河南人。不能回老家也就罢了，谁愿意到巴蜀去？死在那儿，魂都归不了故里。把刘邦封到巴蜀，对刘邦军心、士气的打击显然不小。

而章邯、司马欣、董翳三人，全都是秦朝时的官吏，是秦人治秦。用秦人在关中治秦，谁也不能说他项羽不公道。可是这三个人毕竟是害得二十万子弟被坑杀、秦国被灭亡的罪魁祸首之一。项羽在咸阳烧杀掠夺，秦人对诸侯联军早就怨恨在心，对这三个叛徒更是恨之入骨了。这样一来，章邯等三人要在关中立足，就不得不依靠项羽的支持，不得不对项羽俯首帖耳，唯命是从。同时，三分关中，又能防止某个人独大，成为隐患。因此，项羽虽然没占据关中，实际上已经等于把关中收入囊中。

第二，对于刘邦、章邯等人以外的新旧贵族和割据势力，项羽采用打压旧贵族、安抚新势力的手段，将根深蒂固的旧贵族割据势力调离各自的地盘，让亲近他的新兴势力取而代之。这就使旧贵族势力大减，失去威胁，也让亲近自己的势力尝到甜头，更加服从，同时还制造了诸侯间的矛盾，让他们互相攻击、怨恨，无法对项羽构成威胁。

第三，分封诸侯封地的设置，也是本着互相牵制的原则，防止某一个诸侯突然崛起。

当然，这都是项羽、范增一厢情愿的谋划。这次分封的最终结果就是：对项羽可能造成妨害的，打压、排挤，扔根骨头让他们啃去；对项羽唯命是从的，则都能有口肉汤喝。

项羽的如意算盘打得是不错。但是，他的封赏真的能让亲楚势力满意吗？被打压的诸侯真的甘心受欺负吗？

项羽种下的矛盾太多了，却并没有控制这些矛盾的能力。天下戮力抗秦的暂时联盟至此终止，诸侯大混战的序幕悄然拉开。

刘邦独得汉中

项羽跟范增拟订了分封计划。两个人商议好的时候，在范增的建议下，项羽给刘邦的封地只有巴郡和蜀郡。那么，后来为什么又多了汉中郡了呢？这就说来话长了。

原来，在分封计划尚未正式公布的时候，内容就被鸿门宴后留在项羽军中陪伴韩王的张良得知，被他立即透露给刘邦。

被封到巴蜀，刘邦要是高兴那是气话。

巴郡、蜀郡基本上就是今天的四川，原本是由当地人建立的巴国和蜀国，东部为巴，西部为蜀。大约是在车裂了商鞅的秦惠文王在位期间，巴国、蜀国才被秦国吞并，到这会儿也不过才一百多年。虽然说巴蜀之地土地肥沃，气候适宜，但外地人到了那，非常容易水土不服，甚至死亡。巴蜀对于中原人来说生存条件非常恶劣，而且地处偏远。除非是迫不得已，否则绝大部分中原人没有愿意到巴蜀生活的。

刘邦也是人，当然也不愿意。如果按照楚怀王的约定，他应该是这八百里秦川唯一的主人，是可以号令天下的万王之王。就算是项羽不答应，以刘邦的功劳，在齐鲁一带或者是荆楚一带给他一块封地，他也知足。现在可好，被"发配"到边疆去了，这不仅仅是迫害，更是赤裸裸的羞辱。

是可忍，孰不可忍。刘邦好歹也是十万大军的统帅。自打项羽来到咸阳，刘邦就低声下气、委曲求全，却换来这么个结果。这让刘邦终于控制不住了。他咬牙瞪眼地想：不就是个死吗？自从把脑袋别在裤腰带上反秦，谁不是把生死置之度外啊？反正到了巴蜀没准也得死在那，还不如在这就跟项羽拼了！

在极度愤怒之下，刘邦传下号令，准备攻打项羽。

刘邦一说要拼命，手下真不含糊，以周勃、灌婴、樊哙为首的武将们纷纷请战，要打头阵。大家都是宁肯跟项羽死拼，也不愿意去巴蜀。

就在大伙激动之下一致要动手之际，张良又捎信来了。张良怕刘邦沉不住气做傻事，在信中力劝刘邦暂时忍耐，养精蓄锐以图将来，并且告诉刘邦，自己已经用重金贿赂项伯，请项伯帮助刘邦从项羽手里拿到汉中。

原来，因为张良被项羽以服侍韩王的名义留在军中，刘邦觉得俩人从此可能就天各一方了，给张良备了一份厚礼，对张良一直以来的帮助表示感谢；同时他又备了一份礼，委托张良送给项伯，以感谢鸿门宴上项伯的鼎力相助。张良在得知分封计划后，一面知会刘邦，一面把两份礼全送给项伯了。他请求项伯说："我最近偶然得知项将军要把沛公封到巴蜀。汉中与巴蜀邻近，是沛公首先攻占下来的，现在由沛公部下郦商管理。巴蜀太艰苦了，沛公年纪也大了，希望能居汉中而领巴蜀。您也知道项将军对沛公有点猜忌，所以这个请求沛公自己不好提。能否请您跟项将军求个情呢？"汉中郡是秦朝三十六郡之一，位于今天的陕西省西南部，北倚秦岭、南屏大巴山，中部是汉中盆地，是秦国第一粮仓。而且，从汉中至关中有栈道相连，可以说是当时巴蜀至关中的门户，对于被封到巴蜀的刘邦来说极为重要。张良知道刘邦分封巴蜀已成定局，因此没有徒劳地谋求让项羽改封，而是寄希望于让项羽给刘邦加封汉中郡。

项伯跟张良是过命的交情，跟刘邦又结了姻亲，自鸿门宴以来一直自视为可怜的刘邦的保护者。而且，因为鸿门宴事件，项伯与范增之间发生了矛盾。范增因为整日给项羽出谋划策，所以称得上是项羽军中的二号人物，项伯与之相比，势力差了一大截。现在张良拿着重礼代刘邦求助，项伯很愿意借这个机会卖给好友一个人情，帮一帮刘邦，顺便打击一下范增的气焰，当场就答应下来。所以，张良才给刘邦发去信件，让后者先别着急，静候佳音。

萧何此时也劝刘邦："大王，您可千万不能冲动啊！我们的人马不如项羽多，士兵的素质和装备也不如项羽强，何况项羽身边还有诸侯支持呢？怎么打都是输。您这么些日子都忍过来了，怎么今天就咽不下这口气呢？当年，商汤、文王不都曾屈服于夏桀、殷纣吗？但是他们最终都成了天下之主。我希望大王您能以商汤和文王为榜样，根据子房的安排先谋求汉中，然后负屈忍辱，以汉中为基业，开垦荒地，收服民心，招揽人才，进而收用巴蜀的人力、物力，等实力够强的时候再杀出来，反攻关中。这样的话，项羽今天的安排未必不能被您推翻重来啊！"

经张良和萧何这一番安慰，刘邦头脑清醒过来，不再沮丧，立即命萧何制定接受汉中、巴、蜀的计划，命令诸将做好离开关中的准备，并派人转告张良：我愿意不惜一切代价，请子房务必为我求得汉中！

这厢项伯为了刘邦不惜损害亲侄子的利益，他送走张良，立即就趁范增不在场的时候去找项羽，指责项羽苛待刘邦、把刘邦封到巴蜀的行为，要求项羽将汉中加封给刘邦作为补偿。项羽琢磨了一下，竟然就同意了。他也没找范增商议，自行修改了计划。

很快，项羽对诸侯的分封公布了，刘邦轻而易举地得到了汉中郡。范增知道消息以后大怒，来到项羽面前一通数落。可是项羽话已出口，覆水难收，只好有人欢喜有人愁了。

萧何月下追韩信

刘邦带着美丽的梦想走入汉中。显然，刘邦的手下们并不都知道主公做着什么样的美梦。在他们看来，被封到巴蜀的刘邦，尤其是自动烧绝了栈道的刘邦，已经没有重出江湖的机会，带着对家乡的眷恋，带着对父母妻儿的思念，从将领到小兵，每天都有人悄悄逃走。

将士逃亡现象的出现，对于士气是一个重大打击，就连刘邦自己都有些感到灰心。然而，也许老天觉得对刘邦的打击还不够彻底，就在他刚刚抵达自己的都城南郑不久，忽然有亲兵慌慌张张地跑来报告说萧何丞相逃跑了。

刘邦听亲兵这么一说，顿觉眼前天旋地转。萧何不仅是从起兵之时就跟随刘邦的老朋友，眼下更是刘邦的左右手。萧何的背叛，让刘邦又是愤怒，又是绝望，一时间不知如何是好，吃也吃不下，睡也睡不着，丢了魂一样。

谁知没过两天，萧何又回来了。看见萧何，刘邦如见久别的亲人，既生气又欢喜地问："我对你哪点不好，你怎么就逃了？"

萧何赶紧说："大王误会了，我没逃，我是追一个逃跑的人去了。"

刘邦很吃惊："你追谁去了？"

"韩信！"

原来，韩信投奔了刘邦之后，刘邦也没拿他当回事，让韩信做了连敖。许多人把这个职位解释成粮仓管理员，因为"敖"字有"粮仓"的意思。其实远不是这么回事。三家注版本的《史记》里，晋代的徐广在这个词后面的注解明明白白：典客也。典客就是负责与各诸侯国、少数民族交往的官吏，与粮仓管理员毫无关系。

就在做连敖的时候，韩信所属的部门不知道犯了什么事，全部被判了死刑，监斩官是刘邦的老乡——昭平侯夏侯婴。刽子手一连气儿砍下十三颗头颅，第十四颗就在这韩信的脖子上。眼前此刻，韩信急中生智，仰头盯着夏侯婴大声喊："汉王不想得天下吗？为什么要杀壮士！"

一般人临死要么吓得软成一摊泥，要么连声求饶，要么大骂，韩信临死关头能喊出这样不卑不亢的话来，夏侯婴不禁暗暗好奇，仔细打量了韩信一番。这时就体现出人的长相的重要性了。韩信要是长得歪瓜裂枣一样猥琐不堪，夏侯婴可能当场就下令把韩信斩了。关键是韩信长得仪表堂堂，让夏侯婴看着打心里喜欢。夏侯婴当即一挥手，让人把韩信放了，请过来聊了一会儿。这一聊不要紧，夏侯婴心里大叫一声：韩信确实是个不可多得的人才！他马上就向刘邦推荐。

别人的面子刘邦可以不给，夏侯婴的面子刘邦必须要给，因为夏侯婴曾经对刘邦非常好。

刘邦当泗水亭长的时候，夏侯婴是沛县县令手下的车夫。当时两人的关系就非常好。后来，夏侯婴被列为县里的官吏实习生。就在这时，因为一次闹着玩，刘邦不小心伤了夏侯婴。也不知道是什么人跟刘邦有仇，把这事告发了。按照当时的秦律，刘邦身为官吏无故伤人属于知法犯法，是重罪。刘邦心里害怕，在审讯的时候就撒谎说夏侯婴不是他伤的。审讯的人找夏侯婴对质，夏侯婴也一口咬定事情与刘邦无关，到底是谁伤的，夏侯婴却说不清。就因为这个，夏侯婴被关押了一年多，挨了数百板子，但他始终也没把刘邦供出来。

后来刘邦反秦，夏侯婴跟着刘邦打天下，招降泗水郡监、下济阳、败李由、击章邯、攻赵贲、袭杨熊、战洛阳、打南阳，身先士卒，作战勇猛，立下战功无数，爵封昭平侯，官拜太仆。东汉三国时期鼎鼎大名的大将夏侯惇、夏侯渊、夏侯霸，说起来都是夏侯婴的后裔。

夏侯婴对刘邦来说，不仅是好朋友，更是个能臣。所以，因为夏侯婴的推荐，刘邦任命韩信为治粟都尉。治粟都尉就是掌管生产军粮等事的将军，与连敖相比属于实缺。这个官职也就是看夏侯婴的面子给的，刘邦这时候还是没把韩信当一回事。可韩信也没把小小的治粟都尉之职放在眼里。他觉得凭自己的本事，应该是有大用的人，就看刘邦识不识货。

韩信在治粟都尉这个职位上，难免要与丞相萧何打交道。萧何因此也发现韩信是个人才，时不时地跟刘邦提起。这时候刘邦带着大伙还在往南郑行进的路上，心里正是烦闷之际，就没有在意。这一路上，有不少将士找机会溜了。等到了南郑，韩信暗自琢磨：萧丞相和太仆肯定没少在汉王跟前提我，到现在还没动静，看来汉王是不打算用我。既然如此，我另找出路算了。想到这，韩信当机立断，不辞而别。萧何一直关注韩信，听说韩信跑了，来不及请示刘邦，便急忙去追，终于把韩信劝了回来，这才立即面见刘邦禀报。

这边刘邦听萧何说是去追韩信，又生气了："逃了多少将军，也没见你去追，偏偏去追韩信。分明是你在骗我！"

萧何一乐，道："大王，那些将士逃就逃了，但韩信不一样。他是独一无二的人才，国士无双！您要是安心做汉中王，不用韩信没关系。你若是真想争天下，除了韩信，再没有能辅佐您成就大业的人选了。现在就看大王您是怎么想的了。"

刘邦自然是想出汉中夺天下。萧何得到刘邦的答复，连忙说："既然大王已经决定要争天下，那就得用韩信。您要是能用他，他肯定会留下来。您要是不用他，虽然今天我把他追回来了，以后他还是会跑。"

萧何把话说到这份上，刘邦不能不重视了，当即痛快地说："好吧，看在丞相的面子上，我拜韩信为将军。"萧何摇了摇头表示不行。刘邦咬牙道："拜他为大将军可否？"

萧何赶紧道："大王英明！"

一个能让萧何如此看得起的人，刘邦也产生兴趣了，吩咐萧何道："既然说定了，你把韩信叫进来吧，我当场任命。"

萧何却摇头说："大王，您哪一点都好，就是有时候对人傲慢无礼。您拜韩信为大将军，怎么能对他如此呼来喝去？您要是真诚心拜他为大将军，应该选一个良辰吉日，斋戒之后设拜将坛，把全套礼仪都做足，这才可以。"

刘邦思虑半天，最终同意了萧何的提法。

汉王要拜大将军的消息传出来，刘邦手下原来的将军们喜上眉梢，人人以为刘邦要拜的是自己。等到正式拜将那天，使者一声高呼，韩信迈步走上拜将坛，将军们不知所以然，转念才明白过来，原来此事根本与他们无关，不禁心中愤愤不平。韩信看见这排场，自是心花怒放。拜将礼仪完毕，刘邦立刻请韩信上座，当众问对。

刘邦是个急脾气，开口就问："萧丞相跟寡人提起大将军不是一回两回了。寡人一直有逐鹿天下之心，今天拜你为大将军，不知道大将军有何良策让寡人得偿所愿？"

韩信刚刚被拜将，自然要当众立威，听刘邦问起，韩信先谦虚了一番，然后反问："大王，您要逐鹿天下，对手非霸王莫属吧？"

刘邦点点头："当然。"

韩信又问："大王觉得如果单论悍勇、仁义、强大这三方面，您与霸王谁强谁弱？"

刘邦想了想，还是选择说真话："寡人不如霸王。"

刘邦话音刚落，韩信立即起身拜贺："大王您能认清自身和对手的长短之处，这不是一般人能做到的。就像大王你所说的，臣也认为在这些方面您不如霸王。但是，霸王虽然有优势，却有更多缺点。臣曾经在霸王手下做事，对他了解颇深，请允许臣斗胆谈谈霸王的为人。

"霸王性情刚烈，勇猛无敌。他一声怒喝，千人胆寒。可是他一个人本事再大，又能如何呢？他不能放手任用贤能，所以他的悍勇不过是匹夫之勇，不足为惧。

"他待人也恭敬仁爱，言谈温和，属下生病，他能心疼得掉眼泪，把自己的饭菜分给他们吃。可是对于立了功应该得到封赏的部下，他把刻好的官印棱角都磨平了，也舍不得给人家。所以，霸王的仁义是妇人之仁，不足为惧。

"霸王独霸天下，诸侯称臣，实力不可谓之不强。可是他却不待在关中而建都彭城，违背义帝当初的约定，把自己的亲信和所偏爱的人封为王侯，排挤他不喜欢的人，诸侯中许多人对此愤愤不平。霸王把义帝驱逐到江南（此时义帝之死尚不为人知），诸侯有样学样，也都回去驱逐原来的君王，自立为王。凡是楚军经过的地方，无不饱受蹂躏残害。霸王深为天下人所怨恨，只是迫于他的淫威而暂时屈服。霸王名义上是天下的领袖，实质上已失去民心，所以他的强大很快会变成衰弱，不足为惧。

"霸王有这三不足惧，大王如能反其道而行之，任用天下贤能，何愁敌人不被消灭！把土地分封给有功之臣，何愁诸侯不臣服！率领江东子弟实现他们打回老家的梦想，何愁敌人不被打败！

"况且，关中的三秦之王本来都是秦将，率军征战数年，麾下秦国子弟死伤无数。后来他们带将士投降霸王，被项羽用欺诈的手段坑杀二十余万，唯独章邯、董翳、司马欣三人生还。秦人对这三人恨之入骨。现在只是项羽以武力强行封这三人为王，实际上秦国百姓都不拥戴他们。

"大王您第一个到关中的时候，秋毫无犯，废除了秦朝的残酷刑法，与大家约法三章，秦地百姓没有不希望您在关中为王的。关中百姓都知道，按照当初诸侯的约定，大王理当在关中称王，可您被迫来到汉中，秦地百姓无不怨恨霸王。

"综上所述，大王如果现在起兵，收复三秦绝不是难事，可传檄而定。"

韩信当堂一番论证，把敌我双方的优势劣势讲得清清楚楚，明明白白，自刘邦以下，无不佩服。刘邦尤其高兴，直埋怨得到韩信太晚了，对于自己先前忽略韩信的事情算是绝口不提了。至此，刘邦自己居中调度；以萧何为后勤，主要负责到巴蜀之地收租收粮，保证军队供给；以韩信打前锋，负责冲锋陷阵。汉军上下摩拳擦掌，准备兵进关中。

明修栈道，暗度陈仓

田荣造反的消息很快传遍天下。几乎在得到消息的同时，刘邦行动了。

早在送刘邦到汉中的时候，张良在告别之前，除了留下"火烧栈道以安项羽之心"的计策，还给刘邦制定了"积巴蜀之财富，取道陈仓还定三秦"的计划。

陈仓就是今天的陕西省宝鸡市，位于八百里秦川西端，是关中与汉中之间的咽喉。在从汉中到陈仓之间，曾经有一条崎岖难行的小道。后来，因为栈道的铺设，这条小路渐渐荒废，逐渐被人遗忘。因此，对于这个方向，章邯等人是没有设防的。

要出汉中，必先得陈仓；要得陈仓，现在只有这条被忽略的小路可走。但是，如果汉军明目张胆地从这条小路杀出去，章邯等人也不是吃素的，肯定能及时察觉。到时候，三秦大军蜂拥而来，结果就只能是把汉军死死地堵在陈仓之前。所以，夺取陈仓的行动，必须要做到神不知、鬼不觉，容不得半点闪失！

对此，大将军韩信早有算计。他首先把临武侯樊哙、威武侯周勃找来，命樊哙、周勃带一万人马修复栈道，限期一个月内必须修完。樊哙和周勃一听大为着急，去找韩信说理："大将军，你此举是作甚？这条栈道咱们烧起来是没花几天，可是修起来没三年哪修得完啊？这都是几百年才铺出来的路，你让我们一个月修完，还不如现在就把我们杀了！"

韩信把脸一沉："让你们修你们就修，哪那么多废话！大王要出汉中夺天下，等你们修上三年，还夺什么？现在这个任务就交给你们了，不得有误！"

军令如山，樊哙、周勃也没办法，点齐了兵马，日夜开工，轮班倒地抢修栈道。

最高明的阴谋，首先要骗过自己人。为了保密，韩信并没有把计划告诉其他将领。

樊哙、周勃这边刚一开始施工，摆出要从褒斜道出兵的架势，消息就被探子急急忙忙报告给了章邯。章邯听了哈哈大笑："汉王是不是受刺激变糊涂了？早知道今天，谁让你当初烧来着？任你修去，等你修过来，我再把你打回去。不仅如此，我还要顺着你们修好的栈道杀进汉中，让你们死无葬身之地。"章邯想了想，又问："查查这馊主意是谁给汉王出的。"没多久，章邯就得到回报，说是汉王拜了一个叫韩信的人做大将军，修栈道就是韩信的命令。

"大将军？韩信？此人是谁，怎么没听说过？"章邯疑惑地问。

探子早就打听清楚了，禀报说："大王，难怪您不知道。此人在家乡是有名的懦夫，有一次被人欺负，从人家裤裆底下钻了过去。他原来在项王手下当侍卫，不久之前才到汉王那里。"

探子把打听来的事仔仔细细说了一遍，章邯听了抚掌大笑："汉王真可怜呐，手下没人了，拜了个钻裤裆的做大将军。就这样的人还想跟我打？如今看来，我已有数了，派一支人马在栈道口等着，什么时候他们快修好了，就来向我禀报！"

章邯被韩信蒙蔽了，真以为汉军打算从原路杀出来，把注意力全放在栈道这。

汉王元年（公元前206年）八月，正是丰收时节。汉军备齐了粮草，整修完毕，开始行动了！

刘邦和韩信率领大军从南郑出发，穿过被荒草覆盖的羊肠小道，神不知鬼不觉地抵达陈仓，不费吹灰之力地打败了毫无防备的陈仓守军，占领了这座事关汉中生死的咽喉之城，并派军从陈仓古渡口渡过渭河，倒攻大散关（位于宝鸡市南郊秦岭北麓）。

　　汉军攻取陈仓的消息传来，章邯惊呆了。汉军攻克了陈仓？怎么可能！栈道明明还没修好，他们从哪里出来的？难道是长了翅膀飞过来的不成？章邯没有时间仔细追究，急忙调兵，试图夺回陈仓，掐断汉军的生命线。

　　韩信和章邯在陈仓开战了。汉军将士在汉中被困四个月，思乡之情不可遏制。强烈的返乡欲望让这些经历过无数次战斗的汉军更增添了不要命一般的悍勇。反观章邯军，秦军士兵萎靡不振、不尽全力。这些士兵们许多都是秦人子弟，一直怨恨章邯、司马欣、董翳这三个叛徒，哪肯效死？

　　此时，明修栈道的樊哙、周勃也接到命令，顺山路杀了出来，与韩信会师。敌我双方交织在一起，陈仓古城变成了绞肉机，无数个鲜活的生命在战场上消逝。

　　渴望东归的汉军对阵毫无战斗欲望的雍军，汉军打了个漂亮的大胜仗。曾经转战小半个中国、歼敌无数的猛将章邯如今成了被屠戮的羊，在汉军的追杀中仓皇向好畤（今陕西乾县好畤村）方向逃跑。汉军衔尾追击，在好畤再次打败章邯。无奈之下，章邯带着残兵败将逃回了废丘城，坚守不出。

　　精神抖擞的刘邦一面派重兵围困废丘，一面命令其他大将分别攻打塞国、翟国。连章邯都挡不住汉军，司马欣和董翳更不是对手。没交手几回，汉军就打得塞军、翟军丢盔弃甲，直杀得塞王司马欣、翟王董翳开城投降，塞国灭国，成为汉国的渭南郡和河上郡，翟国灭国，成为汉国的上郡。没用多长时间，除了废丘之外，八百里秦川全都落入了刘邦的掌握之中。

然而，章邯毕竟不是浪得虚名。他并没有绝望，坚持防守，拒不投降。章邯认为项羽绝不会坐视刘邦重返中原，一定会派大军前来支援。他只要坚持到那一天，汉军必将死无葬身之地。因此，在汉军的围攻之下，章邯全力施为，居然把废丘守得滴水不漏。摇摇欲坠的废丘偏偏不倒，一天天地消磨着汉军的耐心。

章邯没有想到的是，与他有血仇的项羽根本没有管他的死活，直接带着大军去打田荣了。

早在得到田荣造反的报告后，项羽派萧公角等人攻打彭越，自己则整顿人马，准备出兵。就在这时，刘邦兵进汉中的报告也送到了。

本来，田荣与刘邦相继行动，项羽一时也难以决断先打哪一个。但是，考虑到范增一直坚持除掉刘邦的要求以及自己对刘邦的厌恶，项羽更倾向于先打刘邦。

正在这时，萧公角等人被彭越打败的消息传来，张良也突然来信了。

张良在汉中辞别刘邦以后，直接返回韩国。当时，韩王成并不在国内。

原来，韩王成当初派张良协助刘邦进咸阳以及张良一直跟刘邦保持密切往来的事情，令项羽大为恼怒。他认为韩王成这是忘恩负义。

当年刘邦带着张良一起去投奔项梁。张良看项梁立熊心为楚怀王，特别羡慕，跟项梁商量："将军您现在已经扶立了楚王后裔，楚国的大旗竖起来了。但是，在眼前这种局面下，楚国显得太过于孤单了，缺少盟友。韩王的几个儿子现在都还在。其中，横阳君为人很好，能够担当大任。我想求您立横阳君为韩王。韩国如果能复国，就可以成为楚国的盟友，对您反秦的事业绝对有好处。"项梁当然是希望秦朝的局面越乱越好，马上同意，让张良把横阳君找出来立为韩王，又拨了千把来人给韩王成去抢地盘。

所以说，要不是项梁，韩王成恐怕一辈子都要被埋没了。

从这点来讲，项羽觉得韩国应该跟楚国特别亲近才对。可韩王成和张良偏偏跟刘邦走得特别近。这让项羽很不痛快，更把韩国的协助视为刘邦先入咸阳的重要因素。因此，分封天下完毕，项羽在回家的路上顺手把韩王成捎上，硬把韩王成从咸阳带到了彭城。

在彭城，项羽很快就把韩王贬为韩侯。没过多久，也就是在田荣杀死济北王田安的前后，得知刘邦杀出汉中，项羽把韩王成也杀了。身为韩国贵族、一心匡扶韩王的张良得知消息，胸中恨意滔天。他料定项羽肯定要先打刘邦，这才本着要坑项羽的目的，打着为项羽考虑的借口，写了封信。

张良在信中说：

汉王本来是应该得到关中的，但是没能得到。如今汉王发动战争，目的正是为了取回自己应该有的封地，而不是针对您。只要能够像当年约定那样成为关中的主人，汉王也就满足了，根本不会再做他想。当务之急是在您的北边。齐国和赵国现在已经结盟了，我这有他们煽动诸侯企图造反的书信，作为证据一并呈给您。他们两国是公开向您叫板。请您早做决断。

张良的意思就是：刘邦只不过是打算取回自己应得的东西罢了，没有东进的意图。你项羽违背了当初的约定，这是你不对，你就不该企图阻止刘邦。齐国和赵国现在已经是公然造反了，证据确凿。你应该去打他们。

张良这一封信，项羽看了之后脸红了又绿，绿了又白。项羽是个好面子的人。他自己也知道，不管怎么说，刘邦先进了关中，自己却把人家撵到巴蜀去，这事做得不仗义。现在刘邦自己去取，合情合理。更何况，章邯是杀死了伯父项梁的人，犯不上为了救章邯背上负义的名声。再说，刘邦在鸿门宴上对项羽服服帖帖，鸿门宴之后更是叫他往西他不敢往东。而田荣和陈馀呢？不仅在项家需要的时候从来不曾施以援手，而且一直没对项羽表示过臣服，如今更是煽动诸侯倒项。应该打谁？显而易见。

天下了解项羽性格的人太多了，但是像张良这样善于抓住项羽心理弱点的人，少之又少。

项羽非常配合地中计了。他放弃了西进支援章邯的计划，准备北上攻打田荣。就在这时，汉将王陵率一路人马即将抵达阳夏（今河南太康县）的消息传来，使项羽对刘邦产生了一丝警惕。他连忙封好友郑昌为韩王，让他抵挡刘邦，同时又派出一路精兵在阳夏拦阻王陵。

张良把写给项羽的信送出之后，开始了人生中的第二次逃亡，投奔了刘邦。项羽的死敌从此又多了一个。

又一个轮回

垓下的深夜，不甘心的项羽打算再做尝试。这次尝试，项羽残酷地决定，只带少量精锐，寻找包围圈的薄弱环节杀出重围。而更多的楚军将士，是生是死，且看天意吧。

带着八百骑兵，项羽衔枚突围，终于在联军的包围圈上撕开了一条口子，向南遁去。

等到天亮时，汉军才发现昨夜突围的是项羽。虎入山林，祸患无穷。谁都能放过，项羽绝不能放过。追！

骑将灌婴一马当先，带五千骑兵立即追赶，终于寻到项羽的踪迹，紧追不舍。

项羽一路狂奔。逃到阴陵（今安徽定远县西北三十公里处）时，他在空旷的田野中迷路了。

两条路，一左一右，不知哪条路通往江东？项羽急忙向一位农夫打听。农夫畏畏怯怯地指了指："左边这条。"

对项羽来说，很不幸的是，左边这条路正是错误的。有人说，这位农夫是深恨项羽之人，因此故意给项羽指了错误的方向。但也可能是农夫根本不知道彭城怎么走。他被这一大群浑身浴血、携带刀剑的武夫吓坏了，不敢说不知道，索性随便一指，却正好指错了方向。

项羽并不知道这是一条死路。当他疾驰到路的尽头时才发现，前方是一片不可穿越的大泽。项羽急忙折身返回，正好与紧追其后的灌婴等遭遇。几十万人的重围项羽尚能逃出来，又何惧这区区五千人？项羽再次杀出来，转而向东，抵达东城（今安徽定远县东南二十五公里处）。此时，他身边只剩下二十八名勇士。

项羽仰天长叹，对这二十八名最后的追随者说："我起兵反秦至今，已经八年，身经七十余战，从无败绩。我的敌人都被打败，无不降服。因而，我才能够称霸，拥有天下。如今我被困此地，这是上天要亡我，非战之罪。就让我冲入敌阵，放手大杀！临死前定要再斩汉将，砍倒军旗。诸位请看立马扬威！"

汉军很快又追上来了。二十八人在几千汉军之中显得那么渺小，项羽却犹不畏惧。他把二十八人分成四队，每队七人，命令他们各自向四方，在大山东边集合。项羽率先出击。他指着敌军对大家说："你们看着，我现在就冲下去，为你们斩杀一员汉将。"说完，项羽一催坐下乌骓马，向汉军冲去。汉军被霸王的气势震慑，纷纷闪躲。项羽趁机手起枪落，果然有一员汉将被项羽杀死。赤泉侯杨喜见项羽单人独骑，想捡便宜，在项羽身后追赶。项羽回头，圆睁虎目，怒叱杨喜，直吓得杨喜掉头就跑，直逃出千米之外。项羽一路奔逃，在逃亡中又斩杀汉军一名都尉、百余骑兵，在指定地点与其余人会合。二十八名骑士，仅仅阵亡两人。

趁着汉军来不及反应，项羽一直逃到长江边的乌江（今安徽和县东北二十公里处乌江镇）。渡过长江，就是项羽的巢穴——江东。在这一路上，剩余的二十六名勇士或战死，或被擒，也全都不在了。

忠于项羽的乌江亭长正泊船而待。他急忙对项羽说："大王，这一带就唯有我这一条船。请大王随我快快渡江。汉军没有船，追不上来！"

项羽望着乌江亭长，开心地、悲怆地，笑了。走投无路之时，仍然有如此忠心的人在想着他、念着他，如何不开心？八千子弟追随项羽打过长江，如今无一人生还，如何不悲怆？项羽对乌江亭长说："天都要亡，渡江又有什么用？先前江东子弟八千人跟随我出来打天下，如今只有我一人苟活而还，我又有什么脸面见到父老乡亲们？算了，我不回去了。这匹乌骓马，日行千里，随着我纵横天下。我实在舍不得叫它跟我一起死，就把它托付给你吧。"

把马硬塞给乌江亭长，项羽步行，回头迎战追兵，又斩杀数百人，身受创伤十余处。这时，项羽在追兵之中看见骑司马吕马童。项羽与吕马童少年时相识，算是故人。因此，项羽对吕马童说："我听说刘季悬赏千金、赐食邑万户，要我的人头。反正我要死了，不如把这好处送给你吧！"

说完，项羽横剑自刎，死在当场。霸王一死，汉军胆子立即大了起来，人人蜂拥上前，争抢项羽的尸体。甚至有人为了争抢而不惜同袍相残，项羽的尸体也被刀剑分割。最后，郎中骑王翳、郎中骑杨喜、骑司马吕马童、郎中吕胜、郎中杨武各得了项羽尸体的一部分，得到了刘邦的赏赐。

项羽自杀后，西楚全部投降，唯独鲁地，因为项羽当年被怀王封为鲁公，秉承孔孟之道的忠君思想，坚决不肯投降。刘邦本欲屠城，但感念鲁人的守礼义、为主死节，最终赦免鲁人。鲁人也在见到项羽的尸体后放弃了最后的抵抗。

刘邦最后封项伯为侯，赐其姓刘，又把项羽葬在了鲁国的穀城（今山东平阴西南东城镇），并且亲自主持祭礼，放声痛哭。

这一哭，并非全是虚伪，也有对那一段兄弟情义的哀悼。

项羽已死，四海承平，唯有韩信不能让刘邦放心。刘邦对韩信说："义帝无后，况且你熟悉楚地风俗，所以，齐王你就别当了，我改封你为楚王。"于是，韩信被迁为楚王，以淮北为封地，都城为下邳。同时，他履行承诺，封彭越为梁王，以定陶为都。

将韩信与彭越安排妥当之后，刘邦发下赦令：天下纷争八年，百姓饱受其害。现在天下已定，特赦免死囚以外的全部囚犯。

汉高祖五年（公元前202年），天下诸侯率领文武群臣上表，请汉王就皇帝位。

古人就职，职位越高，越要予以推辞，三辞三让方可接受，以表示自己道德高尚，不图名位。对于大家的请求，刘邦自然要先推辞一番。他回复说："我听说皇帝这个尊号是大贤才配有的，我可担当不起。"

诸侯们自然是再次上书，力陈刘邦就是大贤，说："大王起于百姓，诛灭暴秦，平定四海，分封诸侯。如果大王不受皇帝尊号，我们愿意以死相谏！"但这还不够三辞三让，所以刘邦继续推辞，诸侯继续上表。最后，刘邦看似不高兴地说："既然你们都觉得我合适当皇帝，那我就勉为其难，为这个国家当这个皇帝吧。"

刘邦在汜水北岸筑坛登基，给自己改名为刘邦，称皇帝，暂时定都洛阳；吕雉为皇后；刘盈为皇太子；刘邦已故的母亲被追谥为昭灵夫人。

今日方知皇帝威严

礼对中国古代社会极其重要，它是人们行为规范的总和。礼有安邦定国的作用。

礼是儒家的根本，儒生也以实现国家按礼运行为首要重任。孔子生遭乱世，说世乱国裂皆因礼崩乐坏，四处游说，一心复礼，然而却没成功。叔孙通同样遭逢乱世，同样一生颠沛流离，可是他不口呼复礼，最终却实现了孔子所不能实现的梦想，成为"汉家儒宗"。

为何孔子这位万世师表没成功，而叔孙通这位历史名誉不尊的人却成功了？这其间究竟有何巧黠？史书说叔孙通是位知通达变的人，恐怕这就是他的成功秘诀所在。

前文说道，刘邦初登大宝，位居九五，可是内忧外患此起彼伏。冒顿兵临晋阳城，确实是一大外患。然而，朝中文臣与武将的分歧也是一件令人头疼难挠的尴尬事。武将策马奔腾，征战四方，勇冠当时，极为骄霸；文臣没有斩将之功，但心系朝臣礼仪，对大大咧咧的武将颇感不满。

这一日，刘邦又大宴群臣。起初诸将恭敬有礼，开口闭口都是皇帝来皇帝去的，刘邦心里也痛快。可是，两杯酒下肚，诸将就满口粗话，与市井流氓无异。再多喝几杯，诸将就嚷叫，踩在板凳上、蹲在桌子上划拳，甚至拔剑击桌，高唱黄色小曲。有几位不识轻重好歹的，竟然攀上刘邦的龙椅，对刘邦拉拉扯扯，尽说刘邦过去的丑事。当此情境，刘邦的脸色可是越来越凝重，思前想后，一颗心烦乱难宁。

刘邦环视一圈，只见一位峨冠博带的儒生怔怔地看着自己；再一看，刘邦蓦地一惊，只见诸文臣都规规矩矩，颇有为臣风范。

这位儒生姓叔孙名通，诸武将都烦他圆滑不忠，唯独刘邦对他倒还喜爱。叔孙通是鲁国薛县人，鲁国是孔子的故乡，叔孙通又是儒生，礼仪之事是他的看家本领。再说他是秦朝的待诏博士，用今天的话讲就是候补博士，有礼仪经验。这位叔孙通有才，更有观察别人脸色、揣摩他人心思的本领，下面这件事就是好例子：

"诸位，你们说说，这陈胜、吴广大闹，究竟是怎么回事？"秦二世问诸儒生。

三十多位儒生异口同声地说："他们这是造反，皇上快派兵镇压。"

叔孙通一见秦二世脸色，急忙说："圣上，始皇帝统一六国后，天下都是一家了，兵器早就毁了。再说，有像你这么贤明的圣上，人人守法，哪里有什么反贼。陈胜等人不过盗鸡偷狗之人，只是势力大了一点点，交给县令处理就得了，何劳你费心。"那些不知变通的人，仍坚持反贼之说，全都被斩了；附和叔孙通之说的人都有赏。

叔孙通回到家，诸儒生就问："你为什么曲意阿谀奉承？"

"你们还不知道吗？我差一点逃不出虎口了！"话刚说完，叔孙通就逃了。他逃到薛县，跟随项梁；项梁兵败，又跟随楚怀王；楚怀王去长沙，留下侍奉项羽；之后在彭城投降刘邦，投降刘邦后就没变换过主人。这么一来二去，叔孙通大小通吃，一共跟随过将近十位主人，他的知权通变也就可想而知。

起初，叔孙通穿儒服，刘邦很恨，于是他就改穿短衣裳，同刘邦一样，刘邦很高兴，封他做博士，赐号稷嗣君。叔孙通没带他学生一起归降，学生们都有点怨愤之意，责怪叔孙通不推荐他们入朝为官。叔孙通却告诉他们少安毋躁，迟早有一天他会想办法让这些学生发迹。

后来叔孙通果然向刘邦推荐了他的学生，并建议刘邦大兴礼仪，以礼安天下。但刘邦却觉得秦朝那一套礼仪过于麻烦，他才将之废掉，若是叔孙通的礼仪也是一套一套，不如不用。

但叔孙通却道："礼仪全是因世事之情况而制定，因此三皇五帝都有不同的礼仪，夏、商和周三朝的礼仪也是在此基础上经过损益而得。你放心，我的不繁复，只采取历朝历代的精华，全都会符合皇帝你的心意。"

于是，叔孙通带领他的弟子在城郊整日演习礼仪，一个多月后，他请刘邦观赏。刘邦觉得不错，就下令群臣学习。

汉高祖七年（公元前200年），十月，大汉的朝臣都在长乐宫，一起表演了今后延续不衰的朝礼，那规模、那排场、那气势，委实非同小可。

天刚亮，执礼官就引领车骑、戍卒、卫官次第而入，排礼兵，插旌旗。一声"趋"（碎步疾走），大殿中登时站满几百人，人人肃静，队伍整齐。诸将列在西方，面向东；文臣站东方，面向西。刘邦乘帝辇而出，传警声大作，诸官员按级别次第朝贺。朝拜完毕，群臣归座，又依次向皇帝敬酒。喝过九行，礼才完毕。从朝拜到敬酒，没一人敢高声喧哗，甚至大气都不敢出一口。刘邦极是满意，威严地说："我直到今天，才知道做皇帝的显贵。"随即便升叔孙通为太常，赏赐黄金五百斤。

鞠躬尽瘁萧何瞑目

自刘邦称帝，萧何一直担当丞相一职。萧何恪尽职守，为汉室尽心尽力，但是他越是尽心尽力，被疑心的危险就越大。萧何将全副精力放在丞相一职，全力以赴，鞠躬尽瘁，没感觉到别人在他背后议论他。

功高盖主，必有大患！韩信谋反，萧何用计斩韩信，刘邦回来后拜萧何为相国，加封五千户，令他率领五百人保卫关中。召平是局外人，清楚其中微妙，将"功高盖主，必有大患"的道理告知，劝萧何不可接受封赏。萧何采纳，没领受刘邦的封赏。

是金子，不会生霉；怀高才，总会体现；有德行，必得民心。萧何兢兢业业，稳打稳进，为民谋利，深得民心。当初刘邦进入关中，与民约法三章，深得民心。萧何为相十年，为民谋利，轻而易举地抢走了刘邦用生命换取的民心，刘邦不悦。刘邦带兵征战在外，最不放心萧何。刘邦认为萧何就如一汪平静的水面，不知道什么时候会兴风作浪。

英布造反，刘邦在外征讨，多次派人问萧何在做什么。

萧何对待主人的敌人，如韩信，他智谋百出，对刘邦忠心耿耿。萧何有智慧，但他从来不会怀疑主人。凡主人所命，他死力施行；凡主人所言，他绝不起疑。

刘邦发问，萧何老实回答，说："你们回去告诉皇上，他领军在外，我会替他安抚百姓。我会将我所有的东西全部捐献给军队，就像皇上征讨陈豨时做的一样。"萧何为了国家，不要家庭，为了大家，不要小家。百姓最敬佩这样的人，所以萧何深得民心。虽然刘邦屡次遣人问他忙什么，萧何也从来没有怀疑过刘邦。

家臣见萧何如此，提醒萧何，说："你就快要被灭族了。你现在身居相国之位，功劳第一，一切都已到达为臣的极限。皇上进关中时，深得民心；你当丞相的这十多年间，民心都归向你。皇上之所以多次派人问你在干什么，全是因为怕你煽动关中百姓谋反。皇上既然如此想，担心你深得民心，你就该顺着他的意思去做，抛弃一点民心。你为什么不强买良田，大放高利贷，让自己失去点民心呢？"

聪明人不会固执己见，萧何采纳了家臣的建议，强买良田，大放高利贷。密探报告萧何的举动，刘邦听后，非常高兴。

征讨英布回来，关中军民拦在半路。这些人伏道跪求，状告萧何，说他放高利贷，以极低的价钱强买好田好地好房子。刘邦见状告萧何的人密密麻麻地跪满一地，很是高兴。

待到萧何出城迎接，刘邦笑着说："萧相国又在干利民利国的事！"刘邦说的是反话，意指萧何也干损人肥己的勾当，他这"利国利民"是内心因妒而生的讽刺。如果萧何真干利国利民的大好事，刘邦反而会怒气冲天。

"你的事情，你自己处理去。"刘邦将关中百姓状告萧何的状纸全交给萧何。

刚进关中，刘邦与民约法三章，人人都说刘邦好；萧何当丞相才十多年，人人口中只有萧何，不知道刘邦。刘邦没杀害萧何的心，只是看不惯萧何将关中的民心全给抢了。昔日的荣宠和今天的落寞一比，叫人黯然神伤。刘邦没有大家风范，他肚里连根针都容不下，不免嫉妒萧何。

百姓如此拥戴萧何，全因萧何兢兢业业、为民谋利。萧何是位全心全意为百姓谋福利的丞相，但他的做法极为不获皇帝的欢心。

萧何对刘邦说："长安人多地少，上林苑有很多空地荒芜。希望皇上准许百姓去那里种地，百姓栽种作物，你的野兽也有东西吃。"

上林苑是皇帝打猎的地方，再慷慨的皇帝听了都不舒服，何况是小肚鸡肠的刘邦。萧何此举，无异于与虎谋皮，必受其害。

刘邦大怒，说："萧何乱放高利贷，强抢民田，现在还要抢我的上林苑。"

刘邦命令廷尉给萧何戴上枷锁，先行关押，等待问罪。逮捕丞相，皇帝下令，不经程序，这就是皇威。当了那么多年的皇帝，刘邦还是喜欢滥用权力。过了几天，一个姓王的卫尉对刘邦说，萧何没有大罪，关押萧何不应该。

"我听说李斯做秦朝丞相时，有好处归秦始皇，黑锅自己背。萧何收受商人钱财，还抢我的上林苑给百姓。他在百姓前做好人，我就是坏人。因此，关押他。"刘邦不以为然。

"只要有利于民就为民请命，那才是真正的丞相。皇上怎能因此而怀疑萧相国！皇上同项羽相争数年，陈豨和英布造反，皇上领兵亲征，萧相国留守关中，如果相国真有私心，在关中弄事，关中就不是你的了。萧相国不趁此专权弄利，又怎么会收受商人的贿赂！再说，秦朝之所以失去天下，全是李斯蒙蔽皇上，李斯不值得效法。如此看来，皇上对萧相国的疑心未免过于浅薄。"

这卫尉说得入情入理，但刘邦心中就是不解气。这卫尉根本不知道，天下只有做错事的臣子，没有做错事的皇帝。

几天之后，刘邦的火气消了，理智再次占据上风。过了几天，使者持节将萧何给放了。萧何一生恭敬有礼，至死不改，受委屈也不变。萧何换套好衣服，恭恭敬敬地去向刘邦谢罪。"相国就不要如此了。相国替百姓请求我的上林苑，我竟然不许可，我不过是与夏桀和商纣一般无二的皇帝，而相国你却是贤相。我之所以拘押你，是想让天下百姓知道我的过错。"刘邦这话是强说理。

萧何虽然有智慧，但在主人面前就很呆笨，用不上智慧。萧何面见皇上时恭恭敬敬，大气都不敢出一口，他那一颗七巧玲珑心不知跑到哪里去了。刘邦如此说，萧何竟然相信，恭恭敬敬地为刘邦效力去了。臧衍对张胜说了几句话，致使卢绾造反不成，逃亡在外，最终客死异乡；刘邦对萧何说几句好话，萧何又兢兢业业地管理大汉。

惠帝二年（公元前193年），正月，这个春天有点怪。史书记载陇西（今甘肃临洮）发生地震。

古人觉得天地忽变，人间必定发生大事。果然，刘仲死了，接着萧何只剩一口气。或许刘仲不重要，但为汉朝立下汗马功劳的萧何一定重要。萧何要死了，惠帝刘盈去看望他。

刘盈对吕雉开始实行冷暴力，整日饮酒作乐，听说萧何病危，前往看望萧何。刘盈作为皇帝是有点懦弱，但他知道轻重缓急，他知道刘氏王朝全靠萧何的兢兢业业，鞠躬尽瘁。萧何这根大梁就要倒了，梁倒大厦危，谁是下一根大梁呢？

刘盈问萧何："你死后，谁可以替代？"

萧何讲："了解臣子的莫过皇上。"萧何的意思是说，你应该知道我的心意。刘盈问曹参是否可以。萧何一听，很高兴，说："皇上知道了，我死也瞑目！"

身为相国，萧何勤勤恳恳，任劳任怨，可以说是大汉朝廷的功臣，但他竟然住在一条又穷又僻的陋巷，房子也很破旧。萧何将一生都奉献给大汉，没留下什么给子孙，唯独留了一句话："如果后世子孙贤，他们应该像我一样勤俭；如果不贤，我遗留的积蓄也会被他人仗势夺走。"

老子当初也送孔子这几句话。

在历史上，对刘邦的性格没有好评。萧何却不同，他的形象越来越光辉。

敌不过岁月雕琢，吕后归西

春天，那是掌权者前去向天祈福消灾的日子。

吕雉临朝称制这几年，天灾不断，一会儿洪水，一会儿日食，一会儿月食，一会儿又是冬天桃李开花，夏天雪花飘飘。在古人看来，天有异相，人间必有大灾。这灾是上天降的，因为天子无道。一个皇帝什么都可以不怕，却不能不怕上天，吕雉大权独掌，除了天，她也是什么都不怕。

吕后八年（公元前 180 年），吕雉去灞上祈福，经过轵道时，见一只如苍狗的东西飞到她腋下。吕雉惊恐万分，撕破衣服，想找出那个东西，看看是什么。费心费力的吕雉没在腋下发现什么。正因为什么也没发现，所以她越发感到害怕。自此以后，每天吕雉都觉得腋下有异物，脱衣查看，却什么都没有；刚穿上衣服，她又觉得腋下有异物蠕动，这种感觉像蛇爬，像蜈蚣走动，又像蜘蛛布丝。

自从看见那苍狗般的异物飞进腋下后，吕雉的身体一天差过一天，终日心神恍惚。在祈福的路上遇上这等怪事，她开始怀疑那是上天的惩罚。她请人给她占了一卦，卦象说那是刘如意的冤魂。

这可真叫人不寒而栗。吕雉怕天，也怕冤魂，更怕刘如意的冤魂。刘如意乖巧伶俐，因为和他母亲有仇隙，吕雉就毒死刘如意。听说飞到他腋下的异物是刘如意的冤魂后，吕雉很惊恐，白天见刘如意坐在阴暗处被宫女、太监硬灌鸩酒，夜晚梦见刘如意笑盈盈地向她走来。吕雉很害怕，但她仍旧将大权抓得很紧，照样整治那些她看不顺眼的人。四月，老天大发脾气了，南方暴雨不停，长江和嘉陵江泛滥成灾，洪水冲走一万多户人家。

表面看来，吕雉没有疾病，腋下的皮肤完好如脂，然而，身体却如江河日下，一日差于一日。吕雉渐渐变得不能走动，整天只能躺在床上，但她的眼睛仍旧怒火炯炯，骄横逼人。生命一天比一天难熬，吕雉虽不甘心，也不得不放手，因为她知道死期临近。

吕雉一生，没做什么好事，坏事做的却不少；没真正享受天伦之乐，破坏人伦的事倒干很多。跟随刘邦征战，她吃苦多，享福少。当上皇后以后，刘邦冷落她，她更是幸福的日子少，痛苦的日子多。当上太后之后，吕雉那颗痛苦的心全神贯注于做痛苦的事，弄得天怒人怨，她大概也不开心吧。她很爱刘盈，可是刘盈不爱她，弃她而去。吕雉整死很多人，世界就像只剩她一个人，冷清，寂寞，恐怖。

吕雉一生，真似：枉费了意悬悬半世心，好一似荡悠悠三更梦。吕雉狠毒，但不失母性之心。她知道大臣们不服吕氏掌权，她要安排好后事才死。张敖和鲁元公主生了个儿子，名叫张偃，张偃命也不太好，父母早死，留下他在人间孤孤单单地活。吕雉知道张偃无能，于是封张敖和姬妾生的两个儿子为侯，让他们辅助张偃。

她还封吕禄为上将军，统率北军；让吕产统率南军。这两支军队驻扎在长安和洛阳，事关吕氏家族生命安危。吕雉又封赏了一大帮吕氏成员，希望他们能够守住她辛辛苦苦建立的帝国大厦。

临死之前，吕雉再三叮嘱：当初高祖说非刘氏而王，天下共击之。吕氏封王，大臣不服。我就要死了，皇帝年幼，你们要防大臣兵变。一定要领兵坚守宫室，挟制皇帝，万万不能为我送丧。

没有人为吕雉送丧，因为她的这些个亲人不敢离开长安和洛阳。

吕雉死后，大赦天下。吕产升为相国，吕禄的女儿当皇后。吕产和吕禄掌握兵权，但他们并不是带兵的料，因此吕氏注定灭亡。吕雉极力提拔吕氏家族，却没培养一位能够撑起整栋帝国大厦的能人。吕产和吕禄只会看护院子，他们撑不起吕雉的大厦。

司马迁说：高后女主称制，政不出房户，天下晏然；刑罚罕用，罪人是希。民务稼穑，衣食滋殖。

意思是吕雉当政的这些年，天下太平，罪人很少，百姓务本，衣食殷实。

司马迁对吕雉的评价不低，但吕雉时代的太平只是天下太平，朝廷并不太平。天下太平，那是天下百姓苦于战乱多年，希望过安稳的生活，是百姓、萧何和曹参等朝臣努力的结果。刘邦死后，朝廷就不太平，时常发生流血事件，而这些都拜吕雉所赐。

无论功业多大，吕雉都是一个极其残酷、手段十分毒辣的女人。虽说权力总会流血，但是吕雉诛杀了很多不该被诛杀的人，那个神秘的苍狗般的异物，其实就是杀戮过其所产生的心魔。

"顺天意"刘恒称帝

刚听说吕氏被诛，使者就请刘恒前往长安登基称帝，这是一个多么吓人的笑话。刘恒一生默默无闻，没为诛灭吕氏贡献一丁点力量，论品格，讲资历，都轮不到他做皇帝。周勃突然给他这么个大馅饼，刘恒真不敢啃。

刘恒母子二人从没奢想大富大贵，只求继续淡然地生活。周勃遣使前来，刘恒不问这块馅饼是好是坏，他只想知道自己该怎么办。

"那些大臣都是高祖皇帝的旧部，能征善战，阴谋诡计多得很。他们迎立你为皇帝是明，内心阴谋却深不可测。他们设此圈套，主要是畏惧高祖皇帝和吕后的余威。刚刚诛灭吕氏，长安人心不安，他们要以迎立你为名，做点表面功夫。我劝你称病留守，静观其变。"郎中令张武主张拖延不往，静观其变。张武说周勃等有阴谋，却只能说对方的阴谋深不可测，等于白说。薄姬母子相依为命，能活到今天，全靠淡定自持，静观其变。张武一席话，没说上重点，却说出了刘恒心中所想。刘恒是保守主义者，他不敢奢求生活变得更好，只求生活不要变糟。

可是，中尉宋昌不同意张武的提议，他建议刘恒前往长安，并且列出几条理由：第一，秦朝行苛政，诸侯并起，最终是刘氏称帝，这人人都知道，因此皇位还是刘氏的；第二，刘邦分封子弟为王，各位王的封地都互成地利之势，天下疆土格局难以变动；第三，大汉王朝废除苛政，法令严明，广布恩德，百姓安居乐业，不愿遭受战乱；第四，吕雉狠毒，但周勃持节进入北军大营后，将士人人表示支持刘氏，这是天意使然，而非人为；第五，就算大臣想起事，百姓也不听他们使唤，再说长安有刘章和刘兴居等宗亲，外有吴王、楚王、淮南王、琅邪王、齐王和代王等守御边疆，天下还在刘氏手里。宋昌说了这么一大堆，结论是：代王资格最老，仁爱贤孝，天下皆知，大臣是真心迎立，可以放心前去。

很明显，宋昌的话井井有条，比张武的有说服力。刘恒虽然明白，心中却没底，因此不敢贸然前行。刘恒个性小心谨慎，一时踌躇难决，便去问老母亲薄姬。凡遇大事，刘恒都要和老母亲商量。

自从魏豹死后，薄姬的一生都在等待。等待久了，判断力迟钝了，无论遇见什么，薄姬都不敢拿主意。天幸，她母亲教给她一项独门功夫：求神问卦。

薄姬给刘恒卜一卦，这一卦是好卦：大横。古人卜卦，用烈火烧烤乌龟壳，依据火焰灼烧的裂痕判断卦象。大横，就是乌龟壳被烧裂后全成横排，没有竖列，也没有斜纹。烈焰灼烧，乌龟壳竟然全是横排，没有竖列，还真有点奇。

据卦词所言，大横代表：大横庚庚，余为大王，夏启以光。意思是：大横预示更替，我将为王，光大祖上基业，就像夏启继承大禹。

刘恒大惑不解，说他已经是王了，还要成为什么王。巫师说："是大王，而不是王。大王，是天子的意思。"

天子就是皇帝，他还没出生时，魏媪就说薄姬能生天子，薄姬又跟刘邦说她能生天子。现在，卜辞预示他将成为天子，刘恒开始相信了。刘恒不是相信卜辞，而是相信天意。薄姬一步步走到今天，真是天意。刘恒能当上皇帝，更是天意。

刘恒登基称帝，开创了大汉的"文景之治"。

公元前179年，刘恒登基，为孝文帝。孝文帝仁爱宽厚，广行德政，开启了日后被称为"文景之治"的治世大门。

朝臣选立天子，天子也要任免朝臣，赏善罚过。人的好恶常常成为善过的标准，这对大权独掌者尤其如此。刘恒称帝后，先封老臣宋昌和张武，全凭个人意愿。刘泽倡议迎立刘恒，功劳尤高，刘恒封他为燕王，也是个人意愿作怪。刘恒迟迟不封勇猛功高的刘章和自告奋勇的刘兴居，还是个人意愿作祟。

刘恒登基称帝之后，陈平称病，辞去右丞相一职。陈平智深谋远，跟随刘邦，劳苦功高，突然辞职，刘恒十分纳闷。刘恒相问，陈平坦言相告，说随刘邦打天下时，周勃功劳没他大；诛灭吕氏，周勃功劳高过陈平。陈平之意，欲让周勃为右丞相。刘恒采纳，封周勃为右丞相，陈平为左丞相，灌婴为太尉。

刘恒将城阳郡、济南郡和琅邪郡等归还刘襄，让齐国封地七十城得以圆满。刘襄起兵大闹，声势最响，影响力最强，最终只能复归齐国的地盘，心中老大不爽。刘章和刘兴居等了几年的封赏，刘恒却将赵王送给赵幽王之子刘遂，并封他的儿子刘揖为梁王。刘章和刘兴居冒生命危险，费了九牛二虎之力，大哥刘襄当不了皇帝也就算了，甚至连陈平和周勃许诺的赵王和梁王之位都没了，心中好不郁闷。

苦了几十年的薄姬终于等到儿子成为天子了。薄太后让孝子刘恒再次赏赐诛杀吕氏有功的人，这次封赏多给物质奖励，只有刘揭例外，被封为阳信侯。周勃将此次所获的封赏全部转赠给薄昭。

两年后，即孝文二年（公元前178年），刘章和刘兴居终于等到封赏。刘恒称帝后，知道刘章和刘兴居的本意是迎立刘襄为皇帝。刘肥这三个儿子虽然劳苦功高，但他们都是为自己打算，刘恒心里不高兴。因此只从齐国割两郡给他们兄弟俩，封刘章为城阳王，封刘兴居为济北王。诛杀吕氏，他们三人率先揭竿而起，高竖义旗，最终却是齐国被割，封地狭小，三兄弟满腹怨言。

刘恒称帝几年了，还没立太子，大臣屡屡谏劝。刘恒多次说自己德薄功微，不配册立太子，朝臣又再相劝，刘恒应从，立刘启为太子。刘启很像刘恒，仁爱厚道，孝顺长辈。太子册立，母凭子贵，刘启的母亲窦姬就是皇后，人称窦皇后。后宫定了，朝臣定了，封国定了，刘恒的天下运行顺利，赋税少、徭役少，人民生活自然安定了下来。

宽和仁厚是刘恒的性格，在他治下，政治清明，刑罚少用，连坐之罪也被废除。

刘恒性格温文，心地善良，体惜百姓，打算大减刑罚，凡有罪行一律从轻发落。一次，他问右丞相周勃朝廷一年断几件案子，周勃答不上；又问一年收入多少钱谷，周勃还是答不上。皇上相问，周勃回答不出，后者顿时骄傲之气全消，汗流浃背。

无奈之下，刘恒只得垂问陈平，陈平回答有专业人士管理，例如断案就要问廷尉，钱谷就要问治粟内史。刘恒说，既然如此，丞相有什么作用。陈平说丞相上辅助天子理顺阴阳，调顺四季，下镇抚诸侯，安抚百姓，使百姓生活好，将百官管理好。陈平言人所欲言而不能言，刘恒敬服，不再相问。

退朝之后，周勃责备陈平，怪陈平事先不教他。陈平说周勃是右丞相，本该知晓，又说，"如果刘恒问长安有多少盗贼，又怎么回答？"陈平一语，问出周勃好多心中烦恼。周勃突然顿悟，知道这类问题不能直接回答。

经此一事，周勃敬服陈平智慧，甘拜下风。周勃知道难以胜任右丞相一职，让右丞相给陈平，担任左丞相，刘恒欣然允可。

晁错纵横论治安

晁错是颍川人（今河南禹州），为人严峻、刚直、苛刻。一句话，他有法家代表所要求的品行。他曾经在张恢门下学习申不害和商鞅的思想，文章博学，任太常掌故。晁错的性格和学识预示了他今后的命运，他是政治上的强硬派，愿为理想牺牲自我。读到晁错，不禁想起雨果笔下的沙威。沙威是雨果虚构的人物，晁错的品行也近乎虚构。

秦始皇焚书坑儒后，《尚书》之学将近灭绝。齐国有位叫伏生的人通晓《尚书》，伏生年出九十，不可征召，朝廷派晁错前往学习。晁错学成归来，满嘴《尚书》，就如贾谊满口《诗》《书》，被升为太子舍人，封博士。晁错和贾谊才学相仿，履历相似，只是所学不同，一个崇尚儒学，一个信奉法家。

晁错激流勇进，上书要求太子学习术数。术数指治国方略和统治手段，多数皇帝将其偏激化，歪曲为南面之术，后发展成官场厚黑学，世人痛恶术数一词。刘恒见晁错才气蓬勃，封他为太子的属官。刘启品行很像刘恒，智识不及晁错，总在辩论上输给晁错。晁错才胜太子，人人敬服，被誉为智囊。晁错辩才胜过太子，他的刚严之气起了很大作用。

老上单于听信中行说，不时派军侵扰汉朝边疆。晁错上书陈述对策，此疏被称为《言兵事疏》。晁错的策论学得好，贾谊死后，晁错就是第一。晁错言事，见解深刻，思想精简，满纸刚正威猛之气。相较而言，晁错的理性发展得好，贾谊以感性分析见长。

晁错指出，自汉朝以来，匈奴"小入则小利，大入则大利"，致使民不聊生。民不堪命，不能怪百姓无用，因为"有必胜之将，无必胜之民"。晁错从地形、兵将和兵器三方面分析汉朝和匈奴的同异，指出"以蛮夷攻蛮夷"之策，要求培养一支和匈奴的作战习性相同的军队。晁错此论，很像中行说对匈奴人的劝说，都指出生活习性对人的影响。

"以蛮夷攻蛮夷"之策，刘恒开始着手培养一支锋锐的军队。十年树木，百年树人，军中大将在急切间难以培育。"有必胜之将，无必胜之民"，自大汉建立，朝廷都没出现一位像蒙恬一样的必胜之将。大将一日不出现，汉朝消除匈奴威胁的瓶颈就突破不了。

如大江解冻一般，晁错之才汹涌澎湃，滚滚而来，一发不可收拾。为配合"以蛮夷攻蛮夷"之策，晁错接着提出募民实边之策。晁错说秦朝没计划地"谪戍"是种错误，会激发民怨，致使百姓揭竿而起。他建议刘恒以奖励政策鼓励百姓到边疆定居，开发边疆，如免去有罪之人的罪，对没罪之人封赏。

"以蛮夷攻蛮夷"和募民实边一旦形成气候，匈奴就无法肆意侵扰边境，晁错的分析可谓鞭辟入里。汉朝训练军队，募民实边，匈奴人很害怕，急欲破坏。这两条政策实施没多久，文帝十四年（公元前166年），单于率十四万大军从朝那、萧关（今宁夏固原东南）到彭阳（今甘肃镇原东），一路侵掠，打砸抢毁，杀北地都尉，火烧回中宫（今陕西陇县西），骁骑直逼甘泉（今陕西淳化西北）。

甘泉与长安直线距离约八十公里，轻骑一天可到，长安告急。朝臣心慌，刘恒指挥淡定，不失黄老风范。面对一帮无用的朝臣，疲弱的军队，也只有刘恒这种仁厚且淡然的君主能够忍受。倘若是暴躁的刘邦，不知要砍多少人的头。存在就是合理的，即使不合理，存在也会慢慢合理化。刘恒让百姓休养生息，也抽离朝廷的阳刚之气，将朝臣文弱化。一朝天子一朝臣，天子是什么性格，臣子也要扮演天子的性格，否则遭遇就如贾谊。

匈奴此次来势不小，刘恒命中尉周舍和郎中令张武领战车千乘、骑兵十万守在长安城外；封昌侯卢卿为上郡将军；宁侯魏遫为北地将军；隆虑侯周灶为陇西将军；东阳侯张相如为大将军；任成侯董赤为将军，领兵迎击匈奴。

汉军大出动，匈奴没逃跑，两军相交一个多月。经历千难万苦，汉军才将匈奴驱逐出塞。汉军虽然赢了，斩杀匈奴却很少。这是一场疲弱的、消耗生力军、考验供给的战争，一场战争打下来，两军各有损伤。这场战争将两军的弱点暴露无遗，匈奴兵少，汉军无将。

周亚夫立威细柳营

汉朝和匈奴此次打了一个多月，结果有二：第一，军队建设遭破坏，募民实边被毁，百姓闻匈奴而丧胆，纷纷逃回中原，边疆空虚；第二，汉军无能，匈奴抢夺无数，欲壑难填，骄心日盛。战争打完后，匈奴想来边境就来边境，想抢就抢，肆无忌惮，如入无人之境。

文帝后元二年（公元前162年），刘恒遣使者到匈奴再提和亲一事。匈奴同意和亲，汉朝每年照旧送礼物给匈奴。文帝后元三年（公元前161年），老上单于死，军臣单于继位。中行说紧抓良机，再次唆使匈奴。

军臣单于像他父亲一样听信中行说，公元前158年，经三年准备，军臣单于领兵六万，大举南下。匈奴兵分两路，一路直取上郡，另一路攻杀云中郡。匈奴兵一路抢掠，势不可当，长安再次告急。军臣单于准备很充分，两支军队锋锐异常，势如破竹，长安如遭地震。刘恒人到晚年，就因一个中行说，匈奴就来两次大扫荡，真令人头疼。

汉朝分两头部署，先在北地、句注和飞狐口三地屯军，作为第一道屏障；派河内太守周亚夫驻守细柳，祝兹侯徐属驻守棘门，刘礼驻军灞上，三个驻军点攻守相助，全面抵御匈奴。汉朝此次布军，调用的将军没有上次多，但调出了一位大将。这位大将，他一将能胜十将。

匈奴军又稳又紧，如弦上之箭，其势欲发。汉朝急急调兵遣将，忙得满头大汗。军中无大将，刘恒亲往灞上、棘门和细柳三地犒劳军士。

刘恒到灞上和棘门时，兵将们热烈欢迎，气氛非常活跃，犹如小孩子玩游戏，刘恒的随同很高兴。刘恒和随行人员想干什么就干什么，想到哪里就到哪里，随意而为，毫无阻碍。行到细柳，守门军士竟然阻挠，不让进入。皇帝御驾犒劳，军士堵门，这不是造反吗？犒劳人员脸有忧色。

驻守细柳的将军是周亚夫，周勃的次子。周勃死后，长子周胜之继承侯爵。然而，周胜之和公主关系不好，不久又杀人，爵位被削。周亚夫军营不让皇帝进入，刘恒的随同人员都怀疑周亚夫怨恨刘恒，欲造反报仇。刘恒的随同人员想到此处，见细柳营军威凛凛，不似灞上和棘门，不禁心里害怕。

刘恒的先遣使臣被挡在军营外，先遣使臣说天子来了，守门军士笔挺而立，威严地回说："军中只知道有将军的命令，不接受天子的诏令。"刘恒来到，只见兵将肩披铠甲，身佩兵器，持弓搭箭，军容甚是威武，凛凛生风。刘恒派人持节前去告知周亚夫，说皇上过来犒军，周亚夫才命人打开军门。刘恒一行欲策马而入，守门军士立即说："将军规定，军中不能骑马奔驰。"军士各守其位，肃然而立，甚是严整，刘恒按辔徐走，眼睛不离石像般的军士。周亚夫迎见刘恒，只作揖，不跪拜，说："穿甲戴盔，不便下跪，以军礼代替。"刘恒当即换上严肃的面容，俯身凭轼，以表敬意。

当刘恒走出军营，众随从都为周亚夫捏了把汗。刘恒出营，展眼四眺，仿佛在看大汉的明天，欣然说："哎哟，这才是真正的将军！灞上、棘门就像儿戏，他们的将军不被俘虏才怪。像周亚夫这样的将军，有谁能够侵犯！"巡视周亚夫的军营后，刘恒才知道什么是将军，什么是军队，就像刘邦看了叔孙通的朝礼后，才知道皇位之尊贵。

汉朝大举发兵，密布兵将，气势吓人。待汉军靠近边塞，匈奴又引兵远去。匈奴地寡人少，从军队数量来看，势力一年不如一年。大汉地广人多，经几年恢复，人才开始涌现，如贾谊、晁错和周亚夫等人。胳膊扭不过大腿，就长远而言，屈辱的和亲政策不会持续。

刘恒第一次见到真正的将军，他却没能看到将军立功，匈奴兵远去后，接着刘恒也死了。

文帝后元七年（公元前157年），六月，刘恒薨。

刘恒留下遗言：关于丧事，一切从俭，不要浪费；关于后事，去找周亚夫。刘恒留武将周亚夫给太子刘启，刘启还有智囊晁错，一武一文，刘启将开启他的时代。

吴王刘濞

吴国铜矿丰富，临近大海，借朝廷允许铸钱之机，刘濞广纳天下亡命之徒，开矿铸钱，煮海为盐。仅凭铸钱和煮盐两项，吴国顿时暴富。

吴国暴富，百姓不用缴纳赋税，天下百姓纷纷投奔吴国。汉法规定，有钱人可以买人代服徭役。吴国百姓钱多，纷纷用钱买人代服徭役，国内劳动力奇缺。刘濞广开方便之门，无论是谁，有来必收。吴国十分富裕，每年都发奖赏给百姓，对因公殉职或受伤的人待遇更优。可见，吴国的财力之富足，可与中央抗衡。

此前，刘恒在位时，吴国世子刘贤前来朝见。刘濞不来朝见，派世子前来，已是不该。刘启宴请刘贤，两人赌钱。刘贤家财万贯，傲慢骄横，期间刘贤轻慢刘启，刘启提起赌具掷向刘贤，结果刘贤被砸死了。

深感歉意的刘恒命人给刘贤办丧，让刘贤的随从抬刘贤回吴国。爱子去世，刘濞很伤心，对随从说："刘贤和皇帝是一家人，死在长安就埋在长安，不用抬回吴国。"命来者将刘贤抬回长安。

自此，刘濞厌恨朝廷，渐渐不守作为藩臣的礼节，长期称病不朝见。每次刘濞派人到长安都受到关押，有去无回。刘濞越加害怕，每到朝见都称病不往，谋反准备更加迅速。

刘恒见刘濞多年不来朝见，直接派人去请，刘濞还是称病拒绝。刘恒盘问吴国使者，使者回答："看清池中的游鱼，对谁都没有好处。吴王刚装病就被发觉，见皇上责难之切，害怕被诛，不知道怎么办。为大家好，希望皇上给他一次机会。"这话叫作，"水至清则无鱼，人至察则无徒"，使者分明是劝刘恒糊涂而过，将一场灾难糊糊涂涂地消弭掉。

深明其意的刘恒，马上释放所扣留的吴使，赏赐刘濞手杖，恩准刘濞可以不来朝见。刘恒不敢削藩，想蒙混过关。他年老，一死就算蒙混了。然而，养虎遗患，虎大必伤人，他死后，刘启就必须面对。刘恒如此宽厚，刘濞越发骄横，大势铸钱，广泛煮盐，遍招天下亡命之徒。经过三十多年的发展，吴国势力上升到诸侯国的首位。对朝廷心怀不满的王侯，唯刘濞马首是瞻，刘濞的势力一天天壮大。

七国联合造反

面对吴国势力一天天的壮大，晁错对刘启说，高祖皇帝分封天下，齐王封七十多城，吴王封五十多城，楚王封四十城，天下都给分去了一半。吴王因丧子之故，称病不朝，于法当诛。文帝宽厚仁爱，恩赐吴王手杖，刘濞不知悔改，骄横反增，公然开山铸钱，煮海为盐，广招天下亡命之徒，这就是谋反作孽。事到如今，你削藩，他要反；不削，他也要反。如果即刻削，他早反，准备不充分；如果不削，让他准备充分，祸害就大。见晁错分析得有理，刘启答应削藩。

景帝三年（公元前154年），晁错借楚王刘戊在为薄太后服丧期间奸污服舍之事，请求诛杀刘戊。刘启赦免刘戊，但削了他的东海郡。接着，晁错又借罪削赵王刘遂的常山郡，借胶西王刘卬卖爵之罪，削刘卬的六个县。刘戊、刘遂和刘卬实力不足，不敢挑战朝廷，一起将目光投向实力最强的吴王刘濞。

朝廷削刘戊、刘遂和刘卬的封地后，刘濞自知有罪，担心被削，准备举兵造反。刘濞想：除勇猛的胶西王外，诸侯王不足与谋。刘濞命中大夫应高游说胶西王，说：刘启任用奸臣，听信谗言，更改法令，擅削诸侯，越干越猛，吃完糠必然要吃米。吴王和胶西王都是实力很强的王侯，时时被察，连活动自由都没有。吴王已经二十多年没朝见皇帝，日忧被疑，难以自白，整天胁肩累足，惶惶不可终日。吴王曾听说胶西王也有过失，朝廷表面借过失削地，只怕不仅如此。应高的言论有理，胶西王害怕被削，问应高该怎么办。

应高回答："同恶相助，同好相留，同情相求，同欲相趋，同利相死。现在你和吴王同忧一事，何不趁此时机，捐躯为天下出害？"

胶西王很害怕，说宁愿死也不敢造反。

应高说："这全是御史大夫晁错蔽忠塞贤，惑乱皇上，侵夺诸侯，导致民怨四起，诸侯背叛。现在彗星出，蝗虫起，是成就千秋大业的良好时机。吴王跟随你内诛晁错，外安天下。凭大王的勇猛，驰骋天下，定然所向无敌。只要你一句话，吴王即刻率兵攻取函谷关，抢占荥阳敖仓的粮食，抵御朝廷，修葺房屋，等待大王。如果大王起兵，那么天下就有一半是你的。"

应高诱以厚利，但也不全是瞎说，景帝二年（公元前155年）到景帝三年（公元前154年），前后出现两次彗星，第一次在东北方，第二次在西方。应高不辱使命，劝服胶西王刘卬起兵。刘卬勇猛无敌，他肯出兵，刘濞就有前锋将军了。

应高告诉刘濞，刘卬同意起兵。刘濞办事精细，假扮吴使，亲见刘卬，面谈相约。刘濞见刘卬真有起兵之心，很高兴，回国起兵。

吴王的朝臣劝谏说，诸侯王国的封地不满朝廷的十分之二，造反必然令太后心忧。现在只待奉一位皇帝都如此之难，如果真有两个皇帝，祸患更大。刘濞否决朝臣，遣使相约齐王、菑川王、胶东王、济南王造反，这几位王都答应了。

刘濞这次造反，共约了六位王，分别是：楚王、赵王、胶东王、菑川王、济南王和胶西王。七位封王一同造反，史称"七国之乱"。

七国齐声发难，旗号为：诛晁错，清君侧。当然，这不过是借口，刘濞等人的真正想法就是要夺取帝位。

作为法家思想的继承者，晁错身体力行，修改法令，十分激进，损伤社会上既得利益者的利益。晁错此举，与商鞅变法相似。商鞅有位进取的秦王支持；晁错有位还未脱离仁爱的刘启，他的性命寄托在刘启手中。

齐国、济北国、胶东国、胶西国、菑川国和济南国六国的国王是六兄弟，刘恒怜悯刘肥子孙无王，分大齐国为小六国，让刘肥的诸位子弟都能称王。这几位王实力不强，只是胶西王刘卬勇猛，可以共论大事。因此，这六国合力，只有曾经的一个齐国之力。

造反总是有点不顺利，突然齐王刘闾不干了；济北王城墙坏损，交兵权给郎中令修复，郎中令劫持大王，不让出兵。齐王不造反，言而无信，大伤兄弟情谊，胶西王、胶东王、菑川王和济南王合兵一处，由勇猛的胶西王刘卬统率，全力攻打齐国首府临菑。刘卬兄弟间的事，交给刘卬解决，吴楚联军不干预，径直西进。吴楚联军人多势大，一路向前，锐不可当。邀请匪徒为将，强迫百姓参军，吴楚联军全是乌合之众，只有一鼓锐气，刚猛之威难以持续。

吴楚联军势大，但注定失败，因为刘濞不用良言善计，吴军内遍布妒贤嫉能之人。刘濞刚发兵，大将军田禄伯请求领五万人沿长江、淮河而上，攻取淮南、长沙，进入武关，为大军开辟根据地。吴国世子却阻碍，害怕田禄伯拥兵自重，不听指挥。刘濞看不清形势，竟然听信儿子之言，错失良机。

桓将军认为吴国步兵多，利于据守险要地势；刘启车骑多，利于平地作战。他请求引领步军直取洛阳，抢占敖仓，一得地理，二有军粮，就算不能攻取关中，也有一半天下。诸老将竟然说桓将军只会打前锋，不懂兵法。千军易得，一将难求，不能任用大将，这是刘濞失败的前奏。

失去田禄伯提议的第一个机会，刘濞失去了自己的后方，一旦开战，刘濞必然后院起火；失去桓将军提议的第二个机会，刘濞就失去了一半天下。

虽然叛军势力强大，但刘启并未自乱阵脚，他兵分四路，先封周亚夫为太尉，率兵迎战吴楚联军，再命郦寄攻取赵国，截杀吴楚联军后方，然后命栾布救齐国，最后派窦婴镇守荥阳，护卫长安。此番调令虽然心思周密，但要请窦婴出战有点难度。窦婴本极力反对削藩，之前愤然离去，后又因刘武之事得罪太后，已被免官除籍。

可大敌当前，不容退却。于是刘启立即召见窦婴，意封窦婴为将军。但窦婴称病推辞。刘启说："如今天下危急，作为皇室外戚，怎么能够推让呢？"于是封窦婴为大将军，赏赐黄金千斤。窦婴举荐郦寄和栾布。刘启派兵四路，有三路将领因窦婴而存在，可见窦婴对平定七国之乱功劳之大。

晁错枉死

眼看天下因削藩兴征将战，烽火四起，晁错的老父亲由颍川跑来见晁错，问："皇帝刚刚继位，你当政用事，侵犯诸侯，离间骨肉之情，弄得怨言漫天，你究竟想干什么？"晁错的老父亲是明白人，他问晁错"究竟想干什么"，意在告诉晁错适可而止，因为只要活着，削藩就没有尽头。

"你说的都是实情，然而，如果不这样做，天子之位就会遭到威胁。"晁错回答很简单，只表达一句话：我愿为此舍身。

"为了刘氏安稳，我们晁氏就有灭门之祸，我将离你而去。"不久，晁错的父亲喝药而死，留下一句话：我不忍见祸害加身。一句话表达了对晁错之爱和对叛乱局势的无助、无奈之感。

晁错愿为国家而死，毅然决然；他父亲愿为家族而死，同样毅然决然。同等刚烈之性，表达的又是不同的情感。

吴楚联军势如破竹，晁错建议先割吴楚联军还没攻陷的徐县和僮县给吴国；其次，刘启御驾亲征，晁错守城。晁错性格刚烈，绝不轻易退让，他建议割地给吴国，可见吴楚联军声势之大，攻势之强，威势之猛。

晁错提出这两条建议，都有可行性，但违情悖理。首先，割地给吴国，这严重违反削藩的原则，承认削藩错误等于自己扇自己耳光，不明智；其次，让皇帝出征，臣子留守，这是臣子不忠的表现。无论君主如何倚重臣子，臣子都不能让君主怀疑他的忠心，否则大祸临头。在吴楚联军猛攻下，晁错提出这样的对策，大错特错。

一天，刘启正在和晁错商议调度军粮之事，窦婴带着袁盎求见。

在同一房间，晁错同时面对他的两个仇人。第一位仇人是窦婴，窦婴反对晁错削藩，两人因此结怨。第二位是袁盎，袁盎与晁错的仇类似世仇，有晁错的地方就不会有袁盎，有袁盎的地方绝不可能有晁错，他俩互不相容。

仇人见面，分外眼红。既然晁错与袁盎水火不容，晁错又是皇帝的红人，袁盎为什么要来见刘启？从本质上说，袁盎不是来见刘启，而是来杀晁错。袁盎十分聪明，见七国以诛杀晁错为名，立即求见刘启，请求斩晁错以平息叛乱。吴楚联军势大，刘启不是秦王嬴政，不会为了一个晁错而得罪天下人。只要刘启斩晁错，无论吴楚联军是否退去，袁盎都是刘启身边的红人。

因直谏敢言受刘恒倚重，袁盎也得罪了不少人，如笨头笨脑的周勃和宦官赵谈，袁盎自知难以久居长安。皇上调他为陇西都尉，袁盎上任后，政治清明，仁爱士卒。士卒感激，人人奋勇争先，愿为他死。因袁盎治理地方有方，皇帝又调袁盎去吴国做丞相。

吴王刘濞骄横，人人害怕。临行，侄子袁种对袁盎说："吴国奸人很多，吴王刘濞骄横得紧，如果你想治理，刘濞不上书告你就会杀你。南方空气湿润，你不如天天吃喝玩乐，给皇上说刘濞不会造反，那就可以保全自己。"

果然，袁盎依此而行，受到刘濞优待。袁盎与晁错都很有智慧，但晁错刚正耿直，袁盎却是知变通的人。如果晁错知变通，在大事上就不会冒天下之大不韪，硬性削藩；在小事上就不会因朝堂争执而与窦婴结怨。袁盎因在吴国装糊涂，刘濞造反也没找他麻烦。

刘启继位，晁错升迁为御史大夫后，说袁盎收受吴王刘濞的钱财，上书刘启将袁盎贬为庶人。风闻吴楚七国造反，晁错告诉丞史，说袁盎收受刘濞钱财，隐瞒刘濞造反的阴谋，理当问罪。丞史觉得造反还未成事实，不能问罪袁盎，以免打草惊蛇。晁错欲问罪袁盎的消息传到袁盎耳中，袁盎很害怕，马上去见窦婴，说吴楚七国将反，要求面见刘启。

窦婴带袁盎来见刘启，恰好刘启正和晁错商议军粮之事。

"你曾经是吴国国相，知道田禄伯的为人吗？现在吴楚七国造反，你觉得该怎么处理？"刘启问得很有道理。田禄伯是吴国大将，很有才，但不被重用。对于活着的人，如不被任用，与死没多大区别。

袁盎想都不想，张口就说不用担心。刘启说，吴国开山铸钱，临海煮盐，富可敌国；广招天下豪杰，兵强将勇，他们已经准备好了，怎么能不担心。吴楚联军都要攻入长安了，刘启的皇位就要保不住了，他怎么能不担心。面对强敌，谁都想保住现有的一切，刘启也不例外。

"吴国是有铜矿和盐海的优势，但刘濞所招的不是豪杰，而是无赖、犯罪分子和亡命之徒，这些人只会作乱。"袁盎一句话，既说出对方弱点，又指明自己优势，说到晁错的心里去了，所以他立即附和。这不仅是晁错对袁盎说的第一句话，还是诚心赞同的话。

这两位生死之仇，都知道对方有才，可直到临死才称赞对方，真是可惜。

不似晁错举轻若重，屡犯皇帝的禁区，袁盎一语中的，举重若轻，顿时让刘启刮目相看。刘启忙问袁盎有什么好计谋。袁盎冒死前来，就为刘启的这句话，杀人的机会来了。

"我的计谋，作为臣子的不能知道。"袁盎话刚出口，晁错就知道大祸不远。晁错走到东厢，知道袁盎的计谋对自己不利，但事已至此，无可挽回。晁错不恨被袁盎算计，他恨壮志未酬。

袁盎对刘启说，吴楚七国传檄天下，说高祖皇帝分封刘氏子弟，晁错却更改法令，削弱诸侯，致使七国发兵。只有先斩晁错，再归还诸侯的封地，才能消弭战祸。

刘启听后默然。晁错跟随刘启一生，才气磅礴，大义凛然，令人敬佩。大事紧急，自古以来，只有臣为君死，没有君为臣亡；只有臣为君忧，没有君为臣愁。

数天后，丞相、中尉和廷尉等高官一起弹劾晁错，说晁错削藩引发吴楚造反，还想让刘启冒生命危险御驾亲征。晁错大逆不道，为臣无礼，为人不义，该当腰斩、灭族、弃尸闹市。群臣弹劾晁错，晁错却毫不知情。这是一场被告缺场的审判，这是一场皇帝默许的审判。

景帝三年（公元前154年），正月二十九日，中尉传晁错上朝。

晁错身穿官服，对镜理装，穿着仍旧像平常一样严严整整。他随中尉乘车前往朝堂，以为刘启将与他共商大事。刚到长安闹市，晁错就被踢下车，随着刽子手大刀砍落，晁错的身体由腰部断为两段。

稳扎稳打破叛军

晁错被斩后，刘启封袁盎为太常，封窦婴为大将军。仇人已除，袁盎和窦婴都很高兴。长安城中的贤大夫们争相攀附袁盎和窦婴，每天都有几百辆车马跟随他俩。

袁盎以太常的身份、德侯刘通以宗正的身份出使吴国。此时吴楚联军正猛攻梁国，久攻不下。一个小小的梁国都不能攻取，吴楚联军不过如此，空有声势。

刘通拜见刘濞，要刘濞跪拜受诏，刘濞知道袁盎陪同前来，大笑，问："我已经是皇帝了，还要跪拜谁？"刘濞欲让袁盎带兵西进，袁盎不肯。刘濞派一位都尉领五百士卒围困袁盎，企图将其杀害。

围困袁盎的这五百人中，有位校尉司马曾是袁盎的从吏，受过袁盎的恩情。袁盎做吴相时，这位从吏勾搭袁盎的侍女。袁盎知道后，装糊涂，对从吏仍如平常。从吏知道袁盎发觉，害怕被诛，便企图逃跑。袁盎不但没惩罚从吏，还许配侍女给他，从吏很感激。此刻见袁盎被困，将要被斩，从吏有心报答，便买了两石美酒给兵卒喝。天很冷，士卒们又饥又渴，很快便被从吏的美酒灌醉。

从吏半夜起身，去叫袁盎，劝他尽快逃走，否则，明天将被斩。

袁盎逃了七十多里，天亮才见梁国的骑兵。袁盎回到长安后，将一切告知刘启。面对抢夺皇位的敌人，刘启只能迎战。

领兵出发的周亚夫准备经过函谷关，直取荥阳，守卫长安。赵涉对周亚夫说，刘濞广纳亡命之徒，他们定在通过函谷关的必经之地崤山和渑池（河南省渑池县西）等险要之地预谋伏击。为了安全，还是走蓝田，过武关，再到洛阳。到洛阳后，擂鼓大造声势为好。赵涉之计，首先可保证大军安全，其次，汉军突然袭到，有如天兵，叛军必然惊惧。周亚夫听取良策，并派一支军队前往崤山和渑池等险要地段搜山，果然抓捕到不少吴兵。

周亚夫率领三十六位将军，兵力约有三十万，与吴楚联军势均力敌。周亚夫细心谨慎，问他父亲的门客邓都尉该如何对付吴楚联军。邓都尉说："吴兵精锐，难以争锋。楚兵轻装远道而来，支撑不久。如今之计，你可以引兵到东北方向的昌邑筑高城坚守，让梁国拖疲吴兵，挫折他们的锐气。你领轻骑绕到敌军后方的淮泗口，断绝他们的粮道。吴楚联军一旦粮绝，必然内乱，那时将不攻自破。"

这个方案被周亚夫报告给刘启，刘启同意。周亚夫第一次率领大军，没有居功，很谦虚，对刘启很敬重。

吴楚联军攻城极猛，梁国苦守，难以支撑。梁国见周亚夫大军开到，急向周亚夫求救，周亚夫拒不发兵。梁王刘武见周亚夫不发兵解围，上书状告周亚夫。刘启下诏命周亚夫解围救梁，周亚夫还是坚壁安守，抗旨不遵，亲率骑兵断敌兵粮道。

叛军全力攻打梁国，刘武派韩安国、张羽二人坚守。韩安国生性持重，张羽勇猛善战，他二人领兵死死挡住吴楚联军。吴楚联军攻得正急，突然传来周亚夫断绝粮道的消息，眼见梁国难以攻陷，刘濞好生焦急。

刘濞下令移师直攻周亚夫，雪断粮之辱。刘濞军行至下邑，却撞上迎面而来的周亚夫。吴军一连叫了十几日阵，周亚夫只是坚守不出。军粮匮乏，吴军不敢耽搁，当即采取偷袭之计。

夜晚，吴军在东南方向大举进攻，周亚夫却调兵防守西北。吴军主力果然在西北，周亚夫事先安排，吴军无法攻入。吴军缺乏军粮，一部分兵士饿死，另一部分反戈相向，追随刘濞的只有一小半。周亚夫率军攻打刘濞，两军相交，刘濞大败而逃；楚王刘戊兵败自杀。

刘濞一路逃命，渡过长江，逃到丹徒（今江苏镇江市丹徒镇）。然而，百足之虫，死而不僵，刘濞一路收聚残兵败将，竟然有一万余人。刘濞起兵时，曾相约东越国，这次兵败，他想退守东越。见刘濞兵败逃亡，刘启马上诏告天下，说刘濞叛乱悖上，今已溃败，截杀刘濞者必受重赏；如包庇窝藏，腰斩不赦。刘启派人以厚利贿赂东越王，东越王骆望欺骗刘濞说，他愿意借军给刘濞。刘濞出城劳军，东越王派人将他杀害，割下他的头，传报刘启。

拨开云雾见青天，刘濞一死，朝堂上捷报频传。栾布击败胶东、胶西、济南和菑川四国，解救齐国；胶东王、胶西王、济南王和菑川王兵败伏诛，齐王饮药自杀。栾布移军北上，匈奴闻知，撤回漠北。郦寄久攻赵王刘遂不下，栾布兵到，引水灌城，刘遂自杀。

一场七国乱，七王就此亡，景帝的江山终于稳定下来。

汉武帝鹰隼展翼

景帝后元三年（公元前 141 年），汉景帝病故，刘彻即位，是为武帝，尊祖母窦漪房为太皇太后，母亲王娡为皇太后。此时，武帝年仅十六岁。

这个十六岁的少年，在他坐上皇位的一刻，第一次真正发现手中巨大的权力——这个国家辽阔的版图，庞大的人口数量，那些延绵无尽的山川，那些奔腾不息的河流……

景帝平定了七国之乱，诸侯王势力大削，再加上几代皇帝的休养生息，汉朝早已摆脱了刘邦时期的一穷二白，变得富庶繁荣起来。豪强冒起，匈奴寇边，制度简陋不敷于用，这是武帝初期国家面临的主要问题，而诸侯王也在新皇登基之际虎视眈眈。因此，贾谊、晁错等人提倡的改革和创制又重新提上日程上来。

公元前140年，武帝以"建元"为年号，此为中国"年号"之始创。"建元"有"创始"的意思，表明了武帝革新改制的决心。

武帝深知，个人的力量是有限的，尤其他刚刚登基，羽翼未丰，很需要帮手。于是诏令中央和地方的各级行政长官推举人才，"举贤良方正直言极谏之士"。而满朝文武或许在"黄老之说"的气氛里待得太久，毫无奋发的劲头。所以武帝改革的第一步就是换人，换上自己的人，他要"站得稳，行得动"。

景帝死前，留下卫绾做武帝的丞相。卫绾被景帝选中，是因为他是个仁厚的长者，勤恳任劳，从无怨言，与条侯周亚夫形成了鲜明的对比。其实卫绾原来是"代王"刘恒的车夫。因为卫绾膂力惊人，车技高超，很受刘恒喜爱。后来刘恒被周勃迎立为皇帝，卫绾就跟着他进了长安，做了郎官，不久又升任中郎将。

刘启是个有心计的人，他做太子时，曾多次设宴招待文帝左右近臣，卫绾也在列。然而，每次接到太子的请柬，卫绾总是称病不前。虽然太子是将来的天子，但他现在仍只是太子，忠臣不事二主，卫绾觉得应该小心谨慎一些。

果然，此举得到了文帝的赏识。文帝临终前，对景帝说，要善待卫绾，他是长者，可以信任。不过景帝对卫绾不来赴宴一事始终耿耿于怀，所以一直没有起用他。后来，汉景帝游幸上林苑时，叫卫绾随车侍奉。景帝拍着他的肩膀问道："从前我请你赴宴，为什么总是等不到你呢？"卫绾吓得伏地叩头："当时臣确实是有病在身。"景帝看了一会儿伏在地上的卫绾，不再重提这件旧事。于是召左右来，要赏赐佩剑给他。

谁知卫绾再次拒绝景帝。原来，文帝曾赐给他六把宝剑，卫绾都供奉在家，皇恩浩荡，卫绾不能再接受景帝的赐剑，害怕无福消受。景帝问道："人们时常更换、买卖佩剑，怎么你却一直留着这些宝剑？"于是命他将剑拿来。六把宝剑，剑鞘的颜色尚新，拔将出来，每一把都泛出闪闪寒光！景帝感动至深，从此对卫绾另眼相看。

后来，卫绾受命招纳河间猛士平定七国之乱，因战功升为中尉。三年后，又以军功封侯。卫绾是栗氏的亲戚，景帝废刘荣、栗姬，卫绾因而受到株连，但景帝怜他忠厚，只是将他免官归家。不久，景帝立刘彻为太子，于是任卫绾为太傅，不久又升为御史大夫。又过五年，卫绾就做了丞相。

卫绾信奉黄老，行事谨慎小心，他任丞相，只起上传下达作用，"朝奏事如职所奏"，在朝政大事上，他却往往无甚作为。而汉武帝崇尚儒学，即位后结束了黄老之治的统治，卫绾遂以不称职之名被罢免。

百代儒宗董仲舒

武帝与汉朝的前几任皇帝不同，他会写诗，通音律，这样一个爱好文艺的帝王，身边自然会聚集一大批的文人，而这其中，以董仲舒、东方朔、司马相如最为有名。

"自言本是京城女，家在虾蟆陵下住。"这是唐代大诗人白居易

《琵琶行》里的两句诗，是琵琶女自述身世的开端。琵琶女住在"虾蟆陵"。"虾蟆陵"又叫作"下马陵"，传说是西汉大儒董仲舒的陵寝所在。董仲舒满腹经纶，武帝视之为国士。在他死后，武帝感念他的德行学问，每次来到他的墓前都要下马致敬。此事传了开去，这里就被人称作"下马陵"，日子久了，音讹为"虾蟆陵"。

儒家的祖师爷是孔子，孔子以后、秦以前，又有许多代表人物，其中最重要的是孟子和荀子。然而这三位都是"在野"的学者——孔子做过司寇，掌管刑狱，可是不久罢官——他们的儒学都只近乎一种纯粹的学术，在春秋战国那个战火频繁的时代，推行仁义的他们是不会有多大的市场的。因此，孔、孟、荀这三个人的声音都只在读书人的圈子里发生影响。

董仲舒则不然。他一生经历文帝、景帝、武帝三朝，这三朝都是治平盛世，从前"默默无闻"的儒学这时就发挥了作用。

董仲舒是广川（今河北景县）人，景帝时为博士。这里的博士所指的并非是一个学位，而是指有术业有专攻的专家学者。秦始皇时，为招揽天下贤才，置博士，后有博士七十余人，相当于皇帝的智囊、顾问。汉朝时置博士，却始于文帝。

文帝好刑名之说——刀笔吏登上历史舞台就是始于文帝一朝。景帝呢，在母亲窦太后的影响下，崇尚黄老之说。董仲舒这样的儒生，在文景两朝自然没有什么施展才华的机会。不过，那时还年轻的他并不灰心，反而更加坚定了钻研学问的决心。"目不窥园"的典故就是出在他身上。传说董仲舒终日埋首经书，这样一连三年，连家里美丽的后花园都未曾踏入一步，可见其专心。在钻研学术的同时，董仲舒还广收门徒，学生太多教不过来，就让先入门的弟子代师授艺，这是先秦以来教书先生的老办法了，并非董的原创。

钻研学问可以看作是个人兴趣爱好，广收门徒则暴露了仲舒内心的不甘寂寞，他要他的学问传下去，世世代代地传下去。读书人的心里都是有一个大大的问号——读了这么多的书作何用？无非是想登上朝堂，指点谋划，试上一试。更何况，金碧辉煌的朝堂和威仪尊贵的朝服本身就是一种诱惑呢！"春风得意马蹄疾，一日看尽长安花"，清贫的孟郊不也在登科后一洗颓废，神采飞扬吗？可见这是一个千古文人共有的梦。仲舒在等，等待机会，"玉在匣中求善价，钗在奁里待时飞"！

这个机会很快就来了。建元元年（公元前140年），武帝下诏，令中央和地方的各级行政长官推举人才，"举贤良方正直言极谏之士"，然后聚之京城，与天子面对面的交流。一时间，蛰伏民间的精英人才鲤鱼争跃龙门般涌了出来。这其中自然少不了早已得享大名的董仲舒。

董仲舒没有与武帝当面探讨，他的手段是上书对策。董仲舒并非形而下的"器材"或匠人，而是形而上的哲学家。武帝雄才大略，所求亦非一时一地的权谋术数，而是国家的长治久安之道，所以他对董仲舒的想法非常感兴趣，故而连续下诏向董仲舒问了三次，董仲舒也连续地上书，做了三次解答，这就是历史上赫赫有名的"天人三策"。

在"天人三策"里，董仲舒引用并发挥了《春秋》，将自然界的灾异变化和人类社会联系在一起，认为如果人君有道，治国有方，那么就会天降祥瑞；反之，如果人君纵情享乐，不顾百姓死活，那么就会爆发地震、泥石流等自然灾害。这时候，上天还没有放弃自己的儿子——"天子"，所以这些自然灾害只能算是一种警告，可是如果人君还是不知悔改，那么灾害就会越来越多，直至国破家亡，宗庙毁坏。

可以看出，董仲舒的儒学不但与孔子不同，与时间相对较近的孟子相比也大大不同。他的学问里似乎融入了稷下学宫阴阳家邹衍的五德终始、阴阳感应学说。当然，董仲舒学问的主体还是儒学，他提出"天人交感"渲染灾异变化，主要是为了约束至高无上的皇帝，因为经过了秦朝的二世而亡，汉初的有志之士已经看出了过分集权的危害，因此被秦始皇废止的分封制又开始在高祖刘邦手下复活。

那么，如何做才是有道呢——这才是董仲舒的重点——当然是兴儒学，不光是兴，而且要定儒学为一尊。其他百家杂说在董仲舒眼里都是胡说八道、惑人耳目的，所以要"悉罢之"。

但他似乎忘了，自己的儒学不是"纯正"的儒学。这世间有"纯正"这一说吗？任何所谓"纯正"的东西，都要追根溯源到其"始祖"，正如纯种的狗和马，人们都能追溯到它的祖先多少多少代，其族谱比大多数人还要健全完备。人们当然可以假设孔子的学问是真正的儒学，那么孔子的学问是哪里来的呢？传说他也曾求教于老子，难道可以说，其实真正的儒家是道家吗？孔子一生里最崇敬的人是周公，他也一直以推行、复兴周礼为己任，难道可以说第一个儒家不是孔子而是周公吗？若真是这样，为什么称儒家为孔门，而不是周门或旦门（周公名旦）？不但如此，仔细推敲《论语》，人们会发现，孔子并非没有法治的概念，只不过他更看重德治和礼治罢了……凡此种种，难道可以说真正的法家都是儒家吗？其实，儒也好，法也罢，都各自有其上古的源流——这个问题是说不清的，因为时代太久远了，材料都湮灭了——只不过流传至后世，各人的侧重点有所不同，孔子重德重礼，而韩非、李斯这些人更重严刑峻法。

一种学说的创立，当然不可能凭空捏造，必是在总结前人经验的基础上才能形成，所以要"江海不择细流"以"就其深"，要泥沙俱下，不能"择善固执"，因为太多时候，由于人类生命的短促和视野的狭窄，并不能、并没有能力判断什么是"善"。所以现在的人非常看重多样性，无论是物种多样性，还是文化多样性，因为保护了多样性，就是给我们的子孙留下了更加广阔的选择空间。

董仲舒的这个提议，显示了他"独霸学坛"的野心，所以与其说他的"独尊儒术"是出于安定天下的公心，倒不如说是出于显扬自我的私心，尽管这种私心可能连董仲舒自己都没有察觉到。

那么，具体应该如何尊儒呢？董仲舒提出了捆了中国人两千多年的"三纲五常"——君为臣纲、父为子纲、夫为妻纲。从思想方法上来说，董仲舒的三纲五常与孔孟是如出一辙的。孟子主张王道，所谓"内圣外王"，他是将孔子的"礼治"思想发挥到了极致的，将每个人都塞进了一个小格子里，不能超越本分，如此也就海内治平，再无纷争了。董仲舒也是一样，君臣、父子、夫妻，只要恪守其道，那么天下大治还会远吗？

无论董仲舒的学说怎样，武帝被他打动了，因为董仲舒的"独霸学坛"的气魄，与他的"大一统"梦想是契合的。这里面都有一种深植于一般人头脑中的美学观——整齐，武帝是不能容忍他掌舵的汉朝再如以前一样，诸侯国各自为政，整个国家如野草生长似的，他要为这个国度立规矩。

对待匈奴，是战还是和

自高祖刘邦被围白登山之后，汉朝对匈奴一直采用和亲政策。到了武帝的时候，国家富强，海内安定，有了与匈奴较量的资本，况且武帝本是个不甘心雌伏的铁血人物，于是开始重新勾画汉匈的关系了。对匈奴，到底是该战还是该和呢？

建元六年（公元前135年），匈奴主动请求和亲。这该是武帝首次经手对匈奴事务，他没什么经验，所以"下议群臣"。

百官分为两派，一派是主战，另一派是主和。

主战代表人物是时任大行令的王恢。王恢是燕地人，多年来戍守边郡，对匈奴的境况非常熟悉。他主战的理由是：匈奴人反复无常，虽与我们和亲，但转眼间就背盟弃约，翻脸比翻书还快。多年来，我们虽不断忍让，但他们却如同惯坏了的孩子，不知悔改不说，还越来越过分。这次他们请求和亲，大概是希望再从我们这里骗取些财货罢了，不如不答应他，而发兵攻打，一举将其制服。

主和代表人物是在平定七国之乱时立过大功的宿将韩安国。他反对王恢说：正是因为匈奴人不讲信义，所以我们才不能出兵，就算我们将它击败，也很难控制，而且他们的土地不适宜耕种，得到了又有什么价值？况且派军出关千里去作战，胜负难料，败多胜少，强弩之极，矢不能穿缟素，冲风之末，力不能起鸿毛，就是这个道理。所以不如同意他们的请求，与之和亲。

韩安国的说法得到了众人的赞同，于是武帝批准了和亲。

可是这不是武帝内心的真实想法。在三年前（公元前138年），武帝听匈奴的俘虏说，"匈奴破月氏王，以其头为酒器，月氏遁而怨匈奴，惜无与共击之者"。于是武帝派遣张骞出使月氏，想要与之联合，共击匈奴。可见，武帝这次批准和亲，乃是因为对匈作战的时机还未成熟。但是对匈作战已经被武帝提到了大汉的日程表上。

两年后（公元前133年），作战建议未被采纳的王恢再次主张出战，于是再次引发"战争与和平"的辩论。

王恢的老对手韩安国仍持着一动不如一静的和亲立场。他说：虽然屈辱，但高祖仍听从建议，"奉金千斤"与匈奴和亲，不是因为怕了匈奴人，也不是不想报被围白登山的一箭之仇，而是以天下安定为己任，从大局出发，"至今五世为利"。

"'今边境数惊，士卒伤死，中国槽车相望，此仁人之所隐也'，您所说的和亲带来的和平在哪里呢？"王恢的反驳掷地有声。

韩安国没有这么容易被击倒的，他老调重弹地说，匈奴人来去如风，"居处无常，难得而制"，我们贸然长驱直入，到了匈奴人的苦寒之地，粮草不济，人困马乏，怎么能胜？这不就是兵法上说的"以军遗敌人，令其虏获也"吗？

王恢等的就是韩安国这句话，于是将事情原原本本地讲了。原来，王恢并非这次出击匈奴的首倡者。首倡者是雁门马邑的豪强聂壹翁，他向王恢献计，我们可事先在马邑附近埋下人马，然后自己去做奸细，亲身前往匈奴，引君臣单于率军前来，等匈奴大军一到，我们就可以将其一网打尽。

设想很不错，不知道聂壹翁与匈奴人有什么过节，竟然如此处心积虑地对付他们，难道他孤身犯险，仅仅是为了立功、加官晋爵吗？

武帝听了王恢的陈述，眼睛放出的光刺得韩安国眼睛生疼，于是他知道自己不该再坚持下去了。

果然，武帝以卫尉李广为骁骑将军、太仆公孙贺为轻车将军、大行王恢为将屯将军、太中大夫李息为材官将军；而御史大夫韩安国则为护军将军，总领各路人马共三十余万，设伏马邑。

军队出发之后的几天，相信武帝都是彻夜未眠的，既有几分害怕，但更多的则是兴奋。

聂壹翁"逃"至匈奴，见到了君臣单于，说他可以入马邑斩杀其长官，率城投降，将财物全部献给单于。这是送上门的买卖，单于听得激动不已，于是率十万大军出发，入雁门武州塞。

匈奴人一路掳掠，行至马邑外百余里时，单于心里忽起不安之感，他定睛看去，只见茫茫苍野，只有零星牛羊觅草而食，人影儿却不见半个，于是疑窦大生，改变路径，舍马邑而取武州。武州尉史为匈奴所得，惊惧下将汉朝的伏击计划和盘托出，单于大惊，立即发令撤退。又惊又怕之下，匈奴人总算安然退到了长城之外，可算是有惊无险，君臣单于仰头看了看头上湛蓝的天空，终于松了一口气："吾得尉史，乃天也！"于是拜尉史为"天王"。

其实，这一切都在汉朝的监视之下，汉军追到了长城，也就停下不追了。而负责袭击匈奴辎重的王恢也擅自罢兵，不敢追击。武帝对王恢所为非常的失望和生气。王恢为自己辩解道："当初约定好了，匈奴兵一入马邑城，我军就与之交战，然后臣所率部队就袭其辎重，断其后路，如此才十拿九稳。现在匈奴人没到马邑就返身而回，显然是识破了我们的埋伏，臣的手下只有三万人，在敌人有准备的情况下贸然出击，必定惨败而回绝无幸理。我知道这样做回来只是死路一条，但这是为了替陛下保留三万精兵啊。"王恢所说并非没有道理，孙子兵法就有所谓"非必取不出众，非全胜不交兵"。

于是武帝派廷尉审理此案。廷尉认为王恢"观望曲行避敌，当斩"。王恢于是向当时的丞相武安侯田蚡行贿，请他向武帝求情。精明的田蚡当然不会在这时候触武帝的霉头，于是转而告诉太后，通过太后把话带给武帝。

武帝听了暗暗冷笑：主张出击的是你王恢，如今听了你的话，发动几十万大军布这个局，即使单于逃脱，但只要你王恢当机立断，击其辎重所在，不一定一无所得，至少不会叫匈奴人走得那么潇洒；现在不杀你，天下人会怎样看待朕，看待朝廷？

于是王恢的脑袋落了地，算是给天下人一个交代了。

出击匈奴，直捣腹地

在马邑事件之后，武帝并未取消汉匈互市，而是以此稳住匈奴人。不过，互市带来的利益对于匈奴人来说不过是杯水车薪，还不够塞牙缝的。于是在元光六年（公元前 129 年），匈奴人突袭上谷郡，烧杀抢掠而回。

武帝决定给匈奴人一个教训。于是组织了四路万人骑兵出击匈奴：车骑将军卫青出上谷郡，骑将军公孙敖出代郡，轻车将军公孙贺出云中，骁骑将军李广出雁门。上次马邑设伏，汉朝发动了三十万大军，这次主动出击却只有四万人马，难道出去打反而更有把握吗？当然不是，而是因为要深入敌境的话，粮食补给就成了一个大问题，出动的人越多，补给的负担也就越重，别看打仗的只有四万人马，但是补给队伍的人数估计是这个数字的几倍。兼且这是武帝第一次主动出击匈奴，带有试探的性质，所以四万人并不算少。

除了李广是沙场宿将，其余的三个人都是年轻人。卫青与武帝的关系自不必说，公孙敖是卫青的好友，而公孙贺在武帝还是太子的时候就做了他的舍人。所以这三人都是武帝身边的近臣。武帝的意思很明显，他就是要给三人立功的机会，为汉朝培养出新一代的将领，而三人与自己一同成长，也必能更好地贯彻自己的战略意图。

卫青长驱直入，追击匈奴人直到龙城，斩获首虏七百余级。龙城，也称为龙廷，是匈奴人祭祀祖先和天地鬼神的地方，是其重要的政治文化中心。所以七百余级的首虏虽然不多，但是袭破龙城的意义和影响都是震撼性的。龙城远在大漠深处，从此匈奴人对汉人来说再无神秘可言了，汉匈之间的心理天平正在向汉人倾斜。由于卫青建此奇功，武帝封他为关内侯。

其余三路人马就没有卫青那么幸运了。

公孙贺在茫茫大漠里战天斗地去了，愣是没遇着一个匈奴人，自己当然也没什么损失，可谓不赔不赚；他的本家公孙敖就惨了，他与匈奴交战，折损了七千人马；而老将李广的境况更是不堪，他与匈奴主力部队相遇，激战过后全军覆没不说，自己也被匈奴人俘虏。好在李广装伤，给匈奴人装进网兜，半路凭着过硬的武功翻身而起，踹飞了马上的匈奴小兵，策马南奔。匈奴人一路追来，都给李广以无双箭法打了回去。就这样，李广得以逃回汉朝。

公孙敖与李广损失惨重，按律当诛，赎为庶人。

虽然只有卫青一路兵马一枝独秀，但此次出兵仍可算是一个难得的胜利，它仿佛在告诉匈奴人：我们还会再来的！

匈奴未灭不言家

在战场上，要想活命，首先就得不要命，"狭路相逢勇者胜"，这在普遍运用冷兵器的古代尤其是这样。

霍去病就是"不要命"人物里一个典型的代表。"匈奴未灭，何以家为"，这句掷地有声的豪言，曾激荡起多少代做着英雄梦的少年的热血。

霍去病的母亲是卫少儿，在平阳公主家做女奴，而霍去病的父亲霍仲孺则是平阳公主封邑内的一个小吏。霍、卫两人情投意合，结为夫妻，并且生下了霍去病。本来，霍去病该是与其他奴仆的儿子一样，继续做奴仆一了此生的，不过因为他姨母卫子夫受武帝的宠爱，奴仆血统的霍去病从小过的却是贵公子的生活。

可以说，霍去病是武帝看着长大的，也是武帝一手培养的，他与武帝的关系，可比父子。

武帝很早就注意到霍去病的军事天赋，想要亲自教授他孙、吴兵法，不过霍去病的反应大大出乎武帝的意外，他说，行军打仗，靠的是因敌因势，不需要拘泥于古代兵书。这话说得很有见识。

霍去病长到十八岁时，已是一个威武健壮的少年，无论是骑马打猎还是舞刀弄枪，他都是一学就会，一会就精。

公元前 123 年，匈奴又来犯边。武帝遂遣大将军卫青率李广、苏建等六将军出定襄、击匈奴。这一次，年纪轻轻的霍去病也随军出征。他被舅舅卫青带在身边，做了他的票姚校尉，手下率领精挑细选的八百个骑士，都是勇武擅骑射的人物。

卫青率大军两次出击，共斩杀匈奴一万九千余人。但汉军也有伤亡，苏建所率部队全军覆没，而原为匈奴小王的赵信更是投降匈奴。不过霍去病却在战场上有着惊人的表现。他率领手下的八百骑士，偏离大部队，在黄沙滚滚的大漠里狂奔数百里偷袭匈奴，斩杀敌人共两千零二十八人，其中就有匈奴单于的祖父，更俘虏了单于的叔叔和国相。

虽说都是精英里的精英，但也只有八百人而已，手上这么点人就敢深入大漠与未知的敌人拼命，除了说明霍去病的勇敢，也说明了他的立功心切。

所谓"千军易得，一将难求"，虽然苏建的全军覆没和赵信的投降都让武帝颇为心痛，但霍去病的横空出世却让武帝看到了汉军下一代的希望和寄托，他慷慨地封霍去病为"冠军侯"，食邑两千五百户。所谓"冠军"，就是勇冠三军的意思，元狩二年（公元前121年）春，武帝又派霍去病出征。霍去病再次孤军深入，他率着一万骑兵千里奔袭，冲出了焉支山。那里是匈奴休屠王的领地，霍去病与匈奴部队相遇，斩杀了折兰王、卢侯王等匈奴显贵，更获首虏八千九百余级，还得到了休屠王祭天用的金人。这年夏天，霍去病与老将公孙敖再次出击，两人各带一万人马。由于匈奴人被汉朝打得不断西迁、北迁，所以霍去病与公孙敖都是越追越远，他们奔袭两千余里，在祁连山附近杀匈奴兵三万余人，俘虏了七十余个小王以下的匈奴贵族。

这次战争之后，匈奴单于对浑邪王、休屠王的损失非常生气，想要杀他们泄愤。消息走漏，浑邪王和休屠王于是出逃降汉，把队伍带到了汉匈边境。武帝害怕此二人是诈降，其目的是趁机犯边，所以派霍去病率兵迎降。这时候休屠王突然反悔，想要回到匈奴，浑邪王于是趁机将他杀了，又收了他的人马，这时候霍去病刚好渡河赶到。浑邪王的手下见到霍去病来了，大多都不愿意投降汉朝，于是返身北逃的不在少数，浑邪王制止不了。霍去病便率军驰入浑邪王军中，见着逃跑的挥刀就砍，就这样，在杀了八千多人之后，终于没有人敢再逃了。由于这一次的功劳，武帝又增加了霍去病一千七百户的食邑。

这一年下来，匈奴人损失惨重，不光死了很多人，走了很多人，更丧失了植被优良的祁连山、焉支山等天然牧场。

"亡我祁连山，使我六畜不蕃息；失我焉支山，使我嫁妇无颜色。"这是霍去病的屠刀带给匈奴人的痛苦呻吟。

赵信投降后，为匈奴单于分析了汉匈之间的实力对比，他告诉单于：汉地广大，人口众多，社会富庶，而匈奴则恰恰相反，与之争胜，是不可能有好结果的。此前伊稚斜单于一直奉行与汉朝硬碰硬的战争策略，结果战场上屡屡失败，付出了惨重代价。赵信的话可谓是一语惊醒梦中人，所以此后匈奴的对汉策略是恢复以前那种来去如风的抢掠，一击不中立马退回大漠深处，不与汉军纠缠。当时，为了避免汉军的远袭，匈奴人向北逃得更远了。

元狩四年（公元前119年），匈奴人入右北平、定襄，杀掠数千人后远遁大漠。武帝决定报复匈奴人，给他们一次致命打击，遂令卫青、霍去病各领五万骑兵远征匈奴。不光如此，还从民间私募了战马近四万匹，而负责接应的步兵和为军队转运粮饷的人加起来竟达数十万。这是武帝发动对匈战争以来的最大手笔。不过武帝显然更看好霍去病，因为配给霍去病的骑兵都是"敢力战深入之士"，想来其装备也要优于卫青部。

但是卫青的威望是多年累积下来的，所以李广、公孙贺等战功卓著的骁将还是归在他的旗下。卫青部出定襄，远走千余里后与伊稚斜亲统部队相遇于黄沙之中，两军列阵相持。当天傍晚，大风毫无征兆地猛刮起来，一时间黄沙漫天，伸手不见五指，匈奴人阵脚大乱。卫青则分出两股部队从左右包抄单于，匈奴大败，单于在数百匈奴勇士的护佑下从西北角遁逃。卫青发轻骑急追，整整一夜衔尾不放，但终无所得。是役也，汉军向北追杀至寘颜山赵信城而还，共斩杀匈奴一万九千余人。

而在此过程中，李广因为没有向导，在半途迷路，所以当他来到战场的时候，大将军与匈奴单于的战斗早结束了。卫青欲上书向武帝陈明原因，李广却来个一言不发，当长史逼李广去军募府自述之时，李广自杀，"不复对刀笔吏"。一代名将就此身死。李广的儿子认为是卫青逼死了父亲。

上次出击匈奴的时候，苏建部全军覆没，按律当诛，不过卫青并没有杀他，而是将他带回长安，请求武帝亲自发落，最后武帝饶苏建不死，但令他"赎为庶人"。从卫青一贯的与人为善来看，他未必有意逼死李广。

而霍去病的五万大军在沙漠里纵横驰奔，终于在两千里外与匈奴左贤王相遇。霍去病凭着卓越的指挥能力和果敢的进取精神，将匈奴人杀得大败，获王级以上的共有三人，其余将军、国相等共八十三人，得首虏七万零四百四十三级，更在狼居胥山封禅而还，这是史无前例的大胜利。此后，匈奴彻底被打散了，再也无法凝聚成有效的力量与汉朝对峙抗衡了。武帝加给霍去病五千八百户食邑，以嘉奖他的盖世功劳。

可是此次出征，汉人也是损失惨重。出征时共有战马十四万匹，可回来的时候却不足三万；汉人杀匈奴人共九万人还多，可是汉家子弟也死伤数万。战争从来就不是只看谁的血多血少，而是谁能坚持到最后罢了。匈奴人没坚持下来，先败了。

此前历次对匈的战争加起来，汉人共杀匈奴十八万人，其中一大半都是后起之秀霍去病斩杀的。所以武帝日益亲厚霍去病，让他与卫青同领大司马衔。此前的卫青是"一枝独秀"的，所以霍去病的升，也就是卫青的降。对待这些浮云般的名利，卫青一向不在乎，所以他的故交、门客离开他而投奔霍去病，他也只是笑笑而已。

李广的儿子李敢认为卫青逼死了父亲，所以曾暗中偷袭卫青，不过卫青只是受了轻伤，他能体会李敢的心情，没有将事情上报，也没把这事放在心上。霍去病就不同了，有一次霍去病和李敢一起陪同武帝打猎，霍去病在背后放冷箭，将李敢射杀。武帝偏袒，为霍去病隐瞒了事实，只对外宣称李敢是被鹿给撞死的。

霍去病能取得如此骄人的战绩，并不能因此认为卫青的军事才华不如他。其实，这完全是两个人不同的性格所致。卫青宽厚仁慈，爱惜士卒，所以在他看来，孤军深入这样的冒险行为并非总是可取的，他只在很有把握的时候才会出击。霍去病虽然出身贫贱，但是一直过的都是贵公子的生活，这让他与下层出身的士兵难免有隔阂，其表现为，当他归来的时候，辎重车里的酒肉都已腐臭了，可是却不断有士兵饥饿而死。与卫青相比，年轻的霍去病不懂得什么是"悲天"，什么是"悯人"。

也许是杀伐过重，遭了天谴，年纪轻轻的霍去病忽然得了暴疾而死，那一年他只有二十四岁。霍去病死后，武帝非常伤心，将他的墓修成祁连山的模样，以表彰他的战绩。霍去病的墓，就修在武帝墓的一旁，可见武帝对他的爱惜。

经过卫青、霍去病的连连打击，匈奴人的日子可谓江河日下，他们不断地向北迁徙，躲避汉人的追击，自此以后，匈奴人再也不能像以前那样对汉朝造成威胁了。

惨遭宫刑，向死而生

司马迁是夏阳（今陕西韩城）人。司马氏世代为史官，最早可以追溯到传说中的颛顼时代。武帝时始置太史令一职，司马迁的父亲司马谈就做了第一任太史令。司马谈学识渊博，其所作《论六家要旨》对先秦以来的几家显学都做了系统的总结，并分析其短长得失，这在历史上是第一次。

司马谈有志于记录历史，很早就开始搜集材料，可是没能够真正着手写作就病死在洛阳。司马谈死前，司马迁恰好赶到洛阳，父子俩得见最后一面。司马谈拉着司马迁的手说："我们家世代为史官，难道我们的事业到了我这里就要结束了吗？我死之后，你必然接着做太史令，可千万不要忘了我一直以来想写史书的事，这是扬名后世、光显父母以尽孝的大事！"司马谈哭了，司马迁也哭了，他哽咽地说："我虽然笨，但一定继承祖宗事业，不敢忘怀！"这一年，司马迁大约是三十五岁。

其实，司马迁早就为书写历史做了很多准备工作。司马迁早慧，十岁时便能背诵古书，到二十岁时，他周游全国，亲自到各地搜集历史材料，考察风土人情，所以后来他所写的历史才那么翔实而富有感染力。

司马谈死后三年，司马迁守丧完毕，出任太史令。一切都很顺利，他将要在任期内，凭着以往的所学和见闻，凭着广博多样的皇家藏书，写出一部前所未有的史书。没想到，不久便横生大变，改写了他的整个生命。

在朝臣纷纷因为李陵投降匈奴而要武帝降罪李陵的时候，武帝注意到了静默的司马迁。

武帝问他："你有什么意见？"

前些天，李陵以少胜多的骄人战果传入长安之时，武帝非常高兴，于是满朝上下一片欢腾，赞誉之声不绝于口。可现在呢？

只有司马迁站了出来，为李陵说话，大意如下：

李陵只有二十出头，他不顾个人的生死而赴国家之危难，这已经非常难得。他带着不满五千的步卒，深入匈奴领地，与十数倍于己的敌人交战，前后十余日，杀敌人数早已超过了自己部队的损失，匈奴被他杀得人仰马翻，上下震恐，这是为我天汉打出了威风，理当受奖。但是寡不敌众，李陵不得不节节后退。当箭矢射空，伤亡惨重的士卒仍不放弃，他们不恤身体，与匈奴奋力厮杀，争着赴死，当然是为了报答天子的恩德。李陵所立之功，即使与古代的名将相比，也毫不逊色。李陵是虽败犹胜，他乃将门虎子，这次投降一定不是出于真心，而是等待机会为大汉立功。

武帝听得不住点头，无奈司马迁还没有说完："况且贰师将军率领三万人出征，随着他回来的兵士却所剩无几，可谓'虽胜犹败'。"

这句话不说还好，一说就点到了武帝的痛点——贰师将军李广利是武帝一手捧起来的啊，司马迁拿谁比不好，偏偏选上了李广利。"这是在骂李广利吗？这分明是在骂朕，是在诋毁朝廷！"武帝一怒之下，遂将司马迁下狱，判了死刑。

在汉代，被判了死刑不是非死不可，要活下去有两种办法。一个是出钱赎罪，比如李广就曾以此换得一条性命。李家世代为将，家资不菲，而司马氏虽也世代为官，却都是"仆、祝之间"的史官，并不富有，此路显然不通。另一条路就是接受屈辱的宫刑。

生存还是毁灭？这要看为什么而生，为什么而死。

司马迁很明白，生命本身是没有意义的，生命的意义全靠我们自己来赋予，靠我们自己的行动、自己的生命轨迹来填充。所以他说："人固有一死，或重于泰山，或轻于鸿毛，用之所趋异也。"

如果就此而死，一事无成，那就比鸿毛还轻。司马迁想起了父亲临终前的叮嘱，想起了自己未竟的史书，所以他选择了接受宫刑。"活下去！找到我生命的意义！"司马迁在心底吼着。

然而人是社会人，所以人不仅仅是活在天地间，也是活在别人的眼里、心上。司马迁准备好了接受各种各样的嘲笑，可是宫刑的奇耻大辱始终如一块大石，沉沉压在司马迁的胸口，压得他喘不过气。

"是以肠一日而九回，居则忽忽若有所亡，出则不知其所往。每念斯耻，汗未尝不发背沾衣也！"

这是他内心痛苦的写照。

怎么办？唯有将一腔未冷的血投到笔端。于是有了《史记》。

《史记》的史料价值自不必说，那是开天辟地之功，与日月争辉可也。

可是更为重要的是，司马迁写史而不拘泥于史，常常倾注自己的感情。于是一个个已为"陈迹"的历史人物都有了血肉，活灵活现地出现在我们民族文化的璀璨星空之中。他们有的是冠盖天下的诗人，如屈原、宋玉；有的是百战功成的将军，如韩信、李广；有的是踽踽独行的思想者，如孔子、荀子；有的是雄踞一方的霸主，如齐桓公、晋文公等等，司马迁的笔可谓曲尽其妙，把他们每个人鲜明的性格特点都给勾画出来，而要做到这一点，有时恐怕就要对历史稍事"加工"和"改造"。

例如屈原。近代以来，很多人怀疑屈原其人的真实存在，其论证都可谓是持之有故，言之成理。可是司马迁的《屈原列传》就活脱脱地写出一个屈原，不止如此，司马迁的"被发行吟泽畔"，与渔父的一场对话更是精彩万分。试问，若真有这个渔父，其应为隐逸高人，而古时教育并非如今天这般普遍，所以渔父该是大有来头，可是为何他不见传于史书？对话现场只有他与屈原两个，且其为隐逸高人，自不屑于外传此事，那么此事司马迁又是从何知晓？可见，屈原自杀之前的这一番"造化"，都是出自司马迁的虚构。

可是，真真假假已经不再重要，重要的是我们读《屈原列传》的时候，分明感受到司马迁和屈原的"灵肉合一"。屈原的"披发行吟"岂非就是司马迁的"出则不知其所往"，他们本是同样落魄，同样痛苦不堪啊。屈原的遭谗言被流放，与司马迁的进言不成反受宫刑，难道不也是"其致一也"？

司马迁是用生命来写屈原的，他笔下的屈原已经超脱了现实的羁绊，而成了指向更高实在的"现实"，因此甚少有人怀疑《屈原列传》的造假与否，即使明知是假，人们也不在意，人们在里面看到的是一个活生生的灵魂。

宫刑前后的司马迁判若两人。之前的他是"戴盆何以望天"，一心"求媚"于主上；之后的他则被注入怨气、戾气，反成了一个有独立人格的人，因此对很多事都有了自己的看法。

例如，项羽本非帝王，而且最后落败自刎乌江，可是司马迁并没有"痛打落水狗"，他为项羽做传，是把他列在帝王所属的"本纪"中。卫青、霍去病战功赫赫，权倾天下，可是司马迁为其做传，也只是罗列其出征事迹，并不言及其他，反而是"数奇"、一生不得志的李广，受到了司马迁的青睐，所以详述其家世生平，在结尾处又不吝笔墨，赞他道"桃李不言，下自成蹊"。

按照世俗的标准，项羽和李广都是失败者，可是他们得到司马迁的"怜惜"，这就说明了司马迁与众不同的英雄观，他是"不以成败论英雄"的。

这个世界是为规律所主宰的，"成功"一样有其规律，人们违反了它就注定要失败——但有些失败者却更能叫人刻骨铭心，大闹天宫的齐天大圣，乌江自刎的西楚霸王，都是失败者，都是规律的叛徒，但是人们喜欢他们，喜欢他们的不正确，喜欢他们撞破南墙头破血流的傻劲儿，因为每当人们凝视他们的时候，看到的是血肉，他们所成就的不是功业，而只是他们自己——天命之谓性，他们原本就是这样的啊。

"顺贱逆贵"，这大概就是司马迁对人事的看法——人怎能不尊重自己呢，司马迁直言犯谏，死不认罪，他本身就是一个"逆"。所以对这些与命运或说规律相抗衡而最后失败的人，司马迁都投以同情，他不仅是怜惜他们，更是怜惜自己。

司马迁是"逆"，所以他在《孝景本纪》里毫不客气地描写了景帝的优柔寡断和残忍冷酷，景帝是武帝的父亲，武帝看了自然是非常生气。当然，对于迫害自己的武帝，司马迁笔下更是毫不留情，所以这篇《孝武本纪》早已被刘汉王朝所查禁，我们今天看到的《孝武本纪》，都是后人从《史记》的《封禅书》里摘出来拼凑而成的。

在浩瀚的官修史书里，《史记》是绝唱，司马迁其人也是绝唱。后人评价《史记》，说它是"史家之绝唱，无韵之离骚"。

越走越远的父子

巫蛊之祸是发生在武帝晚年的一个重大事件。它持续的时间长达数年，为此而死的人多达数万，其中包括了皇后、太子、公主等皇室贵族，也包括了丞相、御史大夫等朝廷重臣，既有地痞无赖，也有死刑囚犯，即使巫蛊之祸结束，其"伤口"也久久不曾愈合，甚至影响到"后巫蛊时代"武帝的内政与外交。

"巫蛊"的"蛊"古音通"鬼"，又通"诅"，是一种诅咒之术。其具体方法，是在桐木制作的小偶人上刻写被诅咒者的名字和生辰八字，通过一定的仪式施以魔法和诅咒，然后把它埋在被诅咒者的住处或经常去的地方。人们相信，行巫蛊可以控制和摄取被诅咒者的灵魂。

汉代浓烈的巫风，可说是巫蛊之祸发生的一个社会文化背景。

不论是因嫉恨而行巫蛊，还是因为恐惧而搜巫蛊，源头都不在巫蛊，而是在嫉恨和恐惧。可是一旦嫉恨和恐惧借着"巫蛊"的形式表达和展开，就往往超过个人的控制范围，造成一种恐惧和猜疑的社会气氛，引起疯狂的运动，所谓"树欲静而风不止"。更糟的是，如果巫蛊发生在权力中心的皇宫里，为"有心人"所利用，则往往掀起血雨腥风，造成人间惨剧。

武帝的第一个皇后陈阿娇，因为妒忌卫子夫而行巫蛊诅咒她。事发后，武帝大怒，诛杀了三百多人，又废了陈阿娇的皇后位，把她打入冷宫。此后，陈阿娇的母亲、扶助武帝登基的关键人物、长公主刘嫖也心灰意冷，退而寻欢作乐，再不能像以前那样发挥其在朝野上下的巨大影响力了。这件事真相到底怎样，现在已经很难说清。巧合的是，因巫蛊而"扫清道路"、被封皇后的卫子夫也因巫蛊而自缢身亡，可谓成也巫蛊败也巫蛊。不光是她，巫蛊之祸中，原来权倾天下的卫氏家族也跟着集体败亡。所以说，巫术只能算巫蛊事件的一个"起点"或者借口，事件的背后，是各方势力的博弈和荣辱沉浮。

太子刘据是武帝二十九岁才得的长子，也是唯一的嫡子，曾一度受到武帝的宠爱。刘据甫一出生，武帝就命人为他写《皇太子赋》一文，欣喜之情溢于言表。七岁时，刘据被立为太子，武帝又建了"博望苑"——"博望"即博闻的意思，出使西域的张骞就曾被封为"博望侯"——让他在里面与宾客往来，又找来天下的名儒向他传授《公羊春秋》和《谷梁春秋》。武帝兴儒学的理论靠山、一代大儒董仲舒就是《公羊春秋》派的传人。所以，武帝让太子学《公羊春秋》，是为了太子将来治国做准备。

一切都很好，迎接刘据的将是一个金光灿灿的宝座和一片雄壮的河山。只可惜时间是世上最强的毒药，在它的腐蚀下，任何东西都要面目全非，所以古人有沧海桑田之叹。

等到刘据长大成人，越发地公瑾仁恕，这本是好事，可是武帝是一个有大为的雄主，温良的刘据实在不对他的胃口。卫子夫老了，武帝再不像以前那样对她感兴趣了，而新受宠的王夫人和李夫人都为武帝生了男孩。于是卫子夫母子两个渐渐失宠，心中生出了不安之意。

武帝察觉了他们的心思，就对卫青说："汉家庶事草创，加四夷侵陵中国，朕不变更制度，后世无法；不出师征伐，天下不安；为此者不得不劳民。若后世又如朕所为，是袭亡秦之迹也。太子敦重好静，比能安天下，不使朕忧。欲求守文之主，安有贤于太子乎？闻皇后与太子有不安之意，岂有之邪？可以意晓之。"卫青听了叩首拜谢。卫子夫听说这件事，也向武帝脱簪谢罪。

武帝在乎太子怎么想，而且还不直接告诉他，而是通过军功赫赫的卫青来安抚他，足见武帝这时候还非常地爱护刘据。

太子是将来的皇帝，他的身边自然会聚集一批人。《资治通鉴》上说，"群臣宽厚长者皆附太子"。

武帝周围的人却不同，他所用的人中，有很多文法吏，这些人与汉初军功集团里的那些贵族很不一样，他们多是出身底层。这样的人，如果要出人头地、光耀门楣，就只有立功。功从何来？不立杀贼之功便不是英雄，而贼不是时时处处都有的，没有的时候只好自己把他"造出来"，于是该收监的就判杀头，该杀头的就严刑逼供，诱他把别人也牵进来，于是一杀杀一片。当皇帝看到这些文法吏呈上来的密密麻麻的工作报告时，当然会惊叹这人怎么如此地能干，于是大加褒奖，加其官晋其爵。

当然，武帝的严刑峻法，根本上是因为他的性格和一系列政策。武帝骨子里是一个极端专制的人，他不能容忍自己的权力被别人瓜分，所以扶植底层出身的文法吏，让他们以法令绳墨贵族，乃是要把权力从贵族私门收归自己手上——朝上文法吏的数量和比例不断增多，文法吏不像贵族那样有家族依靠，所以武帝把生杀予夺的大权握得更紧了。而武帝的政策，如打击豪强，以及为了充实国库强行征财产税（算缗，告缗）都须以强力推行，否则根本进行不下去。文法吏正好满足了武帝的这种需要。

武帝严苛，太子却宽厚，他是反对武帝的严刑峻法的，于是每有判狱，太子多为其平反——这是堵住了文法吏立功的门路啊，所以太子虽得到了百姓的爱戴，却得罪了这些文法酷吏。卫子夫这时已可算饱经沧桑，她怕久而久之，太子会因此获罪，所以劝他不要总是坚持己见，而应该与武帝的步调保持一致。武帝听说这件事，反应很奇怪，他赞扬了刘据，批评了卫子夫。可是，既然如此，他为什么不听从太子的轻徭薄赋，不事征伐的劝谏呢，还说："吾当其劳，以逸遗汝，不亦可乎！"不听也就罢了，他继续任用文法吏，且没有加强对刘据的保护。等到卫青这个卫氏家族最大的支柱倒了之后，文法吏的春天来了，他们肆无忌惮地公开诋毁太子。

这时候的武帝已经老了，身体一天比一天差了，人也越来越多疑，他长期躲在甘泉宫里不出来，皇后和太子难得见他一面，这就给这些人在父子俩之间制造裂痕和对抗留下了空间。

武帝晚年宠爱的一个宦官叫苏文，他也是"深酷用法者"的一党。有一次太子入宫探望皇后，半天才从宫里转出来。苏文就向武帝"告密"说："太子在皇后宫中调戏宫女。"武帝于是将太子宫里的宫女增加到二百人。卫皇后听说这件事，就让刘据向武帝禀明实情，请求诛杀苏文。刘据说："清者自清，我何必怕这种小人的污蔑？更何况父皇英明，不会相信这些谗言，母后无须忧虑。"

常融是苏文手下的小太监。有一次武帝病了，派他去召见太子。常融回来报告说，太子听了皇上身体违和，面有喜色。武帝冷笑，没有说话。等到太子来了，武帝发现太子脸上挂有泪痕，可是当着武帝的面仍然强颜欢笑。武帝这才发觉常融的挑拨，于是将他处死。

由此可见，"深酷用法者"的毒计手段是一波接着一波的。而刘据对武帝的信心也太过了，所谓"众口铄金""积毁销骨"，若连皇帝的面都见不到，长此以往，即使他对武帝有信心，武帝对他也没信心了。

巫蛊扩大，血流成河

有一天武帝午睡，梦见无数小木人拿着木棒劈头盖脸地打过来，他想躲却无处可躲，想醒又怎么都醒不过来。好不容易醒来时，已是一身冷汗，连衣服都湿透了。自此，武帝的身体一天不如一天，记性也越来越差。

江充趁机进言，说这是因为虽把公孙贺灭族，可是仍有人在暗中以巫蛊诅咒皇帝。又找来胡巫檀何望气。檀何仰头看天好一会儿说："宫中有蛊气，不消灭这蛊气，皇上的身体不会好转。"还没享受够权力富贵的武帝只能点头。江充于是主动请缨，说要大搜巫蛊。武帝准奏，又派按道侯韩说、御史章赣和曾经诬告太子的黄门苏文等人做江充的助手。

江充的目标是太子，可是他非常聪明，没有直奔主题，而是先从宫里被冷落的妃嫔居处入手——这些人被武帝冷落，心中少不了怨恨吧？果然一路斩获颇丰，搜出不少偶人。有人大喊冤枉，江充却冷笑森森。

这一次，他搜得更加理直气壮了，终于搜到了皇后和太子的居所。前面费了那么多的波折，就是为了来这儿，不搜到什么，江充是不会停手的。于是掘地三尺，原本富丽堂皇的宫殿霎时变得千疮百孔，泥坑满地，连放床的地方都没有了，而木偶们一个个十分配合地从地底踊跃跳了出来。

刘据目瞪口呆，卫子夫的脸色一片惨白。这一会儿，太子真是怕了，因为他完全不知道怎么回事，却只能吃哑巴亏。他想要亲自去甘泉宫面圣，洗刷自己的不白之冤，可是少傅石德劝住了他。

石德问太子有多久没见到皇帝，刘据愕然以对，说不出话。石德说："皇上恐怕已经不在甘泉宫，就算仍在，江充等人逼得这么急，岂会给我们辩白的机会，你难道忘了秦朝太子扶苏的旧事了吗？"

太子想起了自己的姨父、前丞相公孙贺，又想起了表哥卫伉。于是发了狠，派人假冒使者矫诏收捕江充，江充的副手韩说不肯受诏，"使者"遂砍了他的脑袋。刘据又与母亲卫皇后商量，打开武库，将兵器分发给侍卫，全城戒严，搜查涉嫌巫蛊之人，并诏令百官江充谋反。缚手缚脚的江充狼狈地跪在刘据面前，再无半点此前的嚣张气焰。刘据吼道："赵虏！前乱乃国王父子不足邪！乃复乱吾父子也！"于是亲手砍了江充，又把江充身边的胡巫聚到上林苑中活活烧死。

但是，苏文侥幸活了下来，他跑到甘泉宫向武帝报告说太子杀死江充，谋反了。武帝不信，他认为太子仁厚老实，一定是江充逼人太甚，太子才有此激烈的行为。于是命使者召太子前来。这使者大概也是苏文一伙，他不敢面见太子，所以半路跑了回来，言之凿凿地说，太子确实反了，想要杀我，天幸我回来了。

至此父子俩已经失去了最后的沟通机会。武帝的怒火砰地一下蹿了起来，"刘屈氂在干什么！"病中的武帝大喝。

原来，公孙贺死后，武帝任用了名声不太好的中山靖王刘胜之子刘屈氂填补相位。《汉书》上这样说，"不知其始所以进"，就是说，不知道他有什么才能，也不知道他有过什么功绩，所以班固对他当丞相有些莫名其妙。

其实，武帝在任命刘屈氂的诏书中早已明确表示——"分丞相长史为两府，以待天下远方之选"，这说明他不是武帝心目中丞相的理想人选。所以挑选刘屈氂只是一个过渡的权宜之计。刘屈氂也很尴尬，更何况前面的"前辈"丞相公孙贺的血还未干呢，所以他自始至终都不敢发出自己的声音、表达自己的主张，当然，也许他本来也没有什么主张。

刘屈氂是个没有主意的人，他听闻城中惊变，吓得连夜逃出长安城，连丞相的印绶都丢在家里。他派自己的属官长史前来向武帝报告，长史向武帝说："丞相想封锁消息，暂时还没发兵。"武帝更加生气："现在除了死人，天下没有一个人不知道这事的，还保什么密？丞相没有周公的气度，周公难道没杀掉弟弟管叔和蔡叔吗？"（周公是管、蔡的兄长，而刘屈氂是刘据的堂兄。）

武帝于是下诏给刘屈氂："捕斩反者，自有赏罚。以牛车为橹，毋接短兵，多杀伤士众！紧闭城门，毋令反者得出！"之后走出甘泉宫，亲自到建章宫督战。又征调三辅的兵，二千石以下的官员都归刘屈氂调遣。

刘据这时已经没有退路，只能一条道走到底，他诏令百官，说皇帝病在甘泉宫，久已没有消息，恐怕已遭不测，现在江充等奸臣想要作乱，又命少傅石德和宾客张光放出长安城监狱里的所有囚犯，发给他们武器，准备跟城外大军打下去。

此刻，朝野上下，很多人都是一片茫然，不知道发生了什么事，所以无论是城里还是城外，双方都在争取各路军队。长安囚徒里有个如侯，刘据把旌节赐给他，叫他去发动屯驻在长水和宣曲的匈奴军队（他们早在多年前已投降汉朝，被安置在长水等地）。侍郎马通进了长安，听说此事，立即抓捕如侯，又告诉匈奴将领说，"旌节有诈，是太子冒发的，你们不要听信（太子的指挥）"，于是把如侯砍了。又在赤红的符节上加了一道黄旄加以区别。

太子来到北军大营，希望得到北军的支持。北军首领任安，虽然受了太子所赐的旌节，但是受节后转身就回了营，从此闭门不出。太子无法，只得发动长安城里的群众。太子素有仁厚的声名，因此百姓纷纷支持，跟随他一起作战的共有四万长安市民。城内外，矢石往来纷飞，几天下来，死者数万。这时候太子造反的言论在民间传开了，很多人拒绝再为太子出力，甚至不少人开始转向支持刘屈氂的军队。

不久，太子兵败，慌乱中逃往长安南门。戍守南门的是丞相的属官司直田仁。田仁是田叔的儿子，他认为武帝和刘据终归是父子，没有过分地逼迫太子，于是太子得以逃出生天。

刘屈氂想要斩杀田仁。御史大夫暴胜之劝道，司直是二千石的大官，要杀他也要先向武帝禀明，岂当擅自做主？软耳朵的刘屈氂于是就把田仁给放了。武帝大怒，将暴胜之下狱，让审案的文法吏问他："司直田仁私放叛贼，丞相要杀他，合理合法，为什么要阻拦他？"暴胜之恐惧自杀。

大乱一平，武帝开始算账了。他先是遣宗正刘长、执金吾刘敢去收卫子夫的玺绶，卫子夫跟了武帝这么多年，知道他的手段和性格，于是含恨自杀。下一个轮到了任安，这位北军使者护军的两不相帮，被武帝看成是骑墙坐观成败，然后依附胜者，于是把他跟田仁一起腰斩。其他如石德、张光等太子身边人和宾客，全部诛杀，一个不留。

而抓捕石德他们的人，都因功封侯。

太子外逃，武帝担心他有什么阴谋，所以在长安各城门都屯有重兵。其实这完全是多此一举，刘据还能掀起什么浪呢，何况他本没有篡逆的野心。

武帝的怒火未息，所以朝中虽有不少人都知道太子是冤枉的，但没有一个人敢在这时候站出来为太子说话，因那无异于自己找枪口去撞。这时候，壶关三老冒死站了出来。

所谓"壶关三老"并非是指三个人。壶关是地名，在今山西省东南。三老是掌管教化的地方官。这个壶关三老的名字叫作令狐茂。

令狐茂向武帝上书的内容大致如下：

我听说父亲如天，母亲如地，而子女就如同天地间生长的万物。所以，天地平安，阴阳调和，万物才能茂盛生长；父慈母爱，家庭和睦，子孙才能孝顺。皇太子是陛下的血脉，皇位的继承人，他要承担万世的基业和祖宗的托付。江充不过是一介平民，街头巷尾的流氓，陛下使他显贵，任用他，他秉承皇帝的诏命来逼迫太子，那么一定会横生是非、掩盖真相，于是父子日益隔阂。太子进不能面圣陈情，退则为江充等小人逼迫，冤屈无告，愤怒难忍，于是杀了江充，畏罪潜逃。儿子盗取父亲的兵卒，不过是为了救难自免。我私下认为太子并无篡逆谋反之心。《诗经》上说，"营营青蝇，止于藩。恺悌君子，无信谗言。谗言罔极，交乱四国。"江充谗言惑上，想杀太子立功，天下人莫不知晓。陛下不省察自己，只把罪过推给太子，盛怒之下又亲自上阵，发大兵抓捕太子。智者不敢申说，辩士也只好闭嘴，我私下为陛下感到心痛。只希望陛下能够宽心解疑，体察父子亲情，不要继续责备太子，停止搜捕，别让太子长久地流亡在外。臣不胜惶恐之至，随时准备给陛下杀头，现在正待罪在建章宫门外。

这封上书写得可谓情理并茂。"毕竟是自己的儿子"，武帝有些醒悟了，不过没有明言赦了太子之罪。这可能是为了要"面子"，一时低不下头。他没想到的是，就是因为这一时的徘徊和犹豫，他和刘据再也没有机会见面了。

刘据带着两个儿子逃到湖县（在今河南灵宝附近），躲在泉鸠里的一个人家里。这家人非常穷困，主人靠贩卖草鞋为生。刘据三人的到来，无疑给主人家增加了不小的负担。刘据想起了一个有钱的朋友，就叫人去通知他说自己在这儿，以求得到接济。刘据是皇太子，史书上关于他的生平记述非常简略，他长时间住在长安，怎么突然多了一位家住河南的朋友呢？此人也许是曾到博望苑、与太子交游的宾客吧。可是这个有钱的朋友却让太子失望了，因为不久就有了官吏前来围捕刘据，消息只可能是这位有钱的朋友放出去的。

门外的脚步声响起，每一下都像是踩在刘据的心上。突然间，他摆脱焦虑，静了下来，过去到现在那一条隐蔽而崎岖的路清晰地呈现在他的眼前，再无任何神秘可言。昨日受尽荣光的太子，今天惶惶如丧家之犬的囚犯，一切都是命，没什么好怨的。

厮杀声响了一会儿，卖鞋的这户人家的主人终于不支战死。这个没有留下名字的人是真正的英雄，因为他无愧于"义"这个字。

当山阳人张富昌踢开了穷人家的破烂的木门之时，悬在梁上的刘据和两个皇孙都已经断气多时，他愣住了，不知如何是好。张富昌的身后是新安令史李寿，他推开张富昌，把刘据解了下来。刘据的身体是软的，面容也很安详，这年他只有三十七岁。

刘据平反

刘据死了，年老的武帝也奄奄一息。

剩下的几个皇子之中，以燕王刘旦年龄最长，他是武帝与李姬所生。本来一辈子只能在地方上做一个诸侯王了，没想到现在突然得到登上皇位的机会。于是刘旦遣使上书武帝，说要入长安服侍在武帝的病榻前，以尽孝心。

受伤而行走的荒原孤狼是不能露出疲态的，因为无数饿狼都在盯着它，等它软下去的那一刻，那些饿狼就蜂拥而至，将它剥皮拆骨。在权力争夺中摸爬滚打了一辈子的武帝怎么会不知道这个道理？

就这样，在武帝冷笑中，刘旦使者的脑袋被砍了。同时武帝顺藤摸瓜，查出刘旦的违法事实，削了他三个县的封地，后者的如意算盘就这样被打破。

刘旦不过是个出头鸟，想争皇位的大有人在。征和三年（公元前90年），匈奴寇犯五原、酒泉，杀汉朝都尉两人，武帝遂使贰师将军李广利率七万人出征匈奴。丞相刘屈氂送他到渭河边，两人饮酒饯别。这两人之所以如此亲密，是因为他们本是亲家——李广利的女儿嫁给了刘屈氂的儿子——于是无话不谈，李广利对刘屈氂说："若昌邑王（即李广利妹妹李夫人所生刘髆）能够继承大统，你我终身富贵岂非指日可待？愿君侯（刘屈氂被封为彭侯）早作打算。"

李广利和刘屈氂分掌军政两界，若他们联合起来，拥立昌邑王确有可能。无奈他们太心急了，并没有从刘旦的身上吸取教训。

令长郭穰向武帝报告说，丞相刘屈氂的夫人请巫师在家行祭祀，日夜诅咒武帝，用语非常恶毒；贰师将军李广利有时也参加祭祀，焚香倒拜地祝昌邑王早日登基。

武帝这时候最爱惜的是自己的命，他为了搜巫蛊，连亲生女儿都可以杀害，甚至间接因此逼死了"造反"的太子。可是他怎么也想不通，已经死了这么多的人，竟然还有人行巫蛊来诅咒他，难道他真的这样招人嫉恨？怒不可遏的他将刘屈氂全家下狱。刘屈氂后来被装在菜车里，在长安城里游行了一圈，才拖到东市腰斩，而其妻也被枭首。长安城里心向太子的百姓都暗暗拍手称快。

至于带兵在外的李广利，武帝怕把他迫反了，于是先将其家人下狱，并不急着斩首。李广利在北方取得了几场胜利，可是损失惨重，这时有亲信从长安奔过来，告诉他长安城里的惊变。李广利又惊又怕又怒，于是投降匈奴。没有做戏引诱的必要了，武帝遂将他全家处死。

李广利在匈奴得到上宾的待遇，单于还把自己的女儿嫁给了他，这就招致了匈奴大将卫律的嫉妒。

这卫律本是汉人，说来还与李广利有些渊源。卫律本是李广利哥哥李延年的好友，在李延年的推荐下出使匈奴。可是延年的弟弟李季淫乱后宫，武帝遂将李延年一并诛了。卫律听到李延年身死的消息，害怕回朝后被株连，所以投降匈奴。

恰逢单于母亲病重，药石无效，单于于是找来巫医。巫医早被卫律买通，于是装作被去世的老单于上了身，语调疯癫地告诫单于："我的儿啊，李广利杀我族人至多覆山填海，你却友待他，怎么如此敌我不分？祖先怪罪，你母亲怎能不生病？"

单于遂斩李广利。行刑前，李广利破口大骂："就是化作厉鬼，我也要剿灭匈奴！"原来他也信有鬼神存在的，他不知道自己就死在

"鬼"的手里，因此到死也没有开悟。

有人说，刘据身陷巫蛊之祸，江充的角色只是一个打手，背后的主谋，其实是结为亲家的刘屈氂和李广利。这种说法并不是不可能成立，关键是刘屈氂在田仁的杀头问题上表现得太没主意了，若他真是迫害刘据的幕后主谋，田仁将刘据放了，可算是站在刘据这边的，即使是做贼心虚，也该将田仁收监，为什么那时却当场把将田仁放了？从他那唯唯诺诺的性格看来，他实在不像有造反的魄力，况且他与李广利的结亲，应该是在刘据自缢身亡之后，所以两人只能算是短期投机者，而不大可能是长期蛰伏的阴谋家。不过真相到底如何，现在很难弄清楚了。

满朝文武，看着武帝一路杀过去，早双腿筛糠，牙关打战了，哪敢说一句话？这时候又出来一个不怕死的，此人即是田千秋。

田千秋原是田齐后裔，后徙居长安，做了高祖刘邦的守陵人。他上书说，儿子盗了父亲的兵，挨了一顿鞭子也就罢了，皇帝的儿子为求自保而过失杀人，那也没什么大不了的；这话不是臣说的，而是昨晚一个白头老翁托梦告诉我的。武帝对刘据的死早有悔意，田千秋给了武帝下台的台阶，于是武帝召见了田千秋。

"千秋长八尺余，体貌甚丽"，这是武帝对田千秋的印象。武帝望着他，感叹地说："父子之间，清官难断，只有你所说深得其味。这是高庙（刘邦祠庙）神灵教您开示我的，您必须辅佐我处理政事。"于是为太子平反，又擢升田千秋为大鸿胪，掌诸侯及少数民族事务，几个月后又拜为丞相，可算是古往今来官员升迁的奇迹。

既然太子是被冤枉的，那么是谁冤枉了他呢？于是那些征讨太子过程中立下功劳、荣享富贵的人纷纷被武帝诛杀。宦官苏文更是在渭桥上被活活烧死。

不管怎样，天子总是不会错的，要错一定是臣子错——当然，苏文等人咎由自取，也不算冤，而最重要的是，巫蛊之祸到此终于告一段落。

轮台罪己诏

在巫蛊之祸全面爆发之前，由于武帝对匈奴的频繁征伐，平时又奢侈用度，还喜好四处巡幸封禅，国库早已空虚，再加上天灾不断，国内时有起义爆发。可是武帝师心自用，一意孤行，并不反省。

可是经过了巫蛊之祸的恐怖、杀戮、狂乱，经历了老来丧子的悲痛，又经历李广利的投降背叛，武帝的志气被消磨了，岁月无情流逝，如今只剩下一个白发体衰的老者。

武帝拜田千秋为相的同时，封他为"富民侯"。"富民"二字，显示了武帝心态和政策方向的变化。

征和四年（公元前89年），桑弘羊上书武帝，建议在轮台（即今新疆维吾尔自治区）戍兵垦田，以防备匈奴。武帝驳回了他的奏疏，说："轮台在车师以西千余里，以前我们派兵征讨车师，虽然侥幸取得胜利，迫使他屈服，可是路途太远，士兵返回途中无法带够足够多的粮食，所以多有老弱病残者死在途中，再也回不来了。如今又要在轮台戍兵垦田，压榨民力，这不是爱护百姓的举措，我不能同意。"

武帝接着又反省了自己这些年的穷兵黩武和访仙求道——"朕即位以来，所为狂悖，使天下愁苦，不可追悔。自今事有伤害百姓，靡费天下者，悉罢之"——所有这些加在一起就是著名的《轮台罪己诏》。

武帝开了"罪己诏"之先河，在这篇诏书的数千字背后，是一个老者筋疲力尽的心。

发布《罪己诏》后，汉朝的政策重新回到了汉初的"休养生息"上来，缓和了国内的矛盾，几年之后，国家重新繁荣富庶起来。因此司马光说武帝"有亡秦之失而免亡秦之祸"。

这里值得一说的是田千秋。"无他才能，又无伐阅之劳"，这是史书对他的评价。其实有无才能本不重要，重要的是他对时局能否产生有益的影响。武帝晚年启用田千秋，就是要恢复与民休息的政策，而田千秋的"守静无为"，恰好符合了武帝的要求。所以出使匈奴的使者回来报告单于对田千秋"上书得相"的评价，武帝就以为他有辱使命，想要杀他，过了很久才打消这个念头。

这年武帝七十岁了，渐渐地有了将死的预感。武帝看中了年仅七岁的弗陵，他聪颖乖巧，甚得武帝欢心。可是弗陵太小了，难以承担皇帝重任，武帝于是找来霍光、上官桀、金日磾、桑弘羊等四人为顾命大臣，辅佐幼帝。

弗陵的生母钩弋夫人，这年刚刚二十出头，武帝认为他死后，钩弋夫人定然守不住寂寞，秽乱后宫，且子幼母壮，极易重蹈吕氏专权的旧辙。武帝即位之初，深受祖母窦氏和母亲王氏的掣肘，至今仍是刻骨铭心，难以忘怀，于是将钩弋夫人赐死。不久，武帝也病殁了，这对老夫少妻又重逢地下。

武帝既殁，弗陵在霍光等辅助下登基称帝，第二年改元始元，是为昭帝。

忠心耿耿霍子孟

昭帝年幼，朝堂上真正掌权的乃是霍光。

霍光字子孟，生年不详，西汉河东平阳（今山西临汾西南）人，是名将骠骑将军霍去病的同父异母兄弟，十几岁时跟随哥哥霍去病来到京城。

霍光之父霍仲孺曾在平阳侯手下为吏，与平阳侯的侍女卫少儿私通生霍去病，归家后娶妻生子霍光。霍去病在京城任将后，方知他的生身之父为霍仲孺。二十一岁时，霍去病已经立下战功。他以骠骑将军之职率兵出击匈奴，路过河东，方与其父相认，并为其购买了大片田地房产及奴婢。当时，霍光十多岁。

霍去病把霍光带去长安，安置在自己的帐下，并保举他入朝做了郎官。后霍光被升为诸曹侍中，参谋军事。皇帝很快就开始注意这个忠厚可靠、端正严谨的青年，并逐渐重用他。两年之后，霍去病去世，汉武帝已经封霍光做了他的奉车都尉，享受光禄大夫待遇，"出则奉车，入侍左右"，以负责保卫汉武帝的安全。

霍光做任何事情都谨小慎微，所谓"伴君如伴虎"，也只有这样的人，才能够在残忍好杀的汉武帝身边笑到最后。据传，他每次出宫、下殿时，起止步都有固定的点，有人曾暗中跟随做出记号，事后再算量丝毫不差，可见他的审慎。他这些品质得到了汉武帝的嘉奖。

公元前88年，汉武帝已经年逾古稀，一日，武帝将霍光召进皇宫，给了霍光一张《周公背成王朝诸侯图》，图画的涵义，直指古代周公曾背着小成王临朝，会见诸侯、继承大统、最终辅佐年幼成王的故事。其用意很明显，就是要霍光将来像周公辅成王一样来辅佐幼主弗陵。

霍光临危受命，自然感到责任重大。一方面，霍光要负责辅佐少主，不能够让他犯下大的错误；另一方面，霍光还需要治理国家，维持旧帝驾崩、新帝继位之时天下的稳定。尤其是要防止一些心怀不轨而又拥有反对当朝的实力的人或者家族。

汉代特别注重天人合一的思想，如果天降祥云，人们上至皇帝、下到百姓，都会以为国家幸甚，皇帝有道，未来一片光明；但如是天降异象，则普天之下都会认为，一定是皇帝治国不当，灾异将生。恰好这一天，天上出现了不一般的怪异现象，于是，百姓纷纷议论，连群臣百官也对此惶恐不安。如此下去，宫中定然会出现祸端，霍光当机立断，召见保管皇印的郎官，要他把皇印交出来由自己保管，以防不测。但是，这位郎官也忠于职守，皇印乃是代表着天子号令，霍光此举，不得不让郎官担心，怕他有图谋不轨之心，遂不肯把皇印交给霍光。霍光眼见此人竟然如此迂腐，便决定强夺皇印，哪知这郎官也是一个狠角色，他见势不妙，遂手握剑柄，按住皇印，对霍光说："头可断、血可流，要皇印绝不可能。"

霍光一怒之下，当即转身离开，心中不禁暗想，自己位居第一辅政大臣，对皇室的忠心天地可鉴，此人不过一个小小的郎官，竟然不信任自己，真是气煞人也。但是事后，霍光也觉得，换了自己，也肯定不会将这个皇印献出，如果真的遇到了心怀不轨的人，实在非社稷之福，从这个层面讲，郎官非但无过，反而有功。第二天，霍光就下令给这个郎官连升两级。霍光这种不计私怨、秉公办事、赏罚分明为朝廷的精神，受到朝中官员的敬佩，威望日渐提高。

霍光公正严明，即使是对自己交厚或者亲近的人，也一点都不例外。当时的辅政大臣除了霍光以外，还有车骑将军金日磾、左将军太仆上官桀、御史大夫桑弘羊三人。其中，尤其以金日磾和霍光关系最好。昭帝继位第二年，金日磾因病逝世，留下两个儿子金赏、金建。此二人是和汉昭帝一起长大的好朋友，霍光也比较喜欢这两个人。于是，汉昭帝决定封这二人为侯。

按规矩，长子应该继承其父亲的爵位，次子金建就不能再被封侯了。于是，霍光直接对皇帝提出反对意见，皇帝不以为然，认为自己堂堂天子，封侯拜将不过是小事一件，不需要考虑什么规矩。

这时，霍光性格中刚性的一面便显露出来，他正色道："臣和金氏家族相熟，陛下和他二兄弟亲厚，然而臣深刻地知晓，不能以私废公，否则就会遭到天下人的诟病，此外，无功者不能封侯，此乃高祖皇帝立下的规矩，皇上虽然贵为九五之尊，也不可以因为一己之私，而擅自废黜规矩，否则，天下定会大乱。"皇帝闻言，感到霍光一片赤诚之心，遂决意罢了封侯之事。霍光遂乘机教导皇帝道："百姓至今还在想念着汉孝文帝、汉景帝以及先帝，每逢清明时节，都有很多人在家中将其奉若神明的祭拜。"汉昭帝不大明白，好奇地问道："何以百姓会如此爱戴他们呢？"霍光欣然一笑，转身拱手说道："因为他们爱民如子，对百姓之事，从不推脱责任，他们驾鹤西去，百姓自然会心有不舍。"于是，皇帝心中暗自决定自己也要励精图治，和前任的各位皇帝一样，成为受万民景仰的皇帝。

在霍光的提议下，二人遂联合商议出四条安抚百姓的措施：第一，查办失职的官员；第二，要各郡县推荐贤良的人才；第三，为受诬陷的人申冤；第四，安抚孤独疾苦的贫民。为了发展农业生产，每当春耕时，霍光就派人到各地去查看生产情况，政府把种子和粮食贷给缺粮少子的贫民。秋天还下诏："往年灾害多，今年蚕、麦伤，所振贷种、食勿收责，毋令民出今年田租。""比岁不登，民匮于食，流庸未尽还，往时令民共出马，其止勿出。诸给中都官者，且减之。"昭帝为了改革吏治，选拔任用有才德的人，下令："三辅、太常举贤良各二人，郡国文学高第各一人。赐中二千石以下至吏、民爵，各有差。"这些政策和措施均起到了安抚百姓的作用。

昭帝改革

霍光权倾朝野，同时还努力培植自己的势力，其弟弟、儿子、女婿等人也纷纷担任要职，霍氏一门的势力达到高峰。此时此刻，昭帝才只有十四岁，后人评价说："汉昭帝年十四，能察霍光之忠，知燕王上书之诈，诛桑弘羊、上官桀。高祖、文、景俱不如也。"眼见昭帝如此大才，霍光心中也暗自想到，这昭帝将来如果不出意外，必然能够成为一代明君。

因此，霍光决意，一心辅佐昭帝，在他的辅佐下，昭帝主要进行了以下改革。一者，霍光看到，武帝末年因对外战争、四处封禅，造成了国力的严重损耗，农民负担沉重，大量破产，使得国内矛盾不断激化。于是，霍光建议昭帝，多次下令减轻人民负担，裁汰冗员，减轻赋税，与民休息。二者，则是对匈奴的战和关系，昭帝继位之前，霍光就对武帝穷兵黩武的做法心怀不满，只是那时候霍光实力太小，不敢表露心迹。如今，霍光大权独揽，遂和昭帝商议，一改过去武帝时对匈奴长期作战的政策，一方面重新与匈奴和亲，以改善双方的关系；另一方面加强北方戍防，多次击败进犯的匈奴、乌桓等，从而使得武帝时期的大规模战争停止下来，有助于国内的经济恢复与发展，也有助于皇朝内部政治体系的稳定和专制权力的巩固。三者，则是主要在经济方面进行了改革，在上官桀等人未被诛除之前，霍光与他们便存在着巨大的政治分歧，那就是关于盐铁是否进行专卖。武帝时期，就实行盐铁专卖，引起天下议论，所以到了昭帝继位不久，霍光便于始元六年（公元前81年）召开"盐铁会议"，对武帝时各方面政策进行讨论。桓宽所编著的《盐铁论》一书对于此次关乎汉朝经济政策的讨论，有着比较详细的记载。其实汉武帝的盐铁官营、酒榷均输等经济政策的推行有着复杂的社会背景，当时武帝正全力反击匈奴，国家财政陷于空虚之境，此等政策乃广开财源、增加赋税收入的临时政策。但是武帝没有预料到，随着国家体系的延伸和战争的迁延，官营盐铁、酒榷、均输等政策的实行，结果逐渐违背了武帝的初衷，中小地主的利益深受损害，大部分财富集中于大官僚、大地主及大商人之手。于是出现了官吏"行奸卖平"，而"农民重苦，女红再税"的状况，以及"豪吏富商积货储物以待其急，轻贾奸吏收贱以取贵"的局面，大官僚大地主财富愈积愈多，中小地主和一般百姓却日趋贫困。因此，早在昭帝即位之初，霍光就依此要求改变盐铁官营、酒榷、均输等经济政策。为了给盐铁会议的召开做准备，昭帝始元元年（公元前86年）闰十二月，霍光就派遣当时的廷尉王平等五人出行郡国，察举贤良，访问民间疾苦，搜集事关盐铁政策的材料证据。经过争论，昭帝下诏依然保留盐铁专卖，但取消了酒的专卖。后来又逐步废除了盐铁官营、均输等政策，从根本上抑制了大地主、大商人的利益，在一定程度上缓和了社会矛盾，调整了阶级关系，最终使汉朝的经济走上了恢复发展的道路。总体而言，这三项措施的严格施行，使得武帝后期在政治、经济和军事三个大的方面所遗留的矛盾基本得到了控制，西汉王朝衰退趋势得以扭转，国力得到增强，史称"百姓充实，四夷宾服"。班固在《汉书》中也评价道："武帝之末，海内虚耗，户口减半，霍光知时务之要，轻徭薄赋，与民休息。至是匈奴和亲，百姓充实，稍复文、景之业。"

王政君的皇后之路

　　宣帝之子刘奭即位后娶了一位女子为皇后。这位女子名叫政君，与王昭君同姓，但性格迥然相异。如果说王昭君是小家碧玉，那么王政君就是大家闺秀；如果王昭君是山涧兰花，王政君就是被尊养的牡丹。一句话，王昭君是弱女子的命，王政君是强女人的命。王政君家住长安城，她父亲名叫王禁，官居廷尉史。王政君的母亲怀王政君时，梦见月亮飞进肚里。太阳代表皇帝，月亮自然代表皇后。这个故事预示王政君将要成为皇后。

　　王禁本已为王政君相中一门亲事，双方父母也说定了。然而，王政君还没出嫁，男方就死了。接着，王禁又为女儿相中富家公子东平王，双方刚说定，同样离奇的事又发生了。这在当时来看，是命硬克夫的征兆。

　　后来，王禁为女儿算了一卦。卦象说王政君：当大贵，不可言。世间富贵很少，欲达到不可言的境界，只有当皇帝或者皇后。离奇之事频频发生，王禁大致参透，开始教育王政君读书写字，琴棋书画。王政君十八岁时，被选入宫。

　　王政君入宫时，刘奭还是太子。刘奭柔情似水，跟司马氏缠缠绵绵。可惜，司马氏体弱多病，弥留之际，司马氏对刘奭说，她身体不好，全因后宫女人妒忌，诅咒她早死。刘奭是个多情种子，恨后宫女人诅咒司马氏，司马氏死后，立誓不碰后宫女人。但刘奭是未来的皇帝，如果无子，未来的王朝就没有皇帝。

宣帝刘询知道后，想到一个两全其美的办法，他亲自从后宫选出5个宫女供刘奭挑，王政君就在其中。刘奭的养母王皇后问他喜欢哪个，刘奭冷冷淡淡的，说随便一个。王皇后见刘奭挨着王政君坐，而且王政君的大红衣角还接触到刘奭，便由此断定刘奭喜欢王政君。一个人故意穿一身大红衣裳，两个人偶然地坐在了一起，另外一个人主观臆测，历史就这样改写了。

完婚后，王政君为刘奭生了一个儿子。刘询为他取名刘骜。刘骜长大后，不合刘奭的心意，刘奭想另立太子。刘奭虽然治国无方，在音乐方面倒颇有建树。他的小儿子刘康有音乐天赋，很合刘奭的心意。刘康的母亲是傅昭仪，她比王政君年轻，比王政君漂亮，比王政君讨刘奭喜欢。刘康是刘奭的音乐知己，刘康的母亲又是刘奭的新宠，于是刘奭就想另立刘康为太子。刘奭病重，只让刘康母子服侍，刘骜母子根本挨不上边。除此之外，刘奭还命人翻查史书，想知道汉景帝刘启是如何废掉太子刘荣。刘奭之意，人人知晓。如此情势下，王政君很着急，火速寻求刘奭宠臣石显的帮忙。只要石显助刘骜赢得皇位，他就有了靠山。为了明天的发展，石显同意出手相助。

公元前33年，五月二十四日，刘奭在未央宫驾崩，其后刘骜登基称帝。

汉成帝刘骜其实并不适合做皇帝，他生性懦弱，不懂反抗，不会反抗，一切都按规定行事。

刘骜常常跑出皇宫游玩,在阳阿公主府遇上能歌善舞的赵飞燕,一见倾心。

赵飞燕出生后即被父母抛弃,丢在野外。然而赵飞燕竟然三天饿不死,她父母认为赵飞燕命不该绝,便送她到阳阿公主府上学歌舞。赵飞燕身形瘦削,轻巧如燕,舞姿翩翩,人称飞燕,最终人们忘了她的真名。刘骜见了赵飞燕后,立刻招进皇宫,连同赵飞燕一起进入皇宫的还有她妹妹赵合德。后宫有位女官,阅过无数美人,人称披香博士,她预言赵飞燕是祸水,将会淹没刘氏。当时长安谣传,说燕啄皇孙的燕指赵飞燕,意指刘骜必然无后。

刘骜封她姐妹为婕妤。在后宫,婕妤的地位仅次于皇后。赵氏姐妹貌美如妖,心毒如蝎,为了皇后之位,制造巫蛊,栽赃嫁祸。趁刘骜躺在怀中,赵氏姐妹软语温存地说,许皇后不甘遭受冷落,利用巫蛊,诅咒后宫美人早死。这里的后宫美人,不指别人,专指赵氏姐妹。刘骜的耳朵很软,女人说一句话,他就晕头转向。此后,许皇后被废,许家外戚被逐出长安。班婕妤聪明伶俐,被审问时,一句话不说,最终为了自身安危,只能明哲保身,主动请求搬去和王政君同住。

经过后宫大战,赵氏姐妹称霸后宫,彻底霸占刘骜。

王莽的成长史

王莽,字巨君,是孝元皇后王政君的侄子。宗族是中国古代社会的一个大集团,只要族中有一人"得道",其他人无论贤愚都能升天。王政君当上皇后后,她父亲王禁被封为阳平侯。王禁死后,他哥哥王凤继承侯爵。她弟弟王谭被封为平阿侯,王崇被封为安成侯,王商被封为成都侯，王立被封为红阳侯，王根被封为曲阳侯，王逢时被封为高平侯，堂弟王音被封为安阳侯。王政君一人当皇后，整个家族都被封侯。

王莽身属豪族，但生在穷家庭。只怪他父亲王曼不争气，还没被封侯就死了。王莽来到这个世间时一无所有，他从家里走进社会时还是一无所有。王莽年幼与堂兄堂弟们玩耍，堂兄弟穿得光鲜靓丽，乘骏马，坐香车，好不骄傲，好不风光。堂兄弟们日日斗富，天天比贵，王莽只能干瞪眼。都姓王，一般大年纪，别人就穿得比王莽好，吃得比王莽香，王莽好不纳闷。

都说上天是公平的，上天没给王莽富贵，就送他孤独。因为贫穷，王莽孤独得形影相吊。没人肯陪他这个穷小子玩，王莽就勤学苦练，拜沛郡（今安徽淮北市西北）陈参为师，一心研究《礼经》，将自己装扮得十分像儒生。不仅如此，王莽还降低身份与布衣论交。说王莽降低身份，是因为他姑姑是皇后，平头百姓不能与他平起平坐。王莽十分节俭，将多余的钱财送给需要帮助的人。不出几年，王莽博学多才貌似儒生，慷慨乐施的美名越传越远。

与王氏集团中其他子弟的纨绔相比，王莽简直就是天鹅，他的堂兄弟就成了不知天高地厚的丑小鸭。他的伯伯、叔叔不是腐败分子就是败类，这更能衬托王莽儒雅有度，博学高才。一句话，在无能的王氏集团中，王莽当中一站如鹤立鸡群，真是凤毛麟角。

王莽的哥哥死了，将自己的妻儿托给王莽照顾。自此，王莽照顾老母亲，照管嫂嫂，教养侄子，面面俱到恭敬有礼，没有丝毫越礼之处。这样的一个人才，打着灯笼都找不到，竟然生在腐败的王氏集团？

汉成帝年间，王莽的伯父大司马王凤病重，王莽前往照管。他亲口为王凤尝药，王凤卧床几个月，王莽照管几个月。为了照顾王凤，他不解衣带而睡，蓬首垢面。为讨好一个将死的人，王莽肯下这等工夫，淳于长却只会陪王凤散散步聊聊天。王凤自然被王莽的诚心打动，托付孝元皇后和成帝照顾王莽。王凤死后，王莽被任命为黄门郎，后来升迁为射声校尉。

听说王凤卧病在床，淳于长和王莽都细心看望，王凤死后他俩都被封官。然而，从这一件小事就可以看出，王莽比淳于长厉害。淳于长会作秀，王莽善作伪。与王莽狭路相逢，淳于长只能自认倒霉。

王莽谦恭下士的美名远播，他的社会声望很高。一天，他叔父王商上书，请求割一块户邑给王莽封侯。王商提出这个要求并非脑子进水，因为劝谏刘骜批示同意的都是当世贤人，如中郎陈汤、长乐少府戴崇、侍中金涉等人。这么多名流为一个不起眼的王莽上书，刘骜想不看好王莽都不行。

成帝永始元年（公元前16年），王莽被封为新都侯，封国在都乡，食邑一千五百户。在王莽心中被封侯仅是人生的起点，离他理想的终点还很远。"路漫漫其修远兮，吾将上下而求索"，这才是王莽的心里话。

从此之后，王莽的官职就如同芝麻开花节节高。不久，王莽升任骑都尉光禄大夫。官职每上升一级，王莽越发谦卑，王莽不仅对人礼遇有加，还为了赈济宾客散尽自己的好马香车，搞得家徒四壁。如果让淳于长散财救助他人，就等于要他放自己的血喂人。王莽交友送人钱财，而淳于长交友总想榨取。

尽管家徒四壁，但王莽尽力接纳名士，结交了很多士卿大夫。王莽声名日隆，在朝者竞相举荐他，在野者互相夸赞他，他的美誉远远超过他的伯伯叔叔。在朝廷做官，需要有人抬轿子，也需要有人吹喇叭。王莽做官可以说既有抬轿子的，又有吹喇叭的。他坐在轿中，一路走来，春风如意。王莽送他哥哥留下的孩子王光到博士门下学习，王莽常去看望。一天，王莽先洗澡，穿得干干净净的，坐上马车，带着美酒，前去看望王光和老师。无论是礼物还是美酒，都见者有份。那些读书的清苦孩子看见如此慷慨大方的王莽，纷纷发自内心地赞叹。王光的老师们见到谦恭有礼的王莽，更是深感佩服。

声誉是王莽起家的资本。王莽很厉害，他知道自身没有实力就先造势。儒学独霸大汉天下，王莽就专心研究礼仪，将自己扮得像个儒生。大汉的官员视钱如命，王莽就做个散财童子。王氏集团又腐败又无能，王莽就谦恭下士，广泛结交名士。物以稀为贵，王莽的这些好品质，深深打动了所有人，以致人人竞相说他好。

国无能主，王莽摄政

刘氏垄断了几百年的皇权，有野心的人看得眼红，无能的人等得心酸。王莽埋葬了三个皇帝，三个皇帝都没能留下子嗣。刘骜过继刘欣为儿子，刘欣登基时正是青壮年，差一点就能够驱除王氏一族在野的势力。可惜的是，称帝后的刘欣一心沉迷酒色，还没选立太子就死在壮年，为王莽进入权力的殿堂打开了大门。王莽趁此天赐良机，剪除异己，最终独霸天下。

后来短命而死的刘箕子没有留下任何子嗣，为了大汉的江山，王莽只能迎立其他人为皇帝。王莽遭遇过刘欣登基后的反面教训，享受过刘箕子登基后的正面经验，知道他应该迎立年幼的皇帝。在王莽的心里，皇帝越年幼越好，最好是遗腹子。

安葬刘箕子后，王政君下诏选立皇帝。王政君活了很久，她的老公刘奭一脉却后继无人，真是悲哀。

刘奭一脉断绝，朝臣翻阅刘氏家谱，追溯到刘询的曾孙。在这一辈人中，有五位亲王，四十八位列侯。王莽听到有这么多候选人，心都凉了。王莽不是担心人多不好选，而是害怕选中成年人当皇帝。不过没关系，王莽大权在手，他可以随便破坏规则。

王莽说，刘骜规定，同辈人不能先后当皇帝，即如果哥哥当皇帝，弟弟就不能当。在古代，皇位的继承有两种方式，一种是兄终弟及，另一种是子承父位。兄终弟及指皇帝死后，由他的兄弟继位；子承父位指皇帝死后，由他的儿子继位。刘骜规定同辈人不能先后当皇帝，朝臣只能从汉宣帝的玄孙中选。

在权力继承的关键时刻，上天又帮了王莽一把。汉宣帝有二十三个玄孙，二十三个都没成年，有的甚至是婴儿。为了明天，王莽决定当一次皇帝爸爸，选立刘婴为皇太子。

时代变迁，王政君老了，她无法适应王莽掌权下的朝廷。面对这样一个阻力，王莽决定将王政君踢下自己驾驭的权力马车。王莽是制造流言的高手，王舜则是天生传播流言的好手，他们两人搭配，天下无敌。王舜去找王政君，告诉她一件事，说北长安郡上了一道奏章，发现一块很奇异的大石，大石上刻有"告安汉公王莽当皇帝"几个字。

王舜看着王政君，王政君看着王舜，彼此都默然无语。在王政君眼里，眼前站立的仿佛是昔日的王莽，那时的王莽很听她的话。她要王莽辞退，王莽毫不犹豫就辞退；她要王莽留下，王莽二话不说就留下。然而，物是人非。

见王政君失魂落魄，王舜马上安慰道：王莽只想摄政，不会称帝。王政君只能相信，也只能屈服。在王政君心里，摄政与当皇帝没区别。她摄过政，知道摄政就是行使皇帝的权力。看着王舜离去的背影，王政君仿佛看到大汉王朝的末日。

爬上权力的巅峰

王政君看着义军兴起和衰落，着实百感交集。正当王政君感慨之际，王莽呈上一封奏疏，说剿灭义军后，四处出现祥瑞；祥瑞接连出现，是天意使然；王莽功比周公，他不再用摄政年号，而是直接掌握政权。王莽表示，待刘婴长到二十岁，他就交出政权。王莽说等刘婴长到二十岁，但刘婴哪天死，只有鬼才知道。

王莽摄政期间，天下到处都是灾难，到处都是祥瑞。不能时光穿梭，很难判断是灾难多，还是祥瑞多。但是，义军四起，即使没有天灾，人祸也不小；即使有祥瑞也早就被踏平。无论灾难和祥瑞，受尽苦头的总归是忠厚老实的百姓。

8年，十一月二十五日，王莽前往刘氏太庙祭祀，接受加冕典礼；接着，王莽颁布诏书，说祥瑞接连出现，预示他将登基称帝，甚至就连汉高祖刘邦也同意他即位。

十二月一日，王莽登基称帝，建立新王朝。

王莽所做的一切，只是为了证明他获得皇权上顺天意，下合民心。然而，独掌大权只手遮天的王莽，很有自说自话的嫌疑。纵使百姓有眼，也有口难言。王莽为了争取民心，证明自己的合法性，他决定抢夺王政君手中的玉玺。

刘欣死后，为防止董贤擅权，王政君在第一时间将玉玺抢到手。自抢到玉玺起，玉玺从没离开王政君。王莽登基称帝，只有玉玺在手能证明他是被禅让的。简单来说，如果王莽没有玉玺，他就是篡位，就是盗国贼。为了皇权，王莽费了九牛二虎之力，只差最后一步了，无论如何，他都要走到。

自王莽掌权，王舜就是连接王莽和王政君的桥梁。为了少伤感情，王莽又派王舜去向王政君要玉玺。这不是王舜第一次逼迫王政君，对付王政君，王舜已经总结出经验了，即用很好听但很有威慑力的话晓谕。王政君也不是第一次遭遇王舜，一见到王舜，王政君就发生条件反射：第一时间拒绝，第二时间沉默，第三时间顺从。

王舜拿走玉玺，王莽爬到权力的顶峰！

刘秀的身世

结束纷乱，使天下重归平静的人是光武帝刘秀。

刘秀，字文叔，南阳郡蔡阳县人，是高祖刘邦的第九代孙，他祖上可以追溯到景帝所生的刘发。刘发这一支传到刘秀，已经破落不堪。刘秀自负身具高祖之血脉，此生断断不能就此默默无闻。幼年的刘秀心中已经有了匡扶汉室的志向。

刘秀的父亲刘钦是个小小的南顿令，《汉书》记载说："令、长，皆秦官也。万户以上为令，秩千石至六百石；不满万户为长，秩五百石至三百石。"由此观之，刘钦不过相当于是品秩为千石至六百石的一个县令，从长沙王到南顿令刘钦，刘发一族真可谓是江河日下，一代不如一代。汉平帝元始三年（公元3年），刘钦去世，家族失去了唯一的政治支柱和经济来源，刘缜、刘秀、刘仲兄弟，刘钦的长女刘黄，次女刘元，三女刘伯姬以及其母樊娴都顿时陷入食不果腹、衣不御寒的困苦境地。幸好，当时刘秀的叔父刘良家中尚有几亩薄田，还能够在这乱世之中谋求一个生存，刘秀、刘缜兄弟从小就比较勤快懂事，刘良便顺势收养了他们。自此，刘秀变成了南阳郡春陵县里的一名农夫。

二十年之后，刘秀已经长成一个健壮的青年，他身高七尺三寸，须眉浓美，有着大大的嘴巴、高高的鼻梁、饱满的额角。为了养活自己的母亲和几个未出嫁的妹妹，刘秀每日勤勤恳恳，对农事不松懈，但是他的长兄刘缜却喜好侠义，收养门客，并且常常耻笑刘秀只会经营农业，还把刘秀比作高祖刘邦的兄长刘喜，胸无大志，混沌世间。

燕雀安知鸿鹄之志，刘秀不仅善于耕种，还能够在闲暇之余找些书籍增长自己的见识和阅历。反观其兄，虽然性情刚毅，豪气冲天，却好高骛远。此外，刘秀还是一个富有经济头脑的人，年夏、秋大忙以后，刘秀便利用农闲时间，把谷物等农产品运往新野、南阳销售。古人云"人看从小、马看蹄爪"，刘秀从小就乐善好施，学会与人相亲相助，品行淳美，有君子之风，深得乡里赞誉。

王莽天凤年间，精通《尚书》的中大夫庐江人许子威在长安的太学中开馆讲学。刘秀听说后卖了一些粮食和其他财物，与他家乡的志同道合之士一起凑钱合买了一头驴，雇人驾着驴车来到京城长安，从此走上了他辉煌人生的起点。

刘秀的发奋读书，最初并无什么大志，而是为了发达后娶南阳新野县的阴丽华为妻。

刘秀在长安求学的时间只有短短的三年，但却为他此后的人生奠定了一定的基础。长安是当时世界上最繁华的城市，文化昌盛。大开眼界的刘秀在这结交了许多俊杰，如朱祐、严光、邓禹等人，都是以后东汉历史上惊艳一时的人物。

朱祐字仲先，南阳郡宛城人，是一个高士才子，文武双全，在长安群儒之中颇为有名。他从小就与刘秀兄弟交好，由于刘秀在学问上远远不及他，所以刘秀经常到他的居所去向他求教。据传，一次刘秀在长安生了病，要买蜂蜜入药。虽然此时刘秀已经到了长安求学，但是其家境却没有任何改变，因此，这买蜂蜜的钱便成了此时刘秀的最大困境。朱祐知道后，仗义疏财，直接自掏腰包添钱帮刘秀把蜂蜜买了回来。对此，刘秀一直心存感激。后来，刘秀取得了天下，回赠给朱祐一石白色的上等蜂蜜，开玩笑地问他："仲先兄，这种蜂蜜，与在长安时我们买的那种相比，味道如何？"说罢，二人相视大笑，当年的情景也一一浮现在眼前。

严光字子陵，会稽郡余姚人，又名严遵。他很有才学，少年之时，即已名满天下。可惜他为人清高孤峻，不慕富贵、不侍权贵，后来成为著名的隐士之一。严光虽然孤傲，却与谦虚好学的刘秀一拍即合。时间一长，二人就慢慢地成了至交好友，成为当时的一段佳话。

邓禹字仲华，南阳新野人，当时只有十三岁，也受业于长安。邓禹虽然年纪最小，却能咏诵《诗经》，俨然是一个神童。刘秀对此十分惊奇，一直想和他结交。而邓禹也看到刘秀相貌奇伟，感觉非比寻常。邓禹再听其言论，看其品行，察其胸襟，更觉得刘秀器宇非凡，绝非池中之物。于是，二人倾心结交，也成了好朋友。

虽然刘秀在长安的三年学习生活很快因为家庭困境而终止，他学习《尚书》，也仅仅是粗略弄懂了书中的内容。但却在与朱祐、严光、邓禹的交往中，受益良多。他们三人在学问、见识、品德上都给予刘秀极大的启发，后来更是在他逐渐强盛的时候成为其心腹臂助，几人少年豪杰，谈笑江山、纵论江河，引得无数豪气人士欣然神往。刘秀也是在此间的交际中，逐渐形成其雍容大度的气派、虚怀若谷的胸襟、坚毅宽厚的品格、处变不惊的反应能力、驾驭群下的深谋远略。他最终凭此问鼎天下。

王氏必灭，汉室当兴

此时，天下盛传："王氏必灭，汉室当兴。"对老百姓而言，谁当皇帝都是一样，只要他们能够在饥饿的时候有一口饭吃，在寒冷的时候有一件衣服穿，在打雷下雨的时候有一个可以躲避的场所，就足够了。但是如果天下又将易主，那么无论兴亡荣辱，苦的可都是老百姓了。想想"浮尸百万流血漂橹，千里沃野无炊烟"的凄凉和沧桑，多少让寻常百姓不寒而栗。人们不禁或明或暗的问询，天下真的又要大乱了吗？

这日，一个名叫李通的人来找刘秀兄弟。李通，字次元，也是南阳宛城人。李家世代经商，他的父亲名叫李守，精于生意之道，李家生活非常富裕。李守虽然社会地位不高，却治家有道，善于教育子弟。在他的督促管教之下，他的儿子李通也成了一个有学问的人。

李通的父亲也和当时社会的众多富贵之人一样，在这个乱世之中，没有什么力量可以保存自己的家世地位，就连支撑起这个社会的政权都会随时崩溃，因而只能相信一些莫须有的东西，那就是卜卦之术。不久，还真的让他父亲得到一个谶语，"刘氏复兴，李氏为辅"，并告诉了李通，李通得此谶语，日夜研究，最终认为，或许自己该辅佐那个顺天应命的人。如果成功，那便是三公九卿、封侯拜将，光宗耀祖自是水到渠成。于是，李通毅然决定，辞去现下的补巫丞的这个芝麻小官，去寻找自己的远大前途。适时南阳刘秀的兄长宽厚仁侠之名远近知名，李通的堂弟李轶就对李通说：刘縯、刘秀兄弟泛爱容人，可以共谋大事。李通笑了笑说："正合我意。"原来他也早就有了想法。于是李通就要李轶设法与刘縯联系。

皇天不负苦心人，经过几番寻找，李氏兄弟终于找到了刘秀。然而此时的刘秀，却刚刚从大牢中出来。原来，南阳大旱，饿殍遍野，刘秀及其兄长便生了造反自立的心思。为了筹集军费，刘秀利用善于经营的优势，将家中的粮食全部运到县城变卖。哪知这边的官吏知晓后，不经任何查实，便定了他偷盗粮食之罪。官吏认为在如今这个人人缺衣少食的时候，他们的粮食一定不是来自正途。刘秀就这样被关进了大牢之中。正当刘秀哀叹自己时运不济、命运多舛之时，竟碰见了旧时朋友樊晔。樊晔字仲华，新野县本地人，此时正是县里的一个小官吏。樊晔让刘秀饱餐一顿，又帮助他去寻找自己的姐夫邓晨。樊晔花了些钱，将刘秀救了出去。

此事虽然不大，却也让刘秀认识了当时社会官吏的腐败。官员不辨黑白就擅自抓人，这样的朝廷留着也只是祸害百姓。刘秀刚刚出狱，便听闻李轶竟然要来见自己。此前自己的兄长刘縯因为不满李通的一个兄弟申徒臣为人傲慢，一怒之下，将其斩杀。这样说来，刘李两家还有不小的仇怨。因此，刘秀踌躇不决，他担心李轶此次前来是不怀好意。于是，他前去见李轶，还不忘带上一把匕首。

宛城人李通、李轶见到刘秀，忙用河图符命征验的书来劝导刘秀说："刘氏家族要重新兴盛了，李氏家族是刘氏宗族的辅佐，而刘家的那个真命天子就是刘秀。"刘秀开始不明所以，因为对二人的来意不是很清楚。刘秀担心此事一旦传了出去，自己便是跳进黄河也洗不清了，随时会招致杀身灭族之祸。李通、李轶等人何等聪明，知晓刘秀必定是不相信自己。他俩再看刘秀衣袖中还带着匕首，必然是为了防范自己。二人直接道明来意，劝说刘秀举兵造反。刘秀暗想，长兄刘縯一向结交盗匪，必然会举兵起事，而且此时王莽败象已露，天下一片混乱，便和李通决定准备起事，在城中购置弓箭武器招兵买马。

李通知道，自己一旦举兵造反，王莽政权必定不会放过自己的父亲李守。因当时李通的父亲李守还在长安，李通怕父亲出事，赶紧派他的堂兄的儿子李季到长安把事情报告给李守，让他赶紧逃跑。然而，天有不测风云，李季竟然在半路上一病不起。幸好这个消息还是传到了李守的耳中，李守闻讯，大惊失色，立马决定举家迁徙，逃离长安。

但在李守逃离之前，他将这个绝密消息告诉了自己的世交好友黄显。黄显此时正在新莽朝廷里做中郎将，闻言忙向李守建议道："普天之下莫非王土，率土之滨莫非王臣，你相貌突出，怎么能够逃出官府的通缉呢？如果你能够大义灭亲，在事情没有爆发之前，主动向王莽告发，或许可以免了你一家的罪责。"李守闻言，觉得黄显言之有理。于是，李守便写了一封检举信，委托黄显上书朝廷，告发儿子李通与刘縯、刘秀兄弟准备谋反。

可惜，李守的检举信还未到王莽的手中，李通谋反的消息便已经

汉朝其实很有趣

泄漏，南阳老家的李氏家族成员大部分已经被捕。王莽得知李守是李通的父亲，不由分说，立即下令把李守捉拿归案，打入天牢。黄显虽然是朝廷官员，却更是李守的好友，他知晓此番自己若不求情，李守必定难逃杀身之祸。于是，黄显冒着生命危险向王莽进言："李守听说儿子犯下了大逆不道之罪以后，不敢逃亡。他为人一向忠义，知道自己的儿子犯了法，就向朝廷请罪了。所以臣愿意带着李守一起东行，跟他的儿子晓以大义。如果他儿子还是不肯回头，李守就会以死谢罪。"王莽知晓黄显是一个忠义之人，认为他的话应该没有问题，就答应由他带着李守一起去南阳平定叛乱。

恰巧在这个时候，南阳太守甄阜的紧急奏章送到了长安，甄阜在奏章中详细描述了李守的儿子李通参与谋反的细节。王莽看到后大怒，立刻下令斩杀李守。等黄显再去求情，也遭受连带之罪。李黄二人在长安的族人也被全部杀光。

另一边，刘縯一方面大力积蓄力量，另一方面也认识到想造反起义，单单靠春陵宗室子弟以及自己结交的那些宾客、朋友是不够的。造反的力量还是太弱小，难以成大事。于是，他便找上了新市、平林军的绿林首领王匡、陈牧等人，并迅速与之达成起兵协议。

主意已定，刘縯成了起义军首领，让刘秀到宛城与李通、李轶等人联合起来做好起义准备，又叫自己的姐夫邓晨在新野带领家眷前来会合。他还督促李通、李轶等人按照原定计划，于九月立秋日在宛城绑架甄阜、梁丘赐举事。而刘縯自己则率领刘氏宗族子弟在春陵加紧准备物资，等候绿林军前来汇合。

时间一天天过去，就快到了起义时间，宛城方面却杳无音讯，刘秀那边也没有消息。不久，探子回报，李家和黄显家都被王莽灭了族，只有李通、李轶、李松等三人逃走，下落不明，官府正在通缉捉拿他们。刘縯知道，关键时刻来临了。或许此时南阳郡守已经知道了自己意欲举兵的消息，随时可能来捉拿自己。刘縯当机立断，起义照常进行。不久，刘秀等人的回来让刘縯悬着的心放下了一丝。然而，这时族中许多人却不同意起兵，因为他们害怕，起义不成等待他们的是诛灭三族之祸。

其中，刘秀等人最为敬重的刘良也极力反对。刘秀兄弟为了防止他泄密，派人严密看护住他，同时积极筹划，向族人鼓动。终于，经过一番计较，全族人上下一心，决定破釜沉舟，举行起义。在刘縯的带领下，舂陵刘氏子弟，总共七八千人与绿林军首领王匡、陈牧等人汇合。

这年十月，刘縯、刘秀兄弟与李通及其堂弟李轶等人在宛城正式起兵，这年刘秀二十八岁。

揭竿起事夺天下

万事俱备，只欠东风，刘氏一族八千子弟都已经在刘縯、刘秀兄弟处积聚。绿林军首领王匡、陈牧也带人赶到舂陵与他二人汇合。刹那间军威大振，杀气冲天。只是临行之前，却一直不见李通归来。

除此之外，还有一件事情让刘氏兄弟感到不安。起义军队成员龙蛇混杂，特别是王匡、陈牧的绿林军大多是都是土匪山贼出身。刘氏兄弟深知要成大事，就必须严格约束他们，不然迟早会败亡。但事急从权，一时半刻也难以制定有效的策略，只能先起义，再图后事。

每一件大事的完成，都不是表面所看到的那样简单，而一个完备的计划，则能够将事情成功的几率大大提升。刘缤深刻地明白这个道理。在兵力会师之后，他便着手制定了一个先向西夺取西长聚城，再占领棘阳，然后攻击宛城的战略计划。他意图先占据宛城，凭借这个进可攻退可守的有利位置割据一方，然后再传檄天下，号令忠于刘家汉室的天下群英云集麾下，共同讨伐王莽，从而恢复汉室。几大首领知晓这是目前最为稳妥的计划，便欣然同意。

有人说"守业更比创业难"，这句话或许有些道理，但是创业之艰难，也是许多守业之人难以想象的。恰如此时的刘秀兄弟，在上战场之初，虽然变卖了家中所有的财产，却依然十分拮据。后来有人传言，在刘秀上战场之际，竟然没有一匹战马可供刘秀所用。无奈之下，刘秀只得骑着一头水牛冲锋陷阵。这成了后世演义中的一段佳话，人们都说刘秀是"牛背上的开国皇帝"。直到刘秀在战场上斩杀一名新野军士，他才缴获到自己的一匹战马。这或许有夸大的成分，甚至有人不禁要问，绿林军何等气势，哪能不为刘秀配一匹战马呢？殊不知，刘秀此时虽然骁勇，却只是其兄手下默默无闻的一名军士，即使有战马可配，也是配给刘缤的。

幸好起义尚且算得顺利，起义大军很快就攻克西长聚城、唐子乡（即今湖北省枣阳市唐子山下的太平镇），他们杀掉了湖阳县尉，打败了新莽官军。初战告捷之下，起义军声威大振，这让全军的士气大为提升。然而，让刘秀和刘缤兄弟担心的事情还是发生了。起义军刚刚攻克西长聚城，绿林军从将军到寻常兵士就开始大肆抢掠，奸淫烧杀，无恶不作，激起了民间百姓的反对甚至是反抗。而随着起义军攻克了唐子乡，刘氏兄弟的家族部队得到了较多一部分财物，此事让一向嚣张跋扈的绿林军知晓后，刘家部队很快就陷入了危险的境地。说不定绿林军在嫉妒和愤恨财物分配不均的心理中，会做出杀人夺宝的勾当。为了维持起义联盟，刘秀当机立断，将所收缴的财物大部分分给了绿林军，这样才使大祸消弭于无形。

军心一定，士气一涨，刘氏兄弟的野心就逐渐膨胀起来，连着他们的胆子也大了起来。二人与绿林军商议，决定一鼓作气，攻下当时比较大的县城棘阳。整军备战方三日，刘縯便急不可耐地传令部队进攻棘阳。也算起义军的大幸，还没等起义军到城下，新莽朝廷的棘阳县令岑彭见势不妙，弃城带着家眷逃走。起义军兵不血刃就拿下了棘阳。

此时的李通，由于全族都被王莽杀害，自己更是遭到王莽的通缉，只能带着弟兄以及少数宾客逃亡在外，四处躲避。不久，他便听说刘縯率军，一路势如破竹、所向披靡，此刻正欲攻取棘阳。李通欣喜之余，决定率门下投奔刘縯。当他赶到了棘阳城外时，遇到了刘秀的姐夫邓晨率众投奔刘縯。本来李通还准备混进城中，做刘縯军队内应。哪知他到了棘阳发现，城门上早已经改旗异帜，刘縯竟然不费吹灰之力就将棘阳握于掌中。

李通、邓晨来投，虽然没使刘縯起义军实力大增，但这二人本身非比寻常，又是刘縯的亲朋好友，他们的到来不禁让刘氏兄弟高兴不已。此时的起义军可谓是人才济济，刘縯等待多时，终于在这一刻平地而起。他策划已久的计策终于能够得以实行，随即他展开行动准备进攻宛城。刘縯传令部队整军三日，之后再传令部队攻击小长安，即棘阳附近的一个富裕的地方。此刻刘縯已经成竹在胸，只要拿下小长安，就立刻挥师北进，向南阳郡的重镇宛城进攻。由此一来，大事可期。

刘缤此刻俨然已经成了骄兵，骄兵必败。殊不知，一股潜藏的危机正徐徐拉开大网，起义军的未来，祸福难料。

所谓潜藏的危机，主要体现在两个方面。一则是起义军龙蛇混杂，他们没有远大的政治抱负，眼中只有美女、金钱或者食品衣物，因而军纪不正。同时起义军成员都不是行伍出身，大多是刘氏宗亲。即使是山贼出身的绿林军，也没有经过正规的军事训练，哪里见过雄兵百万、战车千乘的阵仗。一到行军布阵之时，其弊端就显露出来。日子一长，如果是一路顺利倒还问题不大，但一旦遇到重大变故，那便是兵败如山、一溃千里。二则是刘缤的军事策略不恰当，他一边四处征战，一边却又拖家带口。而且在其占领的棘阳等地都没有重兵把守，因为刘缤将全部的兵力都抽调出去，以求一鼓作气，收复天下。

在如此疏忽大意、盲目乐观的情况下，刘缤兵锋所向，直指宛城。这日起义军到了小长安，天气昏沉，目力所及只有百步之内。军中将士以为这次还会像上次一样，不战而屈人之兵，夺取小长安。可他们万万没有料到，贪功冒进历来是兵家之大忌。果然，王莽军守将甄阜、梁丘赐早就在小长安准备妥当、以逸待劳，率领正规军给予起义军迎头痛击。

仓促组建的起义军一见无法取胜，随即乱作一团。刘缤眼见大势已去，也难以掌控局势，稳定军心。片刻之间，起义军阵形大乱，士兵们四散奔窜，各自逃命，全军溃败。刘秀、刘缤的亲人们也在军中，这乱了他们的方寸。刘氏兄弟好不容易救出几人，却已有数十人倒在王莽军刀之下，其中包括刘秀的二姐和三个外甥女，二哥刘仲，养父刘良的妻子和两个儿子。经此一役，刘氏子弟元气大伤。

哪知屋漏偏逢连夜雨，刘縯、刘秀二人都没有想到，一旦遇到失败便到了这样一发不可收拾的境地。当他们正准备率残部赶回棘阳之时，官军已经开始大肆攻伐棘阳。幸好棘阳城中，还有一个可堪大用的刘氏子弟刘祉，在他的奋力拼杀下，才得以保全棘阳，留下一个供刘縯起义军安身立命的地方。

刘縯、刘秀收拾残部奔回棘阳之时，正好看到刘祉在守城，这才惊魂稍定。然而此刻的宛城，却实实在在地成为刘氏宗族的修罗炼狱。南阳郡守甄阜，听闻刘氏兄弟率军攻伐宛城，立刻下令将在宛城中搜捕到的春陵刘氏族人全部就地正法。宛城街衢之上，顿时成了刑场，血流成河、尸横遍野。刘祉的母亲、妻子、儿女、弟弟等数十口亲属倒在了甄阜的屠刀之下。春陵宗室的族人数百口也未能幸免于难。刘氏兄弟闻讯，伤痛不已，赶紧收拢残兵败将，闭门自守，再也不轻易出战。经此一役，他们终于明白，要成大事，虽不必有超世之才，却必要有坚韧不拔之志。刘氏兄弟此刻才真正成长起来，具备了问鼎天下的基本素质。

帝位花落谁家

在对王莽军队取得大胜之后，刘縯又在清阳打败了王莽的纳言将军严尤、秩宗将军陈茂，进军包围了宛城。无论是声威气势还是实力，起义军都达到了起兵以来的顶峰。然而，随着占领的地方越来越多，起义军的士兵数量越来越多，各路义军首领都生出了更大的私心，因此，推举出一个足以服众的领袖来统一领导他们，才能够维持联军的稳定团结。

于是，建立新政权、拥立新皇帝成了他们眼下的目标。

政权好设立，关键是这个领头人难以选择，众人各怀心思，当然谁也不服谁。而从客观角度来说，刘缤是最为适合的。在血统上，他是刘氏皇族后裔；在战功上，他首次率领义军举兵，连克数个郡县，多次打胜仗，让王莽军损失惨重，使得敌军只要一听说刘缤要来，就四处奔逃；而论才德，刘缤治军严谨，手下将士每过一地，对当地人民的财物粮食秋毫无犯，可谓甚得民心军心。然而，正是因为刘缤如此优秀，才更让王凤等人心中担心，起兵以来，他们一路烧杀抢掠，无恶不作，好不快活。如果让他当了领袖，众人就没有指望有出头之日了。

他们仔细思量，看中了一个懦弱无能、贪杯好色的刘氏子弟，那就是刘玄。刘玄的曾祖刘熊渠是春陵节侯刘买的嫡子，刘缤的曾祖刘外是刘买的庶子。论血统，刘玄的身份最尊贵。但说起来，这刘玄并不是刘缤、刘秀这一支人马，更不是南阳刘氏一族的支系，何以能够被王凤等人选中，做这个傀儡首领呢？

刘玄只能算是刘秀的族兄，和刘秀兄弟一样，都是没落的皇族子弟。这次并不是和刘秀、刘缤兄弟一样，主动起兵到此，而是出于无奈。当时刘玄在家乡春陵，只是一个安分守己的平头老百姓，怎料其弟弟竟然在一次乱事中被人杀害，基于自己力量有限，刘玄便努力结交江湖豪侠，希望他们能够帮助自己报仇雪恨。哪知这群人不但没有达成自己的愿望，还为自己惹出了祸端。一日，他正和这群人在家饮酒作乐，忽然一个官府差役来此巡查。当时王莽新政，有令不允许百姓私自结交江湖人士的，刘玄一介百姓，他们几个都是附近有名的人，如果被衙役发现，定然会被问罪。刘玄担心之下，灵机一动，何不邀官差前来共饮一杯，或许他高兴之余，就将自己放过。哪知这几位江湖豪侠不屑刘玄的作为，见官差前来，竟然出言戏弄，官差一怒之下，将刘玄门下数人全部带走关进大牢。刘玄眼看自己若是不跑，必定会受到连坐之罪，就连夜跑了出去。

官府第二天前来问罪，竟然不见刘玄在家，所谓"子不教父之过"，官差直接将刘玄的父亲刘子张带去顶罪。幸好刘玄机警，他让人给家里买了一副棺材，诈死骗过了官差，他父亲也就幸免于难。此后刘玄有家难归，只能四处流浪，恰好碰见平林人陈牧、廖湛，聚集上千流民，号称"平林兵"，响应王匡、王凤。他就索性投了他们。留在乱军之中做了安集掾，负责征兵事宜。

他没有料到，好运很快就降临到他的身上。他一到王凤军中，便被重点看护，视为宝贝。等到了改朝立君的时刻，王凤等人竟然告诉他，由于他地位尊崇、身份高贵，那个新君竟然是他。一时之间，刘玄自然是喜不自胜，暗想莫非是祖上坟头冒青烟，自己寸功未见，才疏学浅，在毫无预料的情况下，竟然就要坐上天下英雄人人梦寐以求的位子。

他哪里知道，王凤等人只不过当他是一枚可供利用的棋子。用起来容易，抛弃就更加容易。

刘缤知晓绿林军各位将领心中已有决意，但他还是比较委婉地说出了自己反对立刘玄为帝的看法，他认为，现在青州、徐州一带赤眉军实力大涨，人数达到十余万。如果他们听说南阳立刘氏宗亲为新天子，怕也会另立新君。如今王莽还没有被消灭，各路义军却再起纷争，宗室之间彼此攻伐，会使天下人疑惑而自相残杀，这不是一条消灭王莽、复兴汉室的正确道路。观察先人，可以发现如陈胜吴广、项羽等先起兵称帝的人，最终一定不能夺取天下。因而这立国立君之举，实在是糊涂之至。只有先尊崇一个德才兼备的人为诸侯王，才能够一方面避免几股义军之间大战，另一方面也起到联络各方，众志成城的作用。

这话乍看之下，还真有道理，其实刘縯也明白，眼下要他们立自己为天子，实在是比登天还难。既然自己做不了，那么别人也休想占先。

众人虽然作战骁勇，却胸无点墨，经过刘縯这么一说，一个个都觉得很有道理，可惜"半路杀出个程咬金"，张卬这个火暴性子直接拔出宝剑，大声喝道："疑事无功。今日之议，不得有二。"诸将闻言，立刻醒悟到这是刘縯的缓兵之计。于是，众人纷纷附会，支持立刘玄为帝。刘縯见此，知道已经无可挽回，何不就坡下驴，免得大家将矛盾搬到明面上来。

二月辛巳日，拥立刘玄为圣公天子，刘玄一称帝，便急忙学前朝皇帝，为各位功臣封侯拜将。其中，任命刘縯为大司徒，加封汉信侯；刘秀为太常偏将军，袭封春陵侯；德高望重的同族叔父，即刘縯、刘秀最尊敬的刘良为国三老，王匡为定国上公，王凤为成国上公，朱鲔为大司马，陈牧为大司空。起义军还没有一统江山，就开始明争暗斗，争权夺利，实在不是什么好事情。

但以刘縯的这个大司徒而论，虽然按照当时的官职而言，位居人臣，职同丞相，三公之中，却不过是一个虚职。军权财权可都是掌握在大司空和大司马的手中。刘秀的偏将军一职，更是不值一提，只不过是一个中级军官。绿林系的王凤、王匡等人在此时就开始严明地控制刘縯的权力，一方面因为担心他才德兼备，有朝一日会凌驾于众人之上，不如刘玄好掌控。另一方面则是因为刘縯一开始就不懂得韬光养晦，反而处处锋芒毕露，自然惹得别人妒忌。

三月，刘秀、刘縯和另外众将去攻取昆阳、定陵、郾。由于黄淳水一战使得起义军声威大振，这些地方几乎没有多少抵抗就被起义军攻克。刘氏兄弟也在此期间，得到了许多牛、马、财物，还得到了数十万斛的粮食，刘秀深谙"卿本无罪、怀璧其罪"的道理，为了不引起别人的嫉妒和猜疑，刘秀毫不犹豫地将这些物品转运给围攻宛城的军队。

此刻，王莽得知甄阜、梁丘赐已经被杀，刘玄已经即位的消息，心中大为恐惧，于是派遣大司徒王寻、大司空王邑率兵马百万，其中身着镜甲的士兵四十二万人，于五月到达颍川，重新与严尤、陈茂会合。当初，刘秀曾经为春陵侯家中拖欠佃租的事情前去找严尤诉讼，严尤见了刘秀就很惊奇。到这时，宛城已经被刘縯团团围住，从城中跑出去投降严尤的人告诉他说刘縯的军队不掠取财物、不伤害无辜，只知道操练军队和筹划方略计策。严尤听了之后笑着说："是那个美须浓眉的人吧？怎么竟然达到了这个境界！"如此可见，此时的刘縯和刘秀二人，忠义之名已经名扬海内，获得了众多的人心。

王莽为了能够打胜这场战争，急忙征选国内通晓兵法的六十三家数百余人，都委派为军吏；挑选和训练兵卫，招募勇猛武士，军队的旌旗辎重，千里不绝。据传，当时有个自称巨无霸的巨人，身高一丈，腰圆十围，被委派为守卫营垒的官职。《汉书》中记载说，这个巨人"軺车不能载，三马不能胜，卧则枕鼓，以铁箸食"。意思就是说，这个人的身躯非常庞大，身体异常沉重。用两匹马骖乘的轻便马车都拉不动，三匹马也载不动他。睡觉的时候需要用战鼓做枕头，吃饭的时候要用特制的铁筷子才能够进食。

自从秦朝、汉朝以来出师的盛况，从来没有像这样威武雄壮的。王莽为了彻底剿灭乱军，这一次可说是赌上了自己的身家性命。

大风起兮云飞扬，决定江山是姓刘还是姓王的关键一战，正缓缓拉开帷幕。

血战昆阳

昆阳即今天河南省叶县，是当时阳郡的一个小城。此时的刘缤，则在加紧攻取宛城。在此之前，刘氏兄弟和绿林军众头领就制定了作战计划，这首要的一步，就是攻取宛城。依靠其坚固，退可守、进可攻。继而号令天下，江山一统。自五月以来，刘缤就率领数万军队日夜对宛城进行强攻，可是由于事前宛城将士一直负隅顽抗，使得城墙外敌我士兵的尸体堆积如山，却还是没能攻克它。双方都得知王莽军队即将来此增援，此消彼长之下，刘缤所部士气大挫，反之宛城守军则表现得更为英勇。

前有十丈坚城，后有百万敌军，腹背受敌的刘缤起义军，此刻在心理上承受着巨大的压力。为今之计，只有一途可以拯救岌岌可危的刘缤，那就是扼守昆阳，缠住王莽大军主力，为汉军主力夺取宛城争取时间。只要起义军能够夺下宛城，就能凭借坚固城池，和王莽一争雌雄。

而此刻，昆阳城只有区区九千人马，面对号称百万大军的王莽，又能够支撑多久呢？自古狭路相逢勇者胜，刘缤此刻也顾不得许多了。他只能孤注一掷，全力进攻宛城，务必要在昆阳城破之前，拿下宛城。

五月中旬，王寻、王邑率领大军到达颍川郡的郡治阳翟，距离昆阳仅有一百多里路程。不久，王寻、王邑便与新莽守将严尤、陈茂会合。在新莽诸将之中，严尤是一个具有远见卓识的将领。他观察了战场局势，向主将之一的大司空王邑建议说："昆阳城小而坚，今假号者在宛，亟进大兵，彼必奔走。宛败，昆阳自服。"他献计让王邑将主要兵力集中以攻打宛城的刘縯军队，这样就可以造成前后合围之势。严尤此计可谓釜底抽薪的绝招，再辅以王邑数十万军队，几乎就是必胜之局。只可惜，王邑一介莽夫，而且心胸狭窄，目光短浅，听严尤计策，不止不应允，还信誓旦旦地说道："前年，我以虎牙将军的身份奉命讨伐翟义，将其杀死，而且平定了叛乱。然而，由于没有活捉翟义，便使得我被圣上严词责问，差点被治罪。现在我带领着如此雄壮的大军进攻昆阳这么一个小城，如果都不能攻克，我何以向圣上解释呢？"

随即，王邑下令前锋部队全力进攻昆阳。

此刻，戍守昆阳城的刘秀为了有限拦截王莽军队，从城中抽调数千兵力前去城外一出关口阻击他们，城中将领对其不全力守卫昆阳，而去数十里外的关口堵截的做法很不理解。刘秀向其中的一些将领解释道，王莽的部队只有先锋到了昆阳城下，如果我军固守昆阳，那么他们很快就会对昆阳造成合围之势，而且也会知晓城中的兵力有多少，那样昆阳就危险了。如果我军能够在半路上拦住他，不仅能够有效地延缓他进攻昆阳的步伐，也能够让他摸不清我们具体的兵力有多少。而且此也是一个易守难攻的地方，并能作为城中军队的前哨，形成内外呼应之势，于我军有很大的优势。众将领闻言，深感有理，遂决定采取刘秀这一条妙计。

当王寻大兵压境、旌旗漫天之时，昆阳城外众将一个个恐惧不已，他们见王寻、王邑的兵力强大，还未交锋便掉头逃跑。奔回昆阳的将士内心更是惶恐不安地惦念着妻室家小，打算分散返回各自的城邑。

刘秀见此情况，知晓如果任凭它发展下去，那自己的这支起义军就会不攻自破，不仅会守不住阳关，丢了昆阳，更会连累进攻宛城的兄弟军队全军覆没，于是急忙提议说："现在我们的兵马粮草已经很少，而外敌强大，如今合则赢，不合则败。只要我们能团结起来守住昆阳，就能等到援军，否则所有人都是死路一条。现在如果不同心同德共谋大事，命都保不住，更何况是妻儿和财产？"众将闻言，无不大怒，其中一人语气严厉地说道："刘将军怎么敢这样说话？这不是陷我于不仁不义的境地吗？"刘秀知晓他们其实已经被自己的言语打动，于是，笑着站起，从容不迫地让大家少安毋躁。

恰巧这时派出的侦察骑兵返回，告知刘秀敌兵大队人马已到城北。众将急忙问刘秀怎么办。刘秀毫不惊慌，而是为大家铺展开一幅幅关于成败的预测图景。大家也拿不定主意，只好跟着附和了两句。

前面就提到，这时的昆阳城中仅仅只有军队八九千人，刘秀害怕守不住城池，误了全军大计，于是派遣成国上公王凤、廷尉大将军王常留守城中，自己与骠骑大将军宗佻、五威将军李轶等十三人骑马趁着晚上冲出昆阳城南门，到外面去调集兵力。

当时王莽的先锋军队到达城下的有近十万人，与刘秀军队相比，昆阳城中守军的十倍之多，刘秀虽然作战骁勇，却很难冲出敌人固若金汤的包围圈。因此，只能采取"明修栈道、暗度陈仓"之计。用城中军队在城上擂动军鼓，让敌人误以为城中守军会出城接受挑战。自己十三人自从小路中逃出生天。

十三人每次遇见敌人，都只会躲避而不会交战，可谓谨慎小心之至，所以这一路也还比较顺利。到了郾、定陵之后，刘秀调拨各营全部兵力前去援助昆阳，但是众将却贪惜财物，打算分出部分兵力留守。如此目光短浅，怎么能够成就大事，这对任何一个有点见识的人而言，都是难以忍受的。

刘秀果然非比寻常，他不但没有半分生气，还劝慰大家不要为了一点小财就失了本性，人生中的大财还有很多，以后大业办成，少不了金银财宝。众人见他如此一说，心中羞愧难当，亦对刘秀的见识十分佩服，于是一一整装待发，听从刘秀的指挥。

王邑一心要攻克昆阳，谋士严尤为了能够让王邑改变策略，先去围攻正在攻打宛城的刘縯军队。可严尤几次三番不惜性命向王邑进言，都没有结果，王邑知晓严尤在军中很有德威，因此自己也不能责罚于他。严尤之言，不但没有收到自己预料的结果，反而更加坚定了王邑攻取昆阳的决心。

为了尽快攻下昆阳，王邑派兵将昆阳城重重包围，升起云车从上面俯视昆阳城中，其部队更是旌旗布满原野，钟鼓之声传出数百里以外。一时间，昆阳城外杀声震天。

眼见昆阳城就要守不住了，王凤等人知道一旦城破，必定是鸡犬不留的结局。为求自保，王凤只能试图向王寻乞降，哪知王寻、王邑二人心中早就有了计划，心想这昆阳城眼看已经成了自己的囊中之物。如果是依靠敌人投降才攻下昆阳的话，一者不能泄久攻不下之愤，二者则是不能显示自己军士的雄壮威武，大大地失了自己的面子。因而，对于王凤的乞降，王邑、王寻不过是一笑置之，并让使者带回去一句话，让王凤洗净了脖子等着大军来砍杀。

严尤闻讯，急忙赶到中军大帐，想要阻止王邑的做法，哪知等他到了王邑大帐所在，使者早就被轰走了。只能看到王寻、王邑以为胜利就在顷刻之间，得意扬扬、不可一世的样子。

这年六月己卯日，刘秀便和召集来的队伍一起向前方推进，他率领一千多步兵和骑兵进军到距离王莽的军队有四五里的地方扎营列阵。王寻、王邑也派出数千人马迎战。

为了鼓舞士气，刘秀率一个小分队冲入敌军杀了一个回合，剿灭敌人数十余。众将眼见刘秀如此英勇，王莽军队却如此不堪一击，不禁又惊又喜。刘秀知道众将军看见自己作战骁勇，兵锋所向如入无人之境，必会前来助战，遂率领军队向前，不顾一切地奋力冲杀，王寻、王邑的军队向后退去，各部人马一齐乘胜追击，斩下成百上千敌人的首级。

刘秀乘胜追击，连连取得胜利，于是军队向前推进，而敌人则不断后退。所谓"兵败如山倒"，大概就是眼前的这个样子。

这时刘缜攻占宛城已经三天了，而刘秀一心与敌人交战，对这一鼓舞人心的消息还不知道。为了尽快取得战争的胜利，刘秀便想出了一条攻心之计。他让人装扮成刘缜的人，从宛城方向来到昆阳，报信说"宛城之下，城门已破。敌军溃败之下，或降或逃，此番大胜，军威大振，不日援兵必到"，又让送信的人故意把信失落了。

王寻、王邑得到了信，知道了这个消息，心中很不高兴，特别是现在义军众将已经取得了多次胜利，胆量更加壮大，无不以一当十。如此下去，自己一方虽然有百万大军，却难以经得起消磨，最终士气一堕，大军虽然人数众多，却都会变成一只只待宰的绵羊。

刘秀将信传到王邑之处，见他们寨门紧闭，高挂免战牌，就知道此番自己的计策已经取得了成功。遂他率领三千不怕死的勇士，从城西渡水冲击敌军最精锐的中坚，王寻、王邑的军阵一见敌人如此英勇，心中胆怯，马上就开始混乱起来。刘秀乘着锐气不可挡之势，率军队摧毁了敌阵，从而杀死了王寻。

城中的义军也击鼓呼喊，一时间呼声震天动地，王莽的军队大败，纷纷逃跑。就在这时，天空电闪雷鸣，大雨倾盆而下，滍川河水大泛滥，战败的王莽部队抢着渡河，结果不少人被挤进了河里，淹死的人数以万计，尸首堆积在河中几乎堵塞了河流。王邑、严尤、陈茂等王莽军大将眼见大势已去、无力回天，只能轻装骑马踏着死尸渡水逃走。

战罢，刘秀缴获了王莽军队的全部粮草和辎重，车辆盔甲和珍宝，多得数不清，一些消化不了的物资只好放火烧掉，以防被别人利用。

昆阳之战后，新莽王朝的主力精锐部队几乎被全部歼灭。至此，新莽王朝犹如冢中枯骨，日薄西山，其覆灭已成定局。

王莽的穷途末路

地皇四年（23年），以刘玄为首的起义军攻陷固若金汤的常安（新王朝把长安改称常安）。王莽在混乱中被杀。

时间倒退到更始政权攻克常安之前，更始元年六月底，昆阳之战刚刚结束，战报就传到了王莽政权的京师重地常安。王莽得晓前方战报，大惊失色，换了任何一个人也难以相信，百万大军竟然如此不堪一击。他不知晓，眼下军事上的极度失败之后，他如何才能够维持这样一个庞大的帝国。就连曾经支持他的常安三辅之地的官员，此刻也是心中惶恐，整日惴惴不安。因为他们知晓，经过此次大败，王莽再也没有军队可供调用，整个新政权表面看起来正在耀武扬威，其实不过是外强中干，风雨飘摇，岌岌可危。

在昆阳大败之后，各地也纷纷响应，各州郡县刺史、太守等职要么被杀、要么投降、要么自立，并恢复新政以前的一系列旧制。旬月之间，起义之兵，遍布天下；反抗之火，燃于九州。当此之时，天下纷纷谣传，说大新朝即将覆灭，刘氏受命于天，即将重新夺取天下，取代王氏政权。由此而使得双方士气此消彼长，王莽大军更加如山倾一般崩垮。

流言止于智者，王莽见此，便欲充当一回智者。灵机一动之下，他在上朝之时，当着群臣的面，打开当年汉平帝患病之时的"金滕之策"，泪流满面，还让张邯宣传他的德行与符命之事。

树倒猢狲散，自昆阳大败开始，王氏政权内部就已经逐渐分化，各个豪强为了给自己找个出路，可谓费尽思量、想尽办法。就在这年，卫将军王涉、大司马董忠与国师公刘歆眼见大新王朝大厦将倾，只能密谋出路，悍然决定劫持王莽去向更始皇帝投降。为了增加这次变乱成功的可能性，董忠又与握有兵权的孙伋密谋。这孙伋是一个优柔寡断的人，他一归家，就将董忠找他的事情写在脸上，吃不下饭，妻子陈氏看他郁郁寡欢的样子，急忙关切地向他问道，是不是出了什么事情，董忠见陈氏不是什么外人，便向其妻陈氏吐露了真情，陈氏闻言心中大为震惊，便向孙伋建议此事还需要从长计议，孙伋深以为然。

随即，孙伋就让陈氏告知其弟陈邯让他和自己一同商议。陈邯知晓，他们这些人能取得如此地位，全是王莽所赐，董忠一介匹夫，不足以成大事，一个不小心，说不定还会惹下杀身灭族之祸。遂决定一边先稳住董忠，另一边则积极筹划，让王莽防患于未然。如此，不仅可以保全性命和家族，还可以借此得到王莽更大的信任和赏识。

七月，孙伋与陈邯跑去向王莽告密。王莽闻讯大惊失色，立刻命人将董忠等人逮捕归案。不久，董忠遇害，刘歆、王涉也都自杀了。

叛乱虽然被王莽镇压下去，但是并没有就此改善不断恶化的形势，董忠一事不过是王莽新朝暴风雨的前奏，冰山一角罢了。从这时候开始，王莽已经难以控制局势了。

自昆阳一战之后，天下震动，王氏不断衰微，所谓兵败如山倒，王莽新朝军队的精锐在这一战之中几乎全军覆没，只留下王邑与严尤、陈茂等人星夜逃回洛阳重镇。在内忧外患之中，原汉宗室钟武侯刘望在汝南造反，并且从昆阳一战之中败逃的严尤、陈茂也献降于他。刘望不久就自立为帝。洛阳一郡，目前已经无大将守卫，空虚之至。王邑升任大司马，只有将军哀章留守洛阳。为了加强防御，控制中原，维持现有的局面，王莽急忙派太师王匡、国将哀章两人共同镇守洛阳。

无独有偶，就在洛阳危机，刘望自立之时，析城邓晔、于匡在南阳起兵，率众攻击新莽守将，即武关都尉朱萌，大军长驱直入，很快就杀向朱萌，此时的刘玄在经历昆阳大胜，刘縯被杀的事情之后，雄心大起，一时之间生出了虎踞中原、鲸吞天下之意，而这夺取天下最为关键的一步，就是攻取洛阳、占据常安。

商议之下，刘玄决定派定国上公王匡率军北上，攻取洛阳。又令西屏大将军申屠建、丞相司直李松直取武关。汉军经过昆阳一战，早已经成为闻名天下的虎狼之师，天下豪杰莫不闻之色变。

关中听到刘玄攻来的消息，京兆府、左冯翊、右扶风等均胆战心惊。本来天下烽火四起就让他们担心这个新政权的长久性，如此一来，人人都觉得失望透顶，又各自危险。

武关的朱萌见自己腹背受敌，只好率守军投降。而邓晔和于匡的军队击败右队大夫宋纲，将之擒杀，随即挥师西进，攻克了湖县。

邓晔一心投效汉军，因而在兵不血刃就获取武关之后，急忙下令打开武关城门，迎接汉军入城。此后，邓晔为了彻底断绝王莽军队的粮草来源，飞马传信与李松，让实力较大的李松来此和他一起北上立此大功，于是李松率领三千余人赶到湖县，与邓晔的军队会合，三军未及休整，便穿越秦岭北上，共同攻击渭河口的京师仓库。可惜遇到新莽守军顽强守御，一时之间，未能攻下。邓晔当机立断，认为苦等在此，不是明智之举，反而会浪费大量时间，于是决定绕道北上。二人商议，李松派偏将军韩臣等人一直往西攻击，韩臣出秦岭之后，在新丰一带击败新莽政权波水将军所属部队，一路狂追，奔至长门宫。邓晔则命令弘农掾王宪为校尉，率领数百人渡渭水，进入左冯翊（今陕西大荔县）境内。王宪迅速率部北上，星夜赶到频阳，所过之处，各地纷纷开门迎降，王宪之名，声震关中。

关中各县的首领眼见王宪军队一路所向披靡，都起兵自称汉朝将军，也纷纷率领自己的部队跟着王宪攻击新莽军队。而李松、邓晔也带着大部队到了华阴（今陕西华阴市），对王莽政权首府常安的四面合围之势正式形成，王莽政权岌岌可危，覆灭之日就在眼前。

当然，王莽也知道自己已经是穷途末路了，只是他一时之间颇不甘心，还想做困兽之斗，他效仿秦二世对付陈胜、吴广的办法，将京师所有的囚徒集中起来，抗击四面来军，可惜大军一出城，其中的囚徒就四散而逃，王莽的计划再一次成为梦幻泡影。

无计可施之下，王莽整日长吁短叹，在崔发的建议下，他决定和古时候一样，哭泣哀告上天，请求救援。在王莽的带领下，群臣百官个个失声痛哭，京师之中，只要愿意来哭的，都奖赏官职，不久，有五千人被授予了郎这个官职。如此幼稚之举，不免贻笑天下。

不过，王莽也没有就此放弃，他仍在积极地筹备军事上的进攻，并在军中挑选了九个猛虎将军，希望他们能够力挽狂澜，扶持新朝，迎击汉军。然而他在重用这几个人之时，却也防着他们，只给予他们四千钱，相比于京师重地数以百万计的钱财，这点实在是微不足道。碍于自己的家人还在王莽的手中，九个猛虎将军只能被迫前去华阴回溪。在邓晔和于匡的强大攻势下，他们虽然凭借着高山险隘死守，却由于士气受挫而不能持久，不久，便大败四散。其中两虎回去被逼自杀，三虎退守渭河口京师仓库，剩下四虎则四散奔逃、无影无踪了。

这年九月一日，汉军决定为总攻京师常安的最后时刻，王莽新军虽然顽强，却难以阻挡势如猛虎的汉军。不久，常安城门告破，汉军如同山洪猛兽般，从宣平门蜂拥而入。张邯最先率军杀入，绿林到处，寸草不生；马刀落地，人头不保。刹那间，京师常安化作一片炼狱，血流成河，尸积如山。此时新莽守军之中，尚有王邑、王林、王巡等人在与汉军激战，他们紧紧地守着皇宫北门，持续一天的血战，双方都伤亡惨重，常安城也化作一片火海。

在这场攻城战中，王莽的女儿，自小被嫁给汉平帝的新莽公主自感无颜面对刘氏宗族，一时百感交集，郁愤难当，遂投火而死。

顾不得为失去女儿而伤心，王莽急忙躲入宣室前殿躲避大火，全身着红黑色戎装，手持传说自虞帝时代传下来的匕首，怀抱其护身符"威斗"，即一个用黄铜掺入五色石所铸、状若北斗、长二尺五寸的铜勺。"威斗"铸造于始建国四年（12年），模仿北斗的形状而造，王莽坚信，"威斗"为神物，可以击退叛军，保住自己的皇位。同时他命人布置七星图，自己坐在北斗的斗柄位置，妄想依靠巫术稳住江山。

九月三日凌晨，全城被绿林汉军攻克，王邑父子赶到渐台，用弓箭抵挡汉军的最后攻势，不久便弹尽粮绝，王邑父子、王巡等人也相继战死。眼看大势已去，王莽带着几个仅存的追随者躲藏到渐台内室。这日午时三刻，绿林汉军终于杀入内室，将王莽身边的王公大臣杀得片甲不留，人人争先恐后地杀向王莽。商人杜吴抢先杀了王莽，校尉东海人公宾就砍下了王莽的脑袋。众人将王莽的尸体肢解，砍得乱七八糟。

自王莽政权倒台之后，刘玄所部义军如日中天，一路顺风顺水。十月，原来叛变王莽的刘望被更始政权奋威大将军刘信斩杀，严尤、陈茂等新朝旧臣都被杀死，更始政权趁势夺取汝南郡各县。当时在长江流域有一股由流民组织起来的十几万人的军队，四处攻城略地，李宪遂奉王莽命令前去绞杀，不久，流民军队由于缺乏有效的领导和必要的章程，被李宪击打得溃不成军，李宪听闻王莽身死，考量之下，自立为淮南王。自此，王莽持续十六年的新朝彻底败亡。

刘秀登基定天下

自古，每一个皇帝都要将自己打造成顺天应命的形象，是为"真命天子"。而拥立天子最为核心的舆论力量，就掌握在士人的手中。可见士人自汉武帝以来，其口中笔下的力量是何等巨大，他们如民心一般，可以让一个帝国崛起，亦可以让一个帝国败亡，因此，为了封住天下悠悠众口，刘秀登基还需要一个名正言顺的理由。

恰好此时，有个叫强华的儒生从长安飞马赶来，强华此行只有一个目的，就是向刘秀献上一封谶符。强华是何许人也，他正是当年刘秀在长安求学之时的同窗，只是二人志趣不同，所以关系并不是很密切。如今刘秀之名声如日中天，威加海内、声震寰宇，昔日同窗自然会来寻一个好处。当然，从来没有无付出便得收获的道理，强华正是看中了刘秀目前急切需要一个晋升帝位的理由，便飞马前来，为刘秀献了一个名叫《赤伏符》的谶符。谶符上说道："刘秀发兵捕不道，卯金修德为天子。四夷云集龙斗野，四七之际火为主。"

这句话云山雾罩的，但它的意思只有一个，那就是刘秀此刻登基，即是顺天应命、名正言顺。冯异闻听此谶符，自然喜出望外，继而借助它写下祝祭之文。

于是，在几番假意推辞之后，刘秀顺势登上了他梦寐以求的皇帝宝座，更始三年（25年）六月二十二日，冯异作为司仪，主持刘秀的登基大典，期间，刘秀带领诸将祝祭天地神祇，同时当众宣读祝文。自此，刘秀宣布改元为建武，并大赦天下。此外，刘秀还下诏将鄗城改名为高邑，作为自己的龙兴之地。

自刘秀起兵以来，历时久远，其麾下也逐渐聚集了一大批能人猛士。他们拥立刘秀为皇帝，自然也是想他登基之后，得以分一杯羹。最终，这些人得偿所愿，封侯拜将，得享尊荣。

无论如何，四分五裂、战火连年的古老中国，在刘秀率领众豪杰十四年的不懈努力下，终于再次归于一统，这是刘秀最值得肯定的地方，他也因此成了全中国真正的主宰，开始了延绵二百多年的东汉皇朝的统治。

偃武修文黄老学，励精图治造盛世

自刘缤、刘秀兄弟起兵以来，天下诸侯并起，刘秀最终能够脱颖而出，实在是侥天之大幸。当时天下的诸侯势力多达十四家，所以很多人在评价光武中兴之时都认为，刘秀创业的艰难要比当年汉高祖斩白蛇起义苦难得多。

最终刘秀成功地成为掌握天下神器的九五至尊，开始了他一系列改造这个千疮百孔的帝国的计划。总的来说，他的这些措施都是积极可取的，自新莽大乱开始，持续了二十余年的战争，百姓生灵涂炭，四海之内哀鸿遍野。为了使饱经战乱的中原之地尽快恢复和发展，刘秀与民休息，不轻言战事，在建武六年（30年），还下诏恢复西汉前期三十税一的赋制。

与此同时，刘秀连续下达了六道释放奴婢的命令，使得战乱之后大量土地荒芜而人口又不足的问题得到了解决，也使得自西汉末年以来大量失去土地的农民沦为奴婢的问题得到了极大的改善。除此以外，刘秀还大力裁撤官吏，合并郡县。极大地减轻了人民的负担。不久，中原大地便重新焕发生机，帝国在刘秀的治理之下，人民的生活水平蒸蒸日上。

新旧交替，改变的不只是平民百姓，就连那些曾经显赫一方的王侯将相也已经山河换色。新莽政权所封的人可以不管，但刘秀为西汉皇族后裔，秉持重兴汉室的旗帜，自然要面临如何处理前朝汉室后裔封地的问题。最终，刘秀决意寻找西汉王朝的后裔，为其封王封侯，只是战乱之下，岂有完卵？大部分旧王侯如石沉大海，刘秀只能为刘氏宗亲和汉室功臣封侯拜将。

光武帝刘秀鉴于西汉前期三公权重、权柄下移的状况，虽设三公之位，却把一切行政大权归之于设在朝中由皇帝直接指挥的尚书台。同时，他还以优待功臣贵戚为名，赐以爵位田宅、高官厚禄，而摘除其军政大权。其实质是将权力集中到自己的手中。为了进一步加强中央集权，在对诸侯王的问题上，光武帝刘秀亦做出了一系列出于巩固权柄的动作。

在西汉，历代皇帝的儿子除太子外，都会被封为王，并有自己的封地。例如早在平帝元始五年（5年），就有二十三个这样的王国存在。为了获取旧贵族王侯对于其政治军事的支持，光武帝刘秀最初恢复了许多旧王国，并为自己的亲族另设七个新王国。到了建武十一年（35年），有三个王国的国王死去，其国名便被废除。随着内战的结束，光武帝刘秀终于可以不用前皇室的支持进行统治，次年，刘秀便废除了所有的国，并把它们的王降为侯。这之中，有三个例外：其一自然是刘秀的养父刘良，此外便是刘秀已故的大哥刘縯的两个儿子，即刘章和刘兴。

在解决封国问题的同时，刘秀也着手处理豪强势大的威胁，到了建武十五年（39年），天下豪强土地兼并的问题日渐严重，威胁皇权的稳固和百姓的安居乐业。这一年，光武帝刘秀下令，要求各郡县丈量土地，核实户口，作为纠正垦田、人口和赋税的根据。

这极大地损害了四方豪强的既得利益，一剂猛药下去，各地豪强纷纷表示反对。刘秀遂决定"杀鸡儆猴"。下令将度田不实的河南尹张伋及其他诸郡太守十余人处死，并表示要严厉追查下去。各地豪强大姓纷纷担心刘秀会对自己动手，于是，他们决定先下手为强，采取各种措施进行反抗，某些地区甚至爆发了武装叛乱。其中以青、徐、幽、冀四州最严重。

刘秀见此，知道自己触动了天下豪强的切身利益，为了继续维护自己的统治，他不得已做出让步，此事只有不了了之了。但是，度田各项政策措施，都不同程度地在各地有所实行，为恢复发展社会生产创造了有利的条件，使得垦田和人口都有大幅度的增加，从而奠定了东汉前期八十年间国家强盛的物质基础。

为了进一步改善民生，提高政府的效率，警惕地方势力的发展壮大，刘秀于建武六年（30年）下诏令司隶州牧各实所部，省减吏员，县国不足置长吏可合并者，上大司徒、大司空二府。经过一番革旧翻新，地方官吏缩减至十分之一。在取得政府改革的成功的同时，光武帝刘秀还双管齐下，下诏废除西汉时的地方兵制，撤销内地各郡的地方兵，裁撤郡都尉之职。除此之外，刘秀还取消了都试，即郡内每年征兵训练时的测试。地方的防务则改由招募而来的专门的军队担任。自此，刘秀相信，天下只要按他描绘的蓝图和既定的国策继续下去，刘氏一族定然能够千秋万世、一统天下。

建武中元二年（57年）二月戊戌日，刘秀在南宫前殿逝世，享年六十二岁。

汉明帝初露锋芒

征讨途中，中军帐前。

眼看到万千兵勇，军威凌厉如一柄锐利的尖刀；耳听到百里疆场，马嘶鼓震，惊得这如画江山乍起乍沉。众将士得主帅令，可在大军开拔之前仰天呐喊三声，一者是为龙子降世，二者则为阳丽华平安，三者则为君臣同庆，四者可为鼓舞士气。这位龙子就是日后的汉明帝刘庄。

当此之时，正是建武四年（28年），刘秀携王霸之师，征讨彭宠，大有席卷天下，包举宇内的气概。阴丽华是唯一随军远征的贵人。阴丽华为何许人也？何以能有幸得刘秀如此宠信，随大军东征西讨？

"仕宦当作执金吾，娶妻当得阴丽华。"这句话出自刘秀。那时的刘秀还是一介没落皇族，后来他如愿娶得阴丽华为结发妻子，甚为宠爱。最终阴丽华被封为皇后，成为一段佳话。

斗转星移，牵扯日升月落；朝花夕拾，演变生生不息。弹指之间，天下已定。洛阳城中，一片歌舞升平、繁华鼎盛。可此时的长乐宫中，却是一派肃杀气象。光武帝刘秀巍然立于朝堂之上，座下群臣战栗，脸色变换，唯恐一个不慎，无功不说，反误了身家性命。

历代开国皇帝多是精力过人之辈，刘秀也是如此，他对上交的各类文书无不逐一仔细查看。前些日子，刘秀下令"度田"，所谓"度田"，就是诏令天下州郡清查田亩及户口，这是战火之后新政府的必然举措，也是增加赋税的手段。这批吏牍即是各地"度田"后呈上来的报告。当他翻阅陈留县的吏牍时，这样一句话映入他的眼帘："颖川、弘农可问，河南、南阳不可问。"刘秀有些莫名其妙，但并没有马上表露出来，而是下议于百官。庙堂之高虽可接九天之上，但未必代代皆有经世致用之才，因而刘秀之疑问，亦是百官之疑惑。半晌过后，群臣无一人可说上一二，刘秀转眼望向其子刘庄。一时之间，大家的目光也都集中到了刘庄身上。

刘庄却不慌不忙，一副胸有成竹之相。他拜过刘秀之后，缓缓说道："河南是首都所在，朝中高官都住在这里；南阳是陛下的故乡，陛下的亲戚大多居于此地。因此对这两个地方的田亩数字，负责检查的官员们当然不敢多问。"说罢，群臣为之侧目，刘秀恍然大悟，心中甚是欣悦，为一个十几岁的孩童有如斯锐利眼光而惊叹。经此一事，刘庄可谓是初露锋芒，也让刘秀废长立幼的想法更加坚定。

建武十九年（43年），单臣、傅镇率众造反，攻占了原武城，引得刘秀大怒，于是派太中大夫臧宫前去围剿，然而由于对方准备充足，原武城久围不下，故此刘秀召集众臣商议对策。太子刘彊首先建议以加官晋爵、赏金封侯的方式激励将士攻城，群臣也大多附议，只有刘庄低首不言、暗自摇头。刘秀见状，询问道："阳儿（刘庄）为何摇头，可是心中已有定计？"刘庄并没有直接说出自己的想法，只淡淡道："一筷可断，百筷难折。"皇上和百官都知道他有话说，静静地等待，没有打断他。果然刘庄再次进言，力主不要围城太紧、太急，可以引诱贼人突围，然后分而歼灭之，这样以区区一个亭长就能对付了他们。皇上听罢，拍案叫绝，命将士依计而行。结果一如刘庄所料，叛贼分散突围后被一一平定消灭。

关于此次战事的记载，《后汉书》中只有寥寥数语，是故后人对于刘庄能够成为太子的关键知晓不多，而此次事件即是光武帝刘秀决定改立刘庄为太子的重要转折点。

此外，据历史记载，刘庄在十岁之时便已经通晓《春秋》，闻达于朝野内外。刘庄能有如此表现，并非偶然，这一方面是由于他从小师从经学大师桓荣，可谓名师出高徒；另一方面则是由于他较早地在刘秀身边观察和学习政务活动，增加了自己的才干。当然，这与其天赋也必有一定关系。但是，真正聪明的人是不会让人知道他的聪明的，特别是在充满血雨腥风的皇室内部，因为那势必会引起政敌的妒忌甚至是仇恨。除非你的实力足够强大，能够做到有恃无恐，叫敌人徒唤奈何。

当时，正处于当时女性权力巅峰的皇后郭氏，是阻挡刘庄登上太子位的最大绊脚石。刘彊是郭氏所生，为光武帝刘秀之长子，顺理成章地被册立为太子。但他从小缺乏适当的锻炼，逐渐养成懦弱怕事的性子，兼之他胸无大志，不像刘庄那样"积极备战"，所以争位之事，几乎全部仰仗其母亲郭氏。

郭氏深知刘秀十分倾心阴丽华，自己虽然贵为皇后，母仪天下，但在光武帝眼中的地位，却难以企及阴丽华之万一。同时，阴丽华之子刘庄近年来所表现出的才智，也非自己的儿子刘彊所及。是故郭氏只能寻求娘家的帮助。郭家乃是世家大族，郭氏的外祖父就是著名的定恭王，刘秀成就霸业之前，要极力仰仗他，所以才立郭氏为皇后。兼且初时阴丽华无子，刘彊也就以嫡长子的身份入主东宫。郭氏为让刘彊坐稳太子位，可谓煞费苦心。可是方法用尽，依然挡不住刘庄母子逼来的脚步，她无计可施，竟然当面讽刺刘秀和阴丽华，叫刘秀对她彻底死心。此一时、彼一时，君临天下的刘秀再也不需要郭家的助力，当他决定废除刘彊时，世上再无一人能够改变这结果。

太子大位易手

建武十七年（41年）。

太子东宫已成将倾之大厦。曾经在身边的众位"忠臣良将"已经另投明主，曾经挥手间得以使万众臣服的太子威仪，如今已经是过往云烟。昨日内廷传来消息，皇后郭氏、现皇太子之母因为非议皇上，辱没皇家尊严，以"怀势怨怼、数违教令"之罪而被废黜，早已岌岌可危的太子终于失去其最大臂助，情势更加危急。

光武帝刘秀念及太子尚且年轻，对其母后之事并不知晓，因此特别准许太子见其母后，以话别情。见过母亲，一时间，刘彊仅存的幻想随之破灭，之前他尚自以为，父皇只是一时之气，母后终归会回到其原来的位置，可母亲告诉他，光武帝早就倾心阴丽华，爱屋及乌，对其子刘庄也爱到骨髓。废长立幼之心早已如同一颗种子，在朝局变换、天下易手的情况下，逐渐生根发芽，破土而出。只是郭氏一向谨慎，故而刘秀也暂时找不到废黜太子的理由。

常言道"蝼蚁尚且偷生"，何况一朝太子？郭氏见大势已去，心灰意冷。太子刘彊只能退求一方之地。

当刘彊向光武帝禀明自废的意愿时，刘庄心跳不已。但随即刘庄便醒转过来，因为他看到父亲此时的眼中，出现了一丝似乎惋惜或者赞许的眼神。因此，他极力反对太子自废。这一举动深得光武帝嘉许。其后刘庄成为东宫太子，最终得传帝王大业。但他对刘彊恩宠有加，没有丝毫的怠慢，其母郭氏也受到了厚待。

刘彊被废以后，虽然自己的幻想逐渐破灭，但是依然还有一部分投机势力想借用刘彊的废太子之名举事，徐图成就大业、颠覆乾坤。

其中最为活跃的就是刘荆。

刘荆是光武诸位皇子中比较有才能的一个，他给废太子刘彊写信，言及其无罪被废，自己念及手足情深，终于难以坐视不理。故而支持刘彊从自己的封地东海起兵，像汉高祖那样取天下，夺皇位。刘彊接到书信后，当即吓坏，立马把信上交给刘庄。刘庄早有孝敬师长、爱护兄弟的美誉，念其初犯，因此没有追究此事。但是在刘庄的心里，孰亲孰疏、谁远谁近，已经泾渭分明。这在以后刘庄执掌江山的手段中，慢慢显现出来。

永平元年（58年），刘彊病重，刘庄"遣中常侍钩盾令将太医乘驿视疾，诏沛王辅、济南王康、淮阳王延诣鲁"。及至西去之时，他还上书表示感谢。

据传，刘庄读了刘彊的上书，悲恸大哭，感动得无以复加。

刘庄特命曰："王恭谦好礼，以德自终，遣送之物，务从约省，衣足敛形，茅车瓦器，物减于制，以彰王卓尔独行之志。将作大匠留起陵庙。"

从建武二年（26年）刘彊即太子位，到建武十九年（43年）刘庄入主东宫，刘彊纵使有万般无奈，也只能顺时应势，太子大位就此易手。

在刘庄继太子大位之前，发生了一件在今天看来难以理解的事情：刘庄在刘秀的许可下，改刘阳为刘庄。关于刘阳改名的因由，历史上众说纷纭，其中最为盛行的说法认为，刘阳改名为刘庄，主要是想改变他的身份。刘阳是妃子所生，乃为"庶出"；而刘庄则是新封的皇后（阴丽华）所生，就是嫡子。从字义而言，"阳"是鲜明的意思，形容词，虚而不实。"庄"则有庄重威严的意思，似乎更适用于皇帝。《后汉书》中也有记载：皇帝下诏说："按《春秋》的经义，立太子以出身嫡庶的贵贱为标准。东海王刘阳，是阴皇后的儿子，应该继承帝位。皇太子刘彊执著谦让，愿意到诸侯国为王。父子之情，使我难以长久地违背他的意愿。现在封刘彊为东海王，立刘阳为皇太子，改名为庄。"

刘庄在担任太子期间，更加表现出其非凡的才智，其中最具代表性的便是他在对待南北匈奴的主张上。

刘秀半生戎马，最终重建汉朝，因为国力的不足，刘秀被迫一改武帝时对匈奴的战略，由主动进攻转为积极防御。此后经年，匈奴分为南北两部分。南匈奴主动要求内附，光武帝刘秀册封南匈奴的权贵们，而且还和他们和亲。这在以后比较长的一段时间内，维持了北方边境的和平，为东汉的逐渐崛起提供了良好的边部环境。北匈奴看到东汉和南匈奴和亲，也要求和亲。时局未明之前，刘秀一时难以决定，于是和公卿们商量。

当此之时，朝堂之上均以为与北匈奴和亲可以化解过去结成的仇怨，而且还可以自主选择与南北匈奴的和战关系。与南匈奴战则联合北匈奴，与北匈奴战则联合南匈奴，诚可谓是驱狼搏狗的妙计。以此推之，汉室天下当可立于不败之地。唯有刘庄不以为然，他分析，北匈奴因为南匈奴内附汉朝，并且与大汉朝和亲所以害怕我们，如果我们不攻击北匈奴，又和他们和亲。不但北匈奴不再惧怕我们，南匈奴也会对我们有二心，因此，汉朝应该拒绝与之和亲。听完其分析，光武帝刘秀深感有理，于是决定不和北匈奴和亲。

国不可一日无君

永平十八年（75 年），刘庄暴死，一时汉室江山群龙无首，各方势力蠢蠢欲动。

皇后马氏知道，刘庄归天而去，自己即将成为左右时局的关键人物。姑且不论自己如何伤痛，曾经纵使有万种风情，今后也只能是孤芳自赏，马氏也只能笑对即将到来的风云变幻，因为不只是刘庄的亡灵在看着她，全天下的百姓和整个朝堂的文武百官也在关注着她。为今之计，只有首先封锁刘庄猝死的消息，避免朝纲大乱、天下浮动才是国之大事。所以马皇后急忙命令左右，严密封锁陛下归天的消息，同时封闭北宫大门，非有诏书者严禁入内，有违此令，可先斩后奏。

随即，代理太尉赵熹、司徒鲍昱、司空牟融等人得马皇后允许，紧急入宫。何以三人在马皇后严禁进入宫门，秘密封锁消息之时，还得以受皇后召见？

这是因为，先帝在位之时，皇后便深知三人皆是忠勇之士，可堪大任。其中，新任司徒鲍昱，虽然在三公中最为年轻，却是开国名臣鲍永之子，且一向有贤名，刘庄生前对他颇为看重。十九年前，先帝刘秀的丧事便由现任代理太尉赵熹办过，有过处理此类事情的经验，赵熹足可倚重。

三人早已经在来前商议决定：家不可一日无主，国不可一日无君，当前最为重要的事在于：马上扶持太子刘炟登基，再布告天下，为皇帝刘庄发丧。听完三人建议，马皇后欣然允许。

而此时的邙山之上，马皇后的两位娘家兄弟正在紧锣密鼓地布置另立新君的事宜。虽然皇后已然严密地封锁消息，可纸又如何能够包得住火？特别是对于马廖、马防这两位有心之人。此次，二人决定连夜入宫，若能及时帮助皇后稳定宫中大事，扶持太子登基，则二人今后当可一步登天，成为新任皇帝的定策勋臣，荣华富贵必然终生享用不尽。

可惜他们不知，此时皇后早已经是刘家之人，为刘氏宗族会不惜一切，即使牺牲自己父母兄弟的利益也在所不惜。因而二人虽然及时赶到宫门，却不得进入。因为守宫之人正是皇后及当今太子十分倚重的杨仁。二人虽然欲凭借自己皇亲国戚的显赫身份闯宫，为自己这千载难得的机会拼搏，但是当他们面对杨仁说一不二、杀伐果断的威势之时，也不得不作罢。

虽然此次事件得以解决，但并不意味着这些皇亲国戚会就此罢休。毫无悬念，杨仁最终成为此次事件的牺牲品。

据传，刘炟继位以后，马廖、马防二人随即弹劾杨仁，说二人意欲探视皇上安危之时，杨仁当场阻拦，意行不轨，因而犯有大逆不道之重罪，按律当斩。依照一般逻辑看来，杨仁奉马氏谕令，镇守宫门，面对权贵依然毫不畏惧，刚正不阿，为皇宫之稳定甘冒风险，非但无过，反而有功才是。但是在马氏和刘炟看来，虽然杨仁忠勇可加，能堪大用，但是相较马氏二兄弟，其价值就远远不及了。于是乎，杨仁本有大好前途，但因为荣立此等"功劳"，终被贬为一方县令。

窦太后临朝听政

章和二年（公元88年）二月，刘炟崩于章德前殿，年三十三。汉章帝刘炟死后，在皇后和窦宪的扶持下，年仅十岁的刘肇登上大位。长子刘庆早就做了清河孝王，即使刘庆有君王之志，诛逆之心，也只能望洋兴叹，因为窦宪和窦皇后兄妹的权势太大，捏死他区区一个王爷，如同捏死一只蚂蚁那样简单，但是多年以来，自己和刘肇也算是交情深厚。在不断的交往中，刘庆越来越看不透这个被人强制改变命运的兄弟刘肇了，他渐渐意识到，刘肇也非池中之物。他只能等待，等待着使窦氏家族一击致命的时机。可是这个时机，真的会到来吗？

刘肇继位，窦皇后顺理成章地成了太后，其兄长窦宪则做了辅政大臣，一时之间，不仅皇帝在他们的手中被视为玩物，即使整个江山，也几乎要改名换姓了。

他们为了更加稳固地控制刘肇，不惜擅自改动刘炟的遗诏，徙西平王刘羡为陈王，六安王刘恭为彭城王，令二人离开京城，同时大力调整人事，封黄门侍郎窦笃为侍中、虎贲中郎将，窦景、窦瑰为中常侍，共同入宫参典机要。不久，又将刘炟在世之时最为要好的兄弟刘党撵出京师洛阳，就封而去。群臣早就怀疑此诏书的真实性，刘炟在位之时，何等在乎自己爱护亲人的名声，何况是自己最为亲厚的兄弟刘党呢！可惜此刻的朝堂，虽然官员众多，却要么是窦宪的爪牙，要么是明哲保身、害怕引火烧身之人，就连一向忠义正直的司徒袁安与司空任隗，也只能扼腕叹息。刘炟之死，实在太过突然。窦皇后身在后宫，对其病情自然是了如指掌，因此，才能够皇帝一死便掌握了先机，杀他们一个措手不及。而以司徒袁安与司空任隗为首的文武官员，则因为准备不足，一失足成千古恨。

汉和帝刘肇新近继位，随着年龄增长，越发感觉自己孤苦伶仃，无依无靠。汉室大权终于全数落入窦氏兄妹手中，明章之治，这一可以堪称东汉最为伟大的黄金时代结束，随即，外戚政治粉墨登场。此后的一百多年中，窦、邓、阎、梁等家族相继控制着东汉的朝野内外，一幕幕宫廷悲剧不断上演。江山代代有人坐，最苦莫过老百姓。外戚、士族、宦官、汉室正统，在此后就从未停止过争斗，但无论是谁，都很少有人在改善民生的功业上书写着自己光辉的一笔，有的，只是尔虞我诈、血雨腥风。

外戚政治的唯一基础是皇帝年幼。如果皇帝成年，已经能够临朝断事，皇太后就无法掌握他，太后背后的外戚也会失去权柄。所以拥立幼儿是外戚掌政的第一步。

窦太后在利用假的诏书逼走刘肇的几位叔叔，又擅自任命自己的亲信担任皇朝的高官要职之后，终于如愿以偿，以皇帝年幼为理由，临朝听政，为皇帝出谋划策。事实上，窦皇后和窦宪一起，总揽朝政，皇帝刘肇不过是一个摆设，有名无实罢了。

但是，要完全掌控朝政，做实际意义上的皇帝，窦太后还需要做很多事情，以巩固自己的统治，当然，群臣百官在自己的身家性命都受到威胁之时，也不会束手待毙。特别是司徒袁安、司空任隗二人都是三朝元老，在朝中威望很高，窦氏兄妹要想完全控制朝纲，就必须面对这两个实力强大的人。司空任隗，其父是开国元勋、位列云台的阿陵侯任光。任隗为官清正廉洁，很有才干。他深沉有度，为人不卑不亢，精于谋划，做事机敏，对于窦氏兄妹而言，任隗比之马氏、梁氏兄妹等人，要难对付得多。袁安亦是刘庄在位之时的老臣，才干能力都是当朝一流，德行心性更是世间少见，毫不夸张地说，他是第五伦之后，东汉王朝之中最有威望的大臣之一。朝中诸多大臣如尚书仆射乐恢、尚书宋意、太尉掾何敞等人也唯他二人马首是瞻。虽然朝廷的生杀大权悉数掌握在窦氏兄妹手中，但是迫于人心所向，他二人一时之间还真不敢随意动作。他们可不想自己辛辛苦苦经营多年才得到的有利局面，一时不慎便毁于一旦。

于是，他们只能从削弱司徒袁安、司空任隗的权力开始。第一步，窦氏姐妹想到了扶持一向为官无所作为的邓彪，于是窦宪上奏，恳请皇上批准任命邓彪为太傅，兼掌尚书事务之权。众所周知，邓彪忠厚有余，但才干不足。曾经因为节操高尚，而被先帝刘炟任命为太尉。可惜邓彪做了太尉之后，只有清正严明的名节，却没有什么实在的作为，颇有沽名钓誉之嫌。邓彪上台之后，虽然名义上统领三公九卿，兼录尚书机要任务，但他唯恐得罪人，不管是司徒袁安、司空任隗还是窦宪兄妹，他都力求交好，为了明哲保身，邓彪只得每日不问政事，使得大权旁落，悉数掌握在窦宪的手中。建初九年（84 年），刘炟终于下定决心，撤换了邓彪，改第五伦所举荐的郑弘为太尉。可惜郑弘虽有不世奇才，却难以防止小人陷害，最终被窦家害死。一直忠于窦家的宋由便做了太尉。宋由的才智，领一太守职也难以胜任，至于权谋斗争，更难以像司徒袁安和司空任隗一样，运转自如。

窦宪的愿望

匈奴自西汉立国以来，就一直是中原王朝的心腹大患，无数英雄男儿都渴望着有朝一日能够屠灭匈奴，就连权倾朝野的窦宪，也生出了赶超前朝卫青、霍去病的心思。

永元元年（89 年）春，南宫大殿。

此刻群臣正在大殿早朝，只见皇帝刘肇坐在宝座之上，已经明显地具备了一个皇帝应该有的样子，乍看之下，还真以为皇帝刘肇已经亲政。仔细一瞧，龙座之后俨然有一排水晶帘子，而帘子后面，则是实际上执掌大权的窦太后。在太后的授意之下，宦官接过皇帝手中诏书，向百官宣道："匈奴为害我朝已久。仰赖祖宗保佑，我们才能出师克敌，使万里疆土复归平静。请有关主管官员遵循先人成法祭天，以彰扬兴盛美好的事业。"

此刻，北击匈奴的大业终于在窦氏兄妹的操纵下，正式开始施行，而在此之前，朝堂之上，以司徒袁安、司空任隗为首的反对派和以窦宪为首的主战派，还进行了一场决定匈奴命运的唇枪舌剑。

永元元年冬十月乙亥，以侍中窦宪为车骑将军，伐北匈奴。

太后带领皇上亲自来到洛阳郊外的祭祀台上为自己的这位兄弟壮行，祈求上天赐福于大汉，让汉朝将军窦宪能够得胜归来。

司徒袁安、司空任隗等人此时终于明白，自己无论怎么反对，北击匈奴的事已成定局。为今之计，也只能在大事上和窦氏兄妹保持一致，以保持政局的稳定。

这一次，窦宪要出击匈奴，一则是为了还自己多年以来的愿望：做一名与卫青、霍去病一样的英雄，扬名朝野、流芳百世；二则是为了能够戴罪立功。窦太后曾与一个叫刘畅的人有染，窦宪知道后一怒之下便把刘畅杀了，开始时窦宪还诬蔑是刘畅的弟弟刘刚所为。可是胳膊终归是拗不过大腿，窦宪虽然权倾朝野，但论到名正言顺地执掌国家最高权力的人，非窦太后莫属。最终，任凭自己百般狡辩，还是没能瞒过窦太后的法眼。

窦宪的罪名一坐实，窦太后便陷入了两难的境地。不惩办窦宪无以正法纪，百官难免不服，群臣势必非议。依法办理的话，窦宪便犯下了杀头大罪，窦太后当然不能够自掘坟墓。思虑良久，只能暂时将窦宪幽禁在后宫禁苑之内，一有时间，窦太后便会前去看望和安抚自己的这位兄长。直到窦宪说出自己的愿望，窦太后当即大喜，只要能够打击匈奴，窦宪不仅能够得偿所愿，还能够戴罪立功，实在是个两全其美的事情。兼且刘炟上位以来，一直在休养生息，除了羌、南越等地方偶尔的边患，便没有什么消耗国力的巨大战役发生。听闻不久之前，鲜卑也打败了匈奴，迫使匈奴向北迁徙了数百里。匈奴刚刚经历战事，兵马粮草必然有所损耗，因而此次北击匈奴，能够胜利的概率可达八成以上。

此时，匈奴依然处于南北分裂状态，多次的内部战争，也在很大程度上削弱了匈奴一部的整体实力。南匈奴在对北匈奴的战役中，历来都是败多胜少，大漠之中最为珍贵的就是土地，因为只有有了土地，才能保证牧民们四处迁徙之时，不会受到草场不足的困扰，几番战乱下来，南匈奴不断收缩自己的领地，旗下的牛羊马等也被北匈奴大量地掠夺。因此，南匈奴一直希望，能够借助汉朝的军力，重新夺回自己所失去的一切。

朝廷除了任命窦宪为车骑将军之外，还为其佩金印紫绶，比照司空规格配备属员。同时以执金吾耿秉为副，发北军五校、黎阳、雍营、缘边十二郡骑士等。

如司徒袁安、司空任隗等人所料，北匈奴因为与鲜卑一战，不得已向后撤退了数百里。这对于汉朝而言，可以在很长一段时间内免除边境祸患，当然是好事一件，可是当窦宪等人率领八千骑兵到达塞外之后，向北而去，一个冬天都没有发现北匈奴的踪迹。此番可算是孤军深入，幸好有南匈奴在粮草资源上的支持，才没有导致汉朝大军粮草危机的发生。但是窦宪和耿秉都知道，这样下去终归不是长久之计，南匈奴在与汉朝讲和之前，其收入的主要来源，除了自给自足之外，还有每年秋天到汉朝边境的掠夺。此番与汉朝共同抵御北匈奴之后，当然不能再与过去一样，不时到南边土地上去烧杀抢掠一番。如此一来，边境倒是比较安定，但南匈奴不免在物资上就少了一大来源。自给尚且不足，何谈能够保持对汉朝大军的长久供应呢？

汉朝和南匈奴联军的当务之急，当然就是能够尽快找到北匈奴的大军主力所在，谋求与之决战。

为了扩大搜索范围，汉军派出了大量的探子，和南匈奴的探子一起，乔装为牧民北上，希望能够尽快找到北匈奴大军的影子。同时双方大军为了扩大搜索范围，将联军一分为五，从朔方鸡鹿塞出兵。

不久，南单于屯屠河手下的探子终于发现了北匈奴大军的踪迹。

原来，北匈奴单于早就已经接到前方的战报，知道汉军和南匈奴大军结盟，向自己紧逼过来。前面刚刚和鲜卑因为地盘之争大战了一场，元气大伤不说，还因为军事上的失误，被鲜卑打了个措手不及，最终招致整个战役的失败。迫于无奈，北匈奴只得向后退却了数百里，一则是防止汉军和南匈奴军队的偷袭，二则是希望汉军和南匈奴军队能够见到自己暂时无意南征的意图而不会再劳师远征。可惜北单于没有料到，汉朝竟然会出了窦宪这样一个人物。如果窦宪仅仅有一个为大将的理想而没有实力，那这次战役就不会发生，至少不会是现在。可是这下窦宪兄妹擅权，整个汉朝天下都在这二人的掌中，天时地利之下，虽然朝中大臣普遍认为，北击匈奴是不智之举，但窦太后依然力排众议，全力支持窦宪的决定。

这下，轮到北匈奴单于担心了。每日下来，他们都忧心忡忡，唯恐汉军和南匈奴的大军会在某一天突然前来趁火打劫。一日，在西南边境与鲜卑对峙的大将买提突然归来，买提历来就是北单于的心腹大将，熟读兵法、深谙带兵，素以工于谋略著称。待他进得北单于大帐之中，北单于高兴不已，连忙向他咨询此次战役的取胜关键所在。买提闻言，淡然一笑，不缓不急地向单于说道："汉人兵法有云，知己知彼百战百胜。大王可知道现在汉军最希望的事情是什么？"单于闻言，摇头说道："愿闻将军指点。""当此之时，汉军军力正盛、士气大旺，与南匈奴联合，更加如虎添翼，但是此番前来，汉军离他们的大本营洛阳可谓路途遥远，长久下去，汉军必定会人困马乏，疲于奔命，即使有南匈奴的资助，也难以长远。因此，他们此刻最想做的事情，就是找到我军主力，然后进行决战。"北单于能够从他的数位兄弟之中杀出重围，被老单于看重，坐上单于的位子，当然也是一个聪明之人。只是连日以来，为越来越不利于自己的战局揪心，不免会智者千虑必有一失。北单于顿时便生出了醍醐灌顶之感。

"敌人越想做成的事情，我们就越不能让他办成，只要我军深入大漠，为我军赢得时间。我军民一体，历来是四处迁徙，只要我军不和汉军交锋，就一定能够拖垮汉军，到那时，南匈奴独木难支，我军就可以不战而屈人之兵。"说完，单于和买提将军双双大笑起来。

于是，北匈奴大军再次向北撤离，这一次，他们直接撤退了一千余里，搞得汉朝和南匈奴联军不知道他们去了哪里。甚至连日以来派出的探子也只能看到地上井然有序的撤离踪迹，但是北匈奴究竟往北撤了多少里，撤到哪里去了，却是不得而知。一时之间，汉军陷入了粮草短缺、远离故土的窘境，面对如此危局，窦宪等人是撤军，还是原地待命，或者是继续北进？北匈奴以逸待劳，自己的将士日渐消瘦，如此发展下去，汉军势必会大败亏输，似乎已然黔驴技穷的窦宪，此时又该如何应对呢？

会战北匈奴

前面提到，北匈奴早就想好了应对联军的策略，只需要以逸待劳，汉军和南匈奴的军队就会大败而去。可惜他们不知道，不止匈奴人了解草原，某些汉人也对草原和大漠了如指掌。其中最具代表性的就是耿秉。

十六年前，大将窦固出酒泉（今甘肃酒泉）西进，直到天山，占领北匈奴最肥沃的耕地之一伊吾卢（今新疆哈密），留兵屯垦。另一位大将就是此次和窦宪一起出征的耿秉。耿秉在大军出征以前，就对匈奴地区的风土民情、气候地形等进行了深入的了解。十六年前的这次出兵，正可以让耿秉一展所长。耿秉率军出张掖（今甘肃张掖）北进，深入三百公里，直到三木楼山。可惜北匈奴坚壁清野，下令向后撤退，没有受到重大创伤，然而耿秉却因为那一次的从军经历而对大漠草原的环境了解至深。

此次是耿秉第二次深入草原作战，虽然他只是副将，却也深得窦宪的信任。窦宪见大军进退维谷，军中将士多有返回洛阳之意，只能向耿秉咨询部队下一步的方向。耿秉当然明白，其实这一场战役本来就是不必要的，只是若贸然回去，窦宪不仅会颜面尽失，还会罪上加罪。这当然不是窦宪所希望的，因此，要想这一切都不发生，大军只能继续北进，而且还必须一战而胜。可是如今北匈奴大军逐渐向北而去，大军这么久也没瞧见北匈奴的踪影，又怎么能够一战而胜之呢？

耿秉见军中主将均是有口难言，便神色从容地向窦宪进言。当此之时，正要入秋，北方温度亦开始下降，水草越往北就越稀疏，因此，北匈奴也不能马不停蹄地向北而去，万般无奈之下，只能向南转战，才不至于将自己的军士和百姓困死。耿秉在分析了这些因素之后，建议大军继续北进，同时加紧派出更多的探子，以搜集战略情报，找到北匈奴主力。窦宪闻言，心怀大畅，不禁感慨道："耿秉之见，诸将不及也！"于是，窦宪和南匈奴单于商议，部队继续分开向北进军，同时保持各方的信息通畅，部队队形也需要保持掎角之势，以防在遇上敌军偷袭之时，可以互相驰援。

北匈奴此刻也意识到，汉军如果再不撤退，自己也再不能往北走了，一旦秋天过去，百草萧瑟，牧民的牛羊马以及部队的战马都只能饿死，匈奴就真的会全军覆没了。因此，只有南进，在最短的时间内，找到汉军，才能趁匈奴军士士气旺盛、战力未衰之时，一举攻破敌方联军的围困之势。

连日下来，汉军又向北进军了五百余里，但始终没有看到北匈奴大军的踪迹，军中将士对此也大多生出退却之心，窦宪见此，亦不免忧心忡忡。耿秉见状，急忙向窦宪进言，暂时命令大军停止进军。耿秉考虑到，汉军行了这么久，应该就快和北匈奴大军交锋了，如果此时联军任意一部遇上北匈奴，都难以保证必胜。即使是胜利，也只会"杀敌一千，自损八百"，因此，当务之急，只有将大军合为一部，才能够在遇上匈奴大军之时，保证自己军队的绝对优势。

窦宪闻言，感到很有道理，于是令属下向大军各部传递将令，让他们急忙向中军收缩，会师一处。与此同时，窦宪还派出副校尉阎盘、司马耿夔、耿谭率左谷蠡王师子和右呼衍王须訾等一万精骑为先锋，以策应主力大军的安全。不久，几路大军在涿邪山（今蒙古西部、阿尔泰山东脉）会师。

当大军进至稽落山地区时，与北单于统率的主力部队相遇，连日来，汉军一直不见北匈奴大军的影子，乍见之下，大喜过望，主将一声令下，大军如过山蚂蚁一般，潮水般地向北匈奴奔去。反观北匈奴的大军，连日来都在躲避汉军，心中早就留下了害怕的阴影，双方部队激战之下，汉军大败北匈奴军。北匈奴军溃散，单于趁乱遁走。杀得眼红的汉军一直追至私渠比鞮海，斩杀匈奴单于以下一万三千人，获马牛羊等百万多头。温犊须、温吾等八十一部归降，前后共有二十多万人。窦宪、耿秉等将领登上燕然山（今蒙古杭爱山），中护军班固为其刻石作铭，记述其丰功伟业，流芳百世。此刻，北匈奴已经元气大伤，难以翻起什么大浪，于是窦宪派出了吴汜、梁讽携带金帛去招降北单于。招降途中，吴、梁二人又收降一万多人。追上北单于后，吴汜向他宣明汉朝的威德，并赐以金帛。单于于是决定仿效呼韩邪单于，做汉的藩属，保国安民。于是，在单于的带领下，北匈奴残部便随吴汜等率众东返。

《后汉书》记载："九月庚申，以车骑将军窦宪为大将军，以中郎将刘尚为车骑将军。"窦宪得到了巨额的封赏，在自己的官署之内大兴土木，雕梁玉柱，穷奢极欲，朝廷众人敢怒不敢言。为了进一步巩固窦氏家族的统治，永元二年（90年）夏五月庚戌日，在窦宪和窦皇后的授意之下，分泰山为济北国，分乐成、涿郡、勃海的部分为河间国。丙辰日，封皇弟刘寿为济北王，皇弟刘开为河间王，皇弟刘淑为城阳王，继封已故的淮阳王刘昞的儿子刘侧为淮阳王。并命他们即刻就封，以削弱京师之中窦氏家族独揽大权的阻力。

匈奴南北二部都已经臣服，按理说，窦宪和窦太后现在应该坐享其成就行了，可是，善于权谋的人，是不会甘于寂寞的。因此，窦宪又找到了出兵匈奴的理由。

在窦宪率军击溃北匈奴之后，北单于派遣其弟右温禺鞮王奉奏向朝廷贡献。时隔一年之后，窦宪提出，北匈奴只派遣其弟弟入朝，却没有亲自前来，明显是对向汉朝献降没有诚意。在窦宪的操作下，窦太后再一次答应了他要北击匈奴的要求。汉和帝永元二年（90 年）五月，窦宪派副校尉阎盘率两千骑兵进击屯驻于伊吾卢地区的北匈奴军，旋即将匈奴军击破，占领了伊吾卢地区，车师前后王均遣子入侍，也就是派出质子到洛阳以表示对汉王朝的臣服。

同年七月，窦宪率军出屯凉州，统辖陇西、汉阳、武都、金城、安定、北地、武威、张掖、敦煌、酒泉等郡兵马。并以侍中邓叠为征西将军，做自己的副手。

北单于见其弟右温禺鞮王被汉朝送回，知道汉王朝责怪。为了避免战争，他急忙派出使者入塞通告，自己将亲自入朝。消息传到窦宪耳中，窦宪便派班固、梁讽前往迎接。

正在此时，南匈奴看到北匈奴依然对自己具备一定的威胁，特别是北匈奴一旦和汉朝交好，南匈奴在汉朝的地位就会降低，为了彻底地控制大草原，南单于急忙上书请求出兵击灭北匈奴，继而命左谷蠡王师子等率领左右两部八千骑兵出鸡鹿塞。南匈奴军兵分两路，向北挺进。及至两军会合之后。南匈奴大军乘夜包围了北单于本部。此刻汉廷也尚未反应过来，待到木已成舟，汉廷也只能隔岸观火。北单于见自己陷入南匈奴大军的重重包围，心下大惊，亲自率精兵千余人与南匈奴军激战。北单于负伤落马，又慌忙爬上马去，最终仅率轻骑数十人逃遁而去。南匈奴军缴获了北单于的玉玺，俘获阏氏及儿女五人，斩首八千人，俘虏数千人。至此，南匈奴终于改变了过去一直被北匈奴打压的困境，变得相当强盛，拥有人口三万四千户，总计二十三万多人，拥兵五万多人。

永元三年（91年）春，北匈奴遭南匈奴打击后，衰弱已极，窦宪于是想彻底将北匈奴击灭。这年二月，窦宪派遣司马任尚和左校尉耿夔为先锋，率军出居延塞，出其不意地将北单于部包围于金微山，多年下来，北匈奴已然是日薄西山，耿夔所部几乎不费吹灰之力，便大破北匈奴军，俘获北单于之母，斩名王以下五千多人。尽管如此，在族人的竭力保护之下，北单于还是得以逃走，从此不知所踪。此次耿夔携任尚率军出塞五千多里，最终大胜而归。这是自汉代出兵以来最远的一次进军。朝廷为表彰耿夔的功勋，封其为粟邑侯。

驻于蒲类海（今新疆巴里坤湖）地区的北单于弟右谷蠡王于除鞬、骨都候以下数支人，见北匈奴单于大势已去，遂遣使者入塞，希望能够保存北匈奴最后一丝血脉，为大汉朝拱卫边境。窦宪闻言，当即应允，遂上书，请立于除鞬为北单于。朝廷允诺。

永元四年（92年），朝廷诏命耿夔出使北匈奴，并授北单于于除鞬玺绶，与南单于同等对待。至此。汉朝终于实现了窦宪和其妹窦太后既征服北匈奴，又让其与南匈奴分而治之的战略企图。

此番接连三次战役，汉军和南匈奴军队都充分利用了北匈奴飘忽不定、行动快速的特点，以远程奔袭、先围后歼、穷追不舍的作战方略获取胜利，使延续数百年的汉匈战争得以胜利结束。

东汉征匈奴之战，历经汉明帝、和帝两代奋战，终于于汉和帝永元三年（91年），将北匈奴彻底击败，并于其后两年时间内，彻底灭亡了北匈奴。从而使汉代北部边患由此暂时解除，中国北方地区遂被东汉王朝统一。

九霄龙吟

刘肇久居深宫之中，一年到头也难得出去一次，因此，清河王刘庆就显得旁观者清了，他认为，目前局势一变，皇帝可以依靠的臣属，多是那些平时经常和窦宪作对的人了，例如司空任隗、司徒丁鸿（永元四年三月癸丑日，司徒袁安死去，闰三月丁丑日，任命太常丁鸿为司徒）等人。刘肇决定召集司空任隗、司徒丁鸿这二人进宫面圣。刘庆闻言，急忙劝阻。他分析到，如今窦宪在朝朋党众多，一旦皇帝召集司空任隗、司徒丁鸿入宫，势必会引起窦宪的警觉。刘肇闻言，深感忧虑。忽然，刘庆灵机一动，说道："我年少之时，母亲被害，自己一时伤心过度，差点做出错事，幸好有一忠臣为自己开解。"

皇帝刘肇忙问那位忠臣是何人，刘庆笑道："他就是钩盾令郑众。此人历来忠于我刘氏，对于陛下也是忠心不贰，有他相助，大事可成！"刹那间，刘肇仿佛看见了黎明到来之前的晨曦，于是决定向郑众求助。

郑众为人除了忠诚可靠以外，还处事谨慎机敏，心机很深。在窦氏兄妹为祸汉廷、把持朝政的这一段时间内，不但没有得到重用，还被贬为皇帝后花园的管理人员，幸好他一直谨小慎微，才不致让窦氏记恨自己当年帮助刘庆的事情。但是这一段时间里，他并没有闲着，而是时常利用自己昔日的威信和自己的钱财，在后宫之内游走，培植自己的势力，一旦宫廷有变，可以让这些势力为自己所用。同时也和刘庆保持着联系。

郑众早就看不惯窦氏兄妹作威作福的样子，只是自己毕竟是小小的一个宦官，在刘秀、刘庄执政之时，对于宦官的限制就比较严格。虽然刘炟即位以后，对于这些的限制相对较少，但是碍于刘炟是一代明君，宦官势力也没有真正地成长起来。因此，郑众需要的，只是一个机会。如今，这个机会来临了，刘肇深夜召见自己一人到皇帝寝宫。此番事情郑众已然仔细问过，宫中窦氏势力没有一人知晓，可以看出，皇帝刘肇终于要有所动作了。

刘肇见到郑众，本想做一番测试，看看郑众是否如刘庆所言。但转念一想，自己如果这样做，一则是刘庆会心中怨愤自己不相信他，二则是自己也很欣赏郑众，不希望他在为自己办事之时，还会心存顾虑。于是，刘肇直截了当地向郑众说出了当前的宫内朝廷的局势，并且旁敲侧击地向郑众表明了自己欲要亲政的想法。郑众一听便明白了皇帝的心思，急忙说道："当今天下，虽然名义上姓刘，但实际上则是掌控在窦氏家族手中，此番，窦宪欲要自立，必定会首先谋刺皇上。而皇帝要独立，也必定需要首先除掉窦宪。此事，宜早不宜迟，先动手者可以尽得先机，后出招者必会处处受制。"郑众此言一出，正合了皇帝刘肇的心思。二人商议：当前窦宪不在京师，而是驻扎在外，朝中重臣多为窦氏一门及其党羽。因此，此事还需要从长计议，不可擅动，以防窦宪拥兵自重，率军叛乱。

当此之时，窦宪在外依然没有察觉到皇帝刘肇欲要杀自己的心思，不是他大意，而是今日的朝廷，窦氏一门早已经根深蒂固。且不论太后在深宫之中为皇帝刘肇所敬畏，在朝堂之上，临朝听政，为群臣所慑服。单论其朋党势力之强，就不得不让人为之侧目。有耿夑、任尚为其爪牙，邓叠、郭璜为之心腹，更以班固、傅毅皆置幕府，以典文章，把揽朝政，占据要津。一时刺史、守令等官员多出其门。此外，窦氏一族，满门权贵，兄弟窦景为执金吾，窦笃进位特进，窦瑰为光禄卿，窦宪的叔父窦霸为城门校尉，窦褒为将作大匠，窦嘉为少尉，其他窦氏族人任侍中、将、大夫、郎吏等职的，还有十余人。窦宪的兄弟族人当朝，贵重显赫，倾动京都。因此，窦宪一门心思地认为，自己一定能够使江山永固。而且当今圣上年纪还小，对自己除了敬畏之外，绝不会生出悖逆之心。即使有了这个心思，自己只要回朝细细谋划一番，将皇帝秘密处死，这最后的一个后顾之忧也就烟消云散了，到时即使窦宪自己坐上这皇帝大位，也不是没有可能。

窦宪每念及此，不免心中激动异常，没过多久，他就从自己的驻兵之地班师回朝，图谋大举。他不知道，此时的深宫之中，一张大网悄然打开，正等着自己。

和帝刘肇听闻窦宪将归来的消息，心中忐忑不已，一整夜没有合上眼。第二天清晨，便听从郑众的建议，下诏让大鸿胪持节到郊外迎接，并按等级赏赐军中将士，以安其心。同时让郑众召集司空任隗、司徒丁鸿等人，带兵把守进城的几大宫门，只待窦宪一入皇宫便来个瓮中捉鳖。

此时，窦太后在宫廷之中也察觉到时局有变，于是准备出去向自己的兄长窦宪通风报信，但是皇帝刘肇早就命人把守住了宫门。几番派出去的人手都是有去无回，窦太后心中焦急，只能在宫中祈祷，希望自己担心的事情不要这么快就来临。

及至窦宪入了洛阳城之后，城中守将急忙关闭了城门，待得窦宪入宫，才发现宫中早已经不是自己去时的模样，特别是整个皇宫之内，充斥着一股冲天的杀气，而且守卫宫门的士兵多不是自己的人。即使如此，窦宪依然一笑置之，他始终相信，以自己的权谋武功，皇帝刘肇是断断不敢在太岁头上动土的。大鸿胪将窦宪等人一路引到皇帝刘肇的宫门之前，刚一跪下，四周便冲出数百甲士。此番入宫，窦宪并没有率领自己的亲卫前来，只带了手下一干将领一起来朝见皇帝。一见此种阵仗，窦宪心中没有半分准备，束手就擒。

经过查实，窦宪谋反之罪证据确凿，不容置疑。其手下朋党邓叠、邓磊、郭举、郭璜等人均被逮捕，不久便被诛杀。皇帝幽禁了窦宪，命人解除其大将军印绶。为稳定窦宪所部军心，一时之间，皇帝还不能就此斩杀了窦宪。商议之下，决定封窦宪为冠军侯，与窦笃、窦景、窦瑰都去到封地。不久，窦宪等人被迫自杀身亡。窦太后闻讯，知道大势已去，遂命人紧闭宫闱大门，不与窦氏族人相联系，以免受了牵连。

直到此时，窦太后尚自以为刘肇不知道自己的身世。其实刘肇自四岁离开自己亲生母亲，就在心里留下了一颗种子。他和刘庆一起玩耍之时，也时常会流露出自己思念母亲的情绪，等到自己的母亲被害死，他为求自保，只能暗自落泪。在表面上，刘肇依然表现出对窦氏的尊敬，但是这并不代表自己可以一辈子做个傀儡，任人鱼肉。

刘肇一向最为敬佩自己的父亲刘炟，力图做一个孝顺之人。因此，对于窦太后特别时期的养育之恩，他还是比较感激的。他并没有在自己亲政之后废黜窦太后，反而依然尊她为太后，除了不再临朝听政之外，其余待遇和往日一样，没有丝毫更改。此外，刘肇也知道，多年下来，窦太后在宫里宫外的势力很强大，如果贸然向太后动作，势必会引起天下动荡。如今初逢大变，国家急切地需要稳定。

即便如此，窦太后再也不能和往日一般肆无忌惮了，自己的娘家人犯下谋逆大罪，自己即使没有参与，也有管教不严之责。因此，此后的窦太后便深居后宫，唯恐皇帝刘肇会在某一天"知道自己的身世"，除了自己。从这一点可以看出，窦太后太低估刘肇了。

此番刘肇之所以能够成功地剿灭窦氏乱党，一是因为窦氏一门的所作所为早就已经引起了天下人的共愤，群臣百官有很多人支持皇帝亲政；二是因为谋划严密，特别是选才任人上，皇帝刘肇首先想到了宫中的大臣，其次又能够和极度怨恨窦氏的刘庆联合，再与一直忠于汉室的郑众商议，得以成就大事；第三，则因为整个围捕过程干净利落，没有一点拖泥带水，全面出击之下，兵不血刃便平息了这场未开始实施的叛乱，并且在最大程度上降低了伤亡，避免了王朝内部因相互争斗而引起的国力衰退。

此次刘肇所展现的机智和敏锐、干练与稳重，不得不让人叹服！

和帝亲政，天下归心

扫平外戚势力之后，汉和帝刘肇终于得以临朝亲政。郑众和刘庆因为此次事件甚得刘肇的信任。刘肇向刘庆赏赐了大量钱粮，恩宠之深厚，一时没有第二个皇亲国戚可以与之相提并论。而郑众则是刘肇赏赐最为丰厚的另一个人。郑众前半生多郁郁不得志，这次平叛他助皇帝夺回大权，自然能够平步青云。于是，郑众被任命为大长秋。大长秋一职，乍看之下官阶不高，但却是皇帝近侍官首领，非皇帝亲信不得充任，主要负责宣达旨意，管理宫中事务。

刚开始之时，皇帝刘肇还对宦官掌权有所顾忌，历朝以来，宦官掌权，江山必乱。因此，并没有给予郑众参与军政大事的权力。郑众也对自己的处境很了解，因此，每次皇帝赏赐，他都推脱不要。其仁爱谦逊的态度便逐渐受到皇帝刘肇的喜爱和尊重，进而在遇到国家大事难以解决、而朝中重臣相继死去的情况下，便诏令郑众与之商议。至此，宦官权柄得以扩大。恰如史书所言："宦官用权自此始矣！"

在封赏功臣的同时，刘肇也开始大力革新国家政策，逐渐实践着自己的政治抱负。永元四年（92年）十二月壬辰，刘肇刚一掌权就颁布诏令减土地税。后来，他又多次下诏，劝农劝耕。

透过这一举动，刘肇勤政爱民的形象便被人民广为传诵。但是，皇帝刘肇毕竟个人精力有限。自己所依靠的几个重臣相继过世，永元五年（93年）正月，千乘王刘伉死去；同月，广宗王刘万岁死去；二月甲寅日，太傅邓彪死去；十月，太尉尹睦死去。此前的永元四年（92年），司徒袁安、司空任隗二位国之栋梁也相继去世，此后不久，司徒丁鸿、城阳王刘淑、乐成王刘党、陈敬王刘羡等人也相继西去。一时之间，朝堂可用之人变得越来越少。为了解决这一问题，永元五年三月，刘肇特别颁布了一纸诏令，责令选贤任能。

可以看出，和帝刘肇实在不失为一个年轻有为的英明圣主。他在平定窦氏乱朝之后，积极支持班超在西域的军事行动，不久，班超大破焉耆，西域降附者五十余国。同时派遣著名将领乌桓校尉任尚领兵东北，大破南单于，收复辽东。而他在小的时候，便深谙为政之要，对于百姓怀有一颗怜悯之心。时常下诏赈灾救难、减免赋税、安置流民，同时，和其父亲刘炟一样，以宽和的态度对待政敌。即使他知道窦太后的所作所为，在能够无所顾忌地惩处她时，刘肇也没有采取行动，而是让窦太后恩宠不减，直到她死后，依然力排众议，以"恩不忍离、义不容亏"为由，谥窦太后为章德皇后。和帝还一直坚持以民为本、任人唯贤、注重道德教化，使得汉朝在他的治理下，整个国家与他的谥号"和"暗合，一时之间，四海升平、海晏河清。

尽管和帝刘肇尽心竭力地想将国家治理好，重振刘氏伟业，但是东汉王朝却逐渐走向了黑暗的深渊。

首先是宦官的崛起。

皇帝跟外戚斗争，必须获得别人的支持。而皇帝长于深宫，无法与外边互通消息，于是宦官就成了皇帝的倚靠和助力。东汉政权的第四任皇帝刘肇最先向外戚发动攻击。在他与宦官郑众的逼迫下，外戚窦宪自杀。但是，窦氏衰落之后，宦官的权力越来越大。

其次，则是班超经营多年的对西域的掌控权丧失。

早在刘庄在位之时，班超便投笔从戎，跟随当时的大将军耿恭南征北战，最终靠着自己的三寸不烂之舌，带着三十六个随从，征服了西域各国。后来刘炟继位，改变国策，欲将班超调回洛阳，放弃西域，终在班超的竭诚努力之下，刘炟答应了他继续经营西域的请求。

经过多次战争，班超这位西域都护在事实上掌控了西域各国。到元和四年（87年），曾经帮助汉朝进攻车师的大月氏来到班超驻地，请求与汉朝结为秦晋之好。班超见汉朝此时正是国家蒙难之时，不宜与边陲小国结亲，便拒绝了大月氏的请求。永元二年（90年），大月氏率领七万军队东越葱岭，攻打班超。多日攻取不得，大月氏只好去龟兹求救，半路遭到班超数百军士的埋伏，求救使者也命丧黄泉。大月氏首领随即向班超请罪，班超并没有追究他们的过错，便让他们得以重返故土，大月氏大惊之下，与汉朝和好如初，消息传来，窦氏兄妹也感到很高兴。

不久，龟兹、姑墨、温宿等国相继归附。又过了些时日，西域五十多个国家都归附了汉王朝，班超终于实现了立功异域的理想。

然而好景不长，毕竟西域各国之所以臣服汉朝，主要有三个方面的原因，一是汉朝政治清明、经济良好、军事强大；二是北方强大的匈奴政权的土崩瓦解和臣服，使得汉朝在西域地区没有了竞争对手；三则是出于对班超个人魅力的敬服，班超经过几十年的经营，在西域的势力已经根深蒂固。无论是他的军事能力还是外交能力，都得到了西域诸国的敬服。

可以说，这三个方面缺一不可，直到刘肇末年，东汉国力下降，班超也退休回到洛阳。将领任尚接替了班超西域都护的位置，可惜任尚勇武有余、谋略不足，在他和班超交接官印之时，班超就对他说："塞外的情形可谓是鱼龙混杂，而你的性情太过严正。俗话说：太清澈的水没有大鱼，太严格的要求会失去团结。我的意思是，你只需总揽大纲，不要挑剔小节，对他们的小过错更应该尽力宽恕。"

然而，任尚对其言语不置可否，在其掌权其间，一改班超在西域的成功施政方针，只四年时间，任尚就激起西域所有国家的不满。至此，西域各国再也难以恢复到班超在位之时的状态。兼且汉朝一代不如一代，国家内部纷争不断，无暇他顾，最终导致了汉朝对西域掌控权的丧失。

最后，则是刘肇改立皇后，使得外戚政治又一次登上中国的政治舞台。

皇帝刘肇本来设立了一个皇后叫小阴氏，但是后来却改立了邓绥为后。这又是为何呢？

论起才情相貌，小阴氏都远远比不上邓绥，邓绥六岁就通读史书，十二岁精通《诗经》《论语》，每次与其兄长对答之时，号称饱学之士的兄长们也常常只能甘拜下风。因为邓绥聪慧好学，才华超群，故而家人都称她为"诸生"。父亲邓训更是对女儿异于其他女子的言谈举止暗暗称奇，认为她将是儿女中最有前途的，事无巨细都与这个小女孩商量后再行。本来，邓绥是能够和小阴氏一起入宫的，那样小阴氏也就不会先被册立为后了。然而，就在即将入宫的前夕，邓绥的父亲邓训离开了人世，为了守丧尽孝，邓绥只得在三年之后再入宫。

三年的守孝生活结束，邓绥已然变得形容枯槁。此次又一轮选妃入宫开始了。邓绥因为三年前就被选取，这次去宫内必定是水到渠成的事情。在入宫的前三天夜晚，她却做了一个奇怪的梦：邓绥梦见自己以手抚天，还抬头饮用青天上的钟乳。第二天，邓绥将这个梦告诉了自己的家人，其家人便找来善于占卜之人为她解梦。占卜者听后大惊失色，遂肃然起敬地说道："过去帝尧曾经梦见自己攀天而上，商汤也梦见登天而食，这都是千古帝王的先例。如今你家姑娘也做这样的梦，她的前途大吉大利难以言传。"后邓家人又请来相士，相士一见邓绥，当即恭敬地说道："小姐不同凡响，必走成汤之路！"邓氏族人一听，当然高兴不已，遂命人严守这个秘密。

可惜，在邓绥入宫之前的永元八年（96年），小阴氏阴孝和就已然做了皇后。因此，邓绥本应该一片坦途的后宫之路就这样布满荆棘。邓绥一入宫，其绝世的容颜便倾倒了众人，更别说年方十八、正值年少轻狂的汉和帝刘肇了。刘肇一眼就看中了邓绥，此后，邓绥便甚得宠幸，次年便被封为地位仅次于皇后的贵人。这年，她才十六岁。

随着邓绥受到的恩宠日益厚重，邓绥也深刻地感受到自己所面临的危机。

俗话说得好，木秀于林、风必摧之。和帝刘肇如此地宠幸邓绥，当然会让阴孝和觉得自己的地位不保。因此，每次邓绥都会相让于皇后，恭肃小心，动有法度。因为她清楚地知道，一旦自己有半点争宠之心，被皇后发现会招来杀身大祸，皇上知道了，也必定会对自己不那么宠幸了。恰在当时，邓绥和阴孝和都没有子嗣，邓绥见此，忙向皇帝推荐别人，以便让皇帝能够早生龙子，承继大业。皇帝刘肇见邓绥如此为汉室着想，不禁对她格外高看。

有一次，邓绥染病，刘肇还特别恩准邓氏家人可不限人数地出入皇宫，探望邓绥。这在当时可是莫大的恩典，然而邓绥却说道："宫禁至重，乃天子所居。若使妾外家久在内省，有违圣制，不合礼法。此虽是皇上殊恩，但这样一来，上使陛下有亲幸私家之讥，下使贱妾遭不知足之谤。上下交损，得不偿失，实在不想搞到这种地步。陛下不弃贱妾陋质，妾纵死亦感泣于九泉之下。"

皇帝闻言，愈加喜欢这个邓绥。随着邓绥德名日盛、声誉日隆，皇后阴孝和也日益感到，自己再不出手，怕是这皇后大位也要拱手让人了。百般无奈之下，阴孝和决定，以巫蛊妖法去诅咒邓绥，这当然没有什么效果。可到了永元十三年（101年）夏，阴孝和见和帝病危，便想趁机向邓绥暗下毒手。幸好邓绥在宫中颇有人缘，连皇后身边的小太监也感到阴氏过于阴毒，于是便悄悄地将这个消息传到了邓绥的耳中，邓绥听闻，吃惊不已，再看皇帝，已经病入膏肓、气若游丝，此番皇上如有不测，自己难免会遭受杀身灭族之祸，皇后独掌大权，难免会重蹈窦氏兄妹之乱。

一念及此，邓绥顿时冷汗如雨，扬言要自杀以报皇恩。邓绥此举，可谓高明之至，一旦皇宫有变，自己自杀之举兴许会换来百官的同情，可免遭祸患。如果皇上病好，则自己就可以获得一个好名声，贤德之名更加远扬。当然，邓绥最终没有自杀，皇帝刘肇也病好如初。

和帝病好之后，得知邓绥被逼得险些自杀，心中不免对阴孝和之狠毒产生不满。皇后身边之人也对阴孝和很不满，不久，皇后行巫蛊之术的事情便传到了皇上的耳中，这在当时可是了不得的大事，前朝旧历，多少人因这巫蛊之祸魂断九泉。皇上闻言，心下大怒，急忙命人彻查此事。

永元十四年（102 年）夏天，皇后因行巫蛊之事证据确凿，遭到废黜。阴孝和被废后迁于桐宫，最终忧惧而死。阴孝和到死也不明白，自己只是试着施行巫蛊之术，并没有取得任何的效果，何以会招致如此大祸。其实，这一切都是在潜移默化中造成的结果。自邓绥入宫，得到皇帝宠幸，再到邓绥和阴氏两个人的所作所为的强烈对比，刘肇要废黜阴孝和的心早就暗自增长。说起来，阴皇后还是光武帝皇后阴丽华之兄阴识的曾孙女，与刘肇大有渊源。她与邓绥也是姑表亲戚，且低邓绥一辈。

树倒猢狲散，在皇帝下令彻查此事之后，阴氏族人阴轶、阴辅、阴敞都被打入天牢，其中会不会有屈打成招之事就不得而知了。事发之后，阴孝和的父亲阴纲服毒自尽，其族人被刘肇全部流放到南方遥远的日南郡。自此，这个事件才全部结束。

国不可一日无君，当然这君王后宫也不能一日无主。永元十四年（102 年），邓绥便因其贤德而被册立为后。刘肇在之前的立后讨论上言辞恳切地说道："皇后之尊，与朕同体，承继宗庙，母仪天下，岂能轻视？朕以为邓贵人德冠后宫，贤称天下，最为合适。"

眼看皇朝的未来蒸蒸日上，汉室江山也将恢复汉武大帝在世之时的隆盛。殊不料，元兴元年（105年），年仅二十七岁的刘肇病逝，而且其后人多不堪承继大业，要么患有笃疾，要么夭折殒命，刘隆（后来的汉殇帝）年仅百日，未脱襁褓。邓绥顺理成章地临朝听政，掌握国家的实际权力，并自称为"朕"。邓氏家族随即成为又一个窦氏，外戚力量再一次崛起。

梁氏权倾朝野

梁氏之重权，主要集中在三个人的身上。一是梁妠，为汉顺帝刘保之皇后；二就是梁妠的父亲梁商，为汉顺帝时大将军；三就是梁妠的兄长梁冀，号称"跋扈将军"。自他们崛起之后，梁姓戚族声势日渐壮大，当权三十年，封侯爵的七人，当皇后的二人，当嫔妃的二人，妻子女儿被封为"郡君""县君"的七人，娶公主的三人，将领五十七人。整个东汉王朝的外戚权贵之中，只有以邓绥为首的邓氏家族可与之比肩。

大凡历史上大有作为的人，都会有异于常人之处，即使没有明显的事情可以证明其天赋异禀、不同寻常，后世之人也会用些想象编造一些出来。梁妠贵为皇后，权倾天下几十载，待得她功成名就，总有些人会为其树碑立传，编撰传说。

著名的《后汉书》中就对其身世有这样详述：梁妠一生下来，就有日月光辉的祥瑞。少年时代善做女工，喜好阅读史书，九岁时能背诵《论语》，研究《韩诗》，并能略举其中大义。她常常把列女的画像放在自己的身边，以此来自鉴自警。她的父亲梁商深感奇怪，私下对弟弟们说："我们的先人在河西保全接济别人，救活的人不可胜数。虽然最终没有得到大位，但是积德必有还报。假如吉庆能影响到后世子孙的话，或者将由这个女孩兴起吧。"说来奇巧，上天仿佛真的就听见了梁商的祈求，让梁家自梁妠开始，扶摇直上九万里，傲视四海、雄踞天下。

这一天来得很快。

永建三年（128年），梁妠与她的姑母都被选入掖庭，当时她虽然只有十三岁，却已经生得亭亭玉立，如含苞待放之牡丹。相工茅通一见梁妠，十分惊讶，忙拜礼祝贺说："这正是所谓日角偃月之相，这种极尊贵的面相，是臣从未见到过的。"有太史卜兆得寿星房宿之象，又筮得《坤》变《比》的吉卦，于是封她为贵人。其实，这些求神问卜之术，不过是汉顺帝欲立她为贵人的托词。刘保乍一见梁妠，便被其美貌所倾倒，封个贵人，实在是实至名归，投皇帝刘保所好罢了。

自此，梁妠经常被召去侍奉皇帝，眼见宫中许多贵人已然对自己有不满之意，梁妠何等聪明之人，立刻当机立断，不能继续这样一直受到皇帝陛下专宠，否则遭受众人妒忌，便会成为众矢之的。兼且自己也不能一直满足皇帝的要求，因为皇帝历来都是喜新厌旧之人，自己时常与皇帝见面，不免会有失去宠爱的一天。于是，她便从容地对皇帝说了这样一番话："阳以广博施恩为德，阴以不专为义，后妃若螽斯不妒忌，则子孙众多，福瑞由此而兴。愿陛下像云雨一样均匀地润泽万物，懂得鱼贯有序的意义，对众位后妃遍加宠爱，使小妾我得以免受责怪讥谤的拖累。"

皇帝见她丝毫不恃宠而骄，反而以一颗宽容之心为大汉繁荣昌盛着想，心中大为赞赏。由此皇帝更加敬重她。阳嘉元年（132年）春天，主管官员上奏皇帝，梁贵人应该是德配天福，正居皇后之位。皇帝同意，于是在寿安殿立梁贵人为皇后。与此同时，梁妠的姑姑也被皇帝册立为贵人。

皇后从小就聪明而贤惠，深察前代的得失，虽然她是凭德义而进位为皇后，但是不敢有骄横专宠之心，每当日食月食上天表示责罚的时候，她总是换穿素服，检讨自己的罪过。皇帝刘保见此，更加信任皇后，梁氏一门也因"一人得道"而"鸡犬升天"。

梁妠之父梁商被封赏为"特进"官职（授列侯中有特殊地位者），赏赐安车驷马。同年，又拜梁商为执金吾（督巡三辅治安的长官）。其实，梁氏一门本就是当时的显贵，只是在窦氏兄妹夺权过程中遭受打压。梁商年轻之时便凭借外戚的身份做了郎中一职，因其颇有才干，又被升迁为黄门侍郎。直到顺帝即位的永建元年（126年），梁商承继了其父亲的爵位，做了乘氏侯。梁商素有忠义之名，年轻之时，正是家道中落的时候。梁商也听过和见识了梁氏所遭受到窦氏、邓氏、阎氏等外戚的压制和打击，在宦海中几度浮沉。因此，从小他就不敢以皇亲国戚的身份自居，随着其官职的逐渐升迁，他反而变得更加谦和恭敬。虽然事隔多年，他还是对窦氏、邓氏等人上位之后朝堂之上的风云变幻、腥风血雨谈虎色变。随着皇帝的宠幸日盛，自己的儿子梁冀在阳嘉二年（133年），差点被天子封为襄邑侯，因梁商一再推拒才作罢。幸得此时梁商还是一家之主，管得住自己的这个儿子。可他知道，梁冀非池中之物，虽然现在没有恃强凌弱的表现，但其性格已然不时地凸显出来，一旦给予他龙入大海的机会，带给整个大汉的，就不知道是福气还是祸患了。

阳嘉三年（134年），顺帝想让梁商当大将军，梁商知道，前面自己就拒绝了皇帝要封赏梁冀的诏令，此番如果还拒绝，势必会让皇帝难堪，但是为了不引起别人的嫉恨，无论如何也接受不得。于是梁商便坚持说自己有病，一直不上朝，直到皇帝收回成命之后，他才重新回到自己的职位上去。他此番作为，可谓是聪明之至，既让皇帝安心地将权力交给他，又让群臣心服于自己的德操。阳嘉四年（135年），梁商终于借着太常桓焉捧着策书到梁商的家里来授官的机会，没有多少推脱便去皇宫叩谢皇恩，领了大将军印绶。不久，梁冀也被皇帝封了侯爵。自此，梁氏一门终于走上了帝国权力的巅峰。

梁商在世之时，对于梁家人的约束是很严格的，他也时常提醒自己不要恃宠而骄，因为他深知，在这帝王之家，每一步都要谨小慎微，只有步步为营，才能够保证梁氏一族的长久富贵。这一点，其女梁皇后也和他极为相似，在深宫内院之中，虽然偶有动作，却也张弛有度。对人大度宽和，对自己要求严格；对皇帝尽心竭智，对族人百般制约。当然，这一切都是表面的功夫，她要的不是族人嚣张无度，违法乱纪，而是养精蓄锐，暗藏韬略。

自从梁商做了大将军之后，越加表现得谦恭宽和。他不拘一格，向皇帝举荐人才，如汉阳人巨览、上党人陈龟为掾属，李固、周举为从事中郎。举荐这些有才能之士，既保证了汉室不至于不可救药，也能够使自己获得一个清正廉洁的好名声，更能够在关键时候让这些人为自己所用。诚可谓一石三鸟之策。皇帝有感于此，对他更为信任，将许多国家机要大事交给他处理。

梁商为人谨慎，连百姓都赞叹他是个好官。刘保在位之时，汉朝天灾不断，梁商见此，丝毫不吝啬自己的财物粮食，借着国家之名向各个郡县的百姓发放。同时，对于自己族人约束甚为严格，一旦他们犯有过错，决不轻易饶恕。如此为官，从日后梁氏一门的作为来看，当然是深谋远虑之举；但如是从当时的国家情况而言，梁商则不失为一个为国为民的好官。

眼看梁氏一门受到皇帝如此恩宠，那些昔日和皇帝一起打江山的宦官们就坐不住了。宦官们是不会轻易让梁氏一家逐渐坐大为患的。

文理双修的张衡

张衡，作为中国封建社会上升阶段的科学巨匠，恰如希腊神话中为人类带来火种的普罗米修斯。不为封建社会那困顿的环境所限制，毅然投身于浩瀚的科学技术之中，他的人格魅力和其聪明才智一样，在中国的历史上熠熠生辉。

早在汉顺帝即位之前，张衡就已经久负盛名。汉章帝建初三年（78年），张衡出生于南阳郡西鄂县石桥镇（今河南南阳市城北五十里石桥镇）一个破落的官僚家庭。祖父张堪曾是地方官吏，担任过蜀郡太守和渔阳太守。张衡幼年时候，家境已经衰落，穷困潦倒之时，家徒四壁，温饱也难以持续。为了缓解家庭困境，张衡很小就不得不下地务农、入水抓鱼。这种生活虽然清苦，却也是难得的历练机会，使得他能够深刻地感受到民生疾苦，逐渐积累了大量的生活常识。再加上他勤奋好学，在地理、天文、数学、绘画和文学等诸多方面都表现出非凡的天赋，不久便扬名天下。

他之所以能够名动天下，主要就是依靠于他的理论著作和实践发明。

《灵宪》是张衡的代表作，全面体现了张衡在天文学上的成就。张衡认为，宇宙并非生来就是如此，而是有个产生和演化的过程。张衡的思想和现代宇宙演化学说的精神有所相通。此外，他还认识到宇宙是具备无限性的，认为人目所见的天地是大小有限的，超出这个范围，人们就"未之或知也。未之或知者，宇宙之谓也。宇之表无极，宙之端无穷"。宇宙在空间上没有边界，在时间上没有起点。这当然和如今空间物理学特别是霍金的大爆炸理论大相径庭，但是要证明孰对孰错，却是千难万难。《灵宪》还介绍了天地的结构、日月的角直径、月食的原因、五星的运动、星官以及流星和陨星等相关方面的知识，虽然在很多方面，限于当时的视野和科技条件，这本书还存在诸多缺点和疏漏，但在当时而言，这本书无疑是世间最为完备的天文学巨著。梁代刘昭看罢《灵宪》，不由拍案叫绝，赞颂张衡"天文之妙，冠绝一代"。

著书立说之外，张衡还制造了许多仪器，比如浑天仪和名震古今的地动仪。可惜后来东汉一片混乱，地动仪也遭受鱼池之殃，毁于战火之中。

张衡一生的科技理论和发明实在是太过纷繁复杂，穷一人之功能够取得如此成就，实在是叫人叹为观止。而张衡的为官生涯以及其间所体现的气节，让更多的人特别是古代士族为之赞叹和效仿。

少年之时，张衡就很有文采，古人相信：读万卷书，不如行万里路。待得张衡学识饱满之后，便出外游学，以增长见识，结识人才。皇天不负苦心人，当他到达京师洛阳时，终于进入整个汉朝的最高学府太学读书，并结识了著名经学家、天文学家贾逵的学生崔瑗，并成为至交好友。和帝永元十二年（100年），张衡应南阳太守鲍德之请，成为他的主簿，掌管文书工作。八年之后，鲍德被安帝刘祜调任京师，张衡即辞官居家。在南阳期间他致力于探讨天文、阴阳、历算等学问，并反复研究西汉扬雄著的《太玄经》，一时间声名鹊起，逐渐引起了汉安帝的注意。永初五年（111 年）张衡奉诏入京，官拜郎中。

这年，张衡三十二岁，第一次真正地踏上了仕途。

及至顺帝即位，张衡连续升迁，先后担任尚书郎、尚书令。古代士人皆崇尚"学而优则仕"，因此可以说，此时的张衡终于实现了他的政治抱负。正应了"好事成双"这句成语，张衡仕途顺遂的同时，在科技上也取得了突出成就，在此期间，他完成了他一生大部分的科技成就。到了阳嘉二年（133 年），顺帝见他不负众望，成绩斐然，便将其升为侍中。

眼见这样一个士人受皇帝的恩宠日盛一日，宦官们斗不过梁商，却也不能让张衡骑到他们的头上。然而，张衡一直以来，都以勤于政事、爱惜人民、忠于朝廷、达于科学而著称，要找到他的毛病，还真不容易。

但张衡在对待谶纬之风盛行的问题上，却表现得不明智了。两汉时期谶纬合流，到顺帝之时，天地时常发生灾祸，皇帝总是担心自己帝位不保，宦官们便招来一些儒生，让他们以自己所学，即以古代河图、洛书的神话，阴阳五行学说及西汉董仲舒的天人感应说为理论依据，为皇帝预测国运，看看谁人忠诚，谁人有反意。谶纬被称为内学，尊为秘经，将自然界的偶然现象神秘化，并视为社会安定的决定因素。这实际上成了宦官诛除异己、陷害忠良和政敌的工具。

张衡眼见皇帝被蒙蔽，毅然向皇帝上书："国谶虚妄，非圣人之法。"又说："……此皆欺世罔俗……宜收藏国谶。一禁绝之。"此番言论在当时看来，无异于九天之雷，轰动朝野。宦官见有机可乘，忙向皇帝进谗言说："张衡无知，诽谤天意，扰乱圣听，为正法纪，为肃礼仪，理应杀之。"

皇帝爱惜张衡的才华，但是如此言论，难免与朝廷大势不合，兼且自己的左膀右臂都弹劾于他，自己不对其稍作惩罚，实在难以服众。

永和元年（136年），张衡受宦官排挤中伤，被皇帝调离京师。担任河间王刘政的相。可是，张衡并没有就此沉寂，因为现实不让他从此沉寂。河间王刘政，在当时可谓是臭名昭著，最是不守法纪。骄横奢侈之风在其属地上四起，当地豪强皆群集响应。张衡到任之后，对刘政晓之以理，动之以情，终于说服刘政改革。

在取得刘政支持之后，张衡严整法纪，打击豪强，使得上下肃然，百姓拍手称快。三年之后，河间王属地一片太平，张衡见自己已经老了，并且时常患病，便准备功成身退，向皇帝请求归隐田园。皇帝认为，他实在是个可用之才，但是宫中尚有很多的人反对他，特别是那些宦官。便决意让张衡回京师做尚书（官职远低于侍中或相）。他正准备应诏，却忽然得病，不久便逝世。

梁氏掌权

梁商在世之时，素有贤德之名。他在阳嘉三年（134年）得到了权倾天下的大将军之职，"以戚属居大位"历来为皇帝所防备，为群臣所诟病，因此，梁商一直不敢放纵自己，反而对皇帝忠心不贰，对朝务尽心竭力，为群臣之典范。而且礼贤下士，为皇帝不拘一格地挑选人才。因而直到他逝世，依然没有什么过错，留下了较为贤德的名声。

不得不说，梁商具备极为长远的眼光。他知道，自己在世之时，皇帝无论是身体状况还是心性，都不是自己可以妄自颠覆的。只有自己生前为自己的子孙奠定良好的根基，才能在将来朝局变动之时，确保梁氏家族的主动地位。

永和六年（141年），梁商之子河南尹梁冀任大将军。二月丙辰日，皇帝令大将军、公、卿等举荐贤良方正、能探索玄妙道理者各一人。在大将军的建议之下，梁家的心腹执金吾张乔做了车骑将军，率领军队屯守三辅，以为京师洛阳之屏障。自此，汉顺帝完成了一个军事大权完全旁落的转型。

皇帝无能，导致民不聊生，外患未绝，内忧四起，这年八月，南匈奴左部大人句龙吾斯与莫辞台耆等反叛，东汉对匈奴政权的统治地位逐渐丧失，这是南匈奴日益强盛，而汉朝则日益衰落造成的必然结果。而汉朝内部，诸多郡县盗贼四起，官员昏聩，贪赃枉法者不胜枚举，皇帝不清明吏治，却只遣侍中杜乔，光禄大夫周举，守光禄大夫郭遵、冯羡、栾巴、张纲、周栩、刘班等八人分别巡访州郡，宣扬风俗教化，检举核实善恶好坏，收效自然很小。为了进一步排除异己，在梁冀的打压下，一直忠于汉室的太尉桓焉、司徒刘寿被免职，转而由梁氏亲信司隶校尉赵峻任太尉，大司农胡广任司徒。

汉安三年（144年），皇子刘炳被册立为太子，入主东宫，改年号为建康，大赦天下。同年八月庚午日，汉顺帝崩于玉堂前殿，当时年仅三十岁。刘保没有起到中兴汉室的作用，反而沿袭前代的错误，不辨忠奸是非，让汉朝天下更加腐朽。

刘保驾崩，梁妠连夜召其兄长梁冀入宫，梁冀凭借手中兵权，封锁了洛阳各处宫门和城门，意在维持洛阳重地的稳定，完成帝位交接。

而在此之前，梁氏兄妹就密谋，眼看顺帝刘保一病不起，又要步入前朝多个皇帝的后尘，短命而去。便想要择一人坐上太子大位。而梁皇后则和众多掌握实权的皇后一样，一直没有子嗣。单纯靠他们还显得力量不足，于是，梁氏兄妹还纠集了宫中握有重权的宦官们，和他们商议太子大位的人选。

最终决定，立虞贵人年仅一岁多的儿子为太子。这人便是刘炳，也就是后来的汉冲帝。一来这虞贵人并不是什么权贵之后，祖上也就是一般的官宦之家，当朝之中也没什么权势，自然便于控制，少了许多麻烦。二来其子刘炳还是嗷嗷待哺的小孩，连自己是个傀儡的意识都不会产生，于梁氏而言，无疑是最佳选择。

当年八月庚午日，汉顺帝刘保的葬礼还未完成，刘炳便在梁氏兄妹的扶持下，即皇帝位，年仅二岁。尊称皇后为皇太后，因皇上年幼，太后顺理成章地临朝听政。这年八月丁丑日，任命太尉赵峻为太傅；大司农李固为太尉，参加总理尚书事务。九月丙午日，葬孝顺皇帝于宪陵，庙号叫敬宗。

等待了多年的梁氏兄妹，终于走上了权力的巅峰。然而，伴着顺帝的驾崩，汉朝江山也江河日下。天灾不断，外忧内患连连，朝廷派出的军队腐败不堪，致使汉朝败仗不断。梁氏兄妹在处理国家政事方面的能力和窦氏兄妹及邓绥太后高下立判。然而，正在二人苦思治国之策的时候，另一个噩耗也接踵而来：新帝刘炳病危。

永熹元年（145 年）春正月戊戌日，皇帝崩于玉堂前殿，年仅三岁。

冲帝一死，朝中权力依然把持在梁氏兄妹手中，同时，梁冀之父梁商身前素有贤名，大树之下，梁氏兄妹自然少了许多后顾之忧。此外，昔日宦官与外戚之间可谓是水火不容，今天则是相互妥协，唇齿相依，后宫大局一定，前朝军权在握，梁氏兄妹便将继任之人扶持上皇位。梁氏兄妹在冲帝病中便开始商议对策，未雨绸缪，将刘缵迎接到洛阳城中，严加看护。

刘炳一死，梁氏兄妹便在宦官的配合下，密切监视洛阳城，一旦有何异动，就可便宜行事，又让宦官拟旨，昭告天下，为刘炳发丧，稳定了宫中的局势。最后梁冀持符节，用王青盖车去宫外迎接8岁的刘缵进入南宫，丁巳日，封为建平侯，当天即皇帝位，即为汉质帝。

再立质帝，太后梁氏仍然秉持朝政。

皇帝登基日久，也日渐了解到自己的处境，他虽然年纪不大，但毕竟生在皇宫，对于宫廷之事也颇为了解，当然不会甘于做一个傀儡。但是，他外不能联络众臣，内不能消灭外戚，只能在偶尔颁布诏书之际，无关痛痒地抒发自己对于困境的担忧和对天下的愧疚。

这年，九江、广陵二郡多次遭侵害，破坏得最严重。百姓流离失所，白骨曝露荒野。皇帝认为自己施政不当，愧疚非常，每念及此，心痛难当，遂命令调邻近郡的谷物，开官仓供给穷困弱小的人粮食，收埋枯骨，一定要加以埋葬抚恤，从而慰藉其愧疚之心。由此而观之，皇帝刘缵是真的想做个亲政爱民的好皇帝，或许在他的治理之下，这巍峨江山还能够重新焕发生机。可惜他生不逢时，遇上了梁冀这个"跋扈将军"。

一日，朝堂之上百官均已各自站定到自己的位置上，甚至皇太后和皇帝都已然坐定，却只有一人没有任何原因，便误了早朝。

他就是梁冀。梁冀自从做了大将军以来，一直嚣张无忌，刘保在世之时，他还有一些忌惮，不敢胡作非为。但是自从顺帝死后，朝中大权便都掌握到梁氏一门的手中，就连朝中很多大臣也甘心成为梁冀的鹰犬。梁冀便没有了任何顾忌，即使是刘氏皇族见了他，也得退避三舍，恭顺有加。

渐渐地，就连他父亲当年一首提拔起来，后又得到梁太后重用的相关大臣都对其心怀不满。其中最具代表性的便是太尉李固。李固见梁冀这么久还不来上朝，便向皇帝进言：不如先议国事，他既不按时到来，我等大可不必等他。

说来也巧，李固这句话刚说完，梁冀就来了，同时大声咆哮到："尔等鼠辈，竟然不等本将军，本将军不来，这朝廷还算是个朝廷吗？"说着，梁冀恨恨地对李固说道："原来是太尉大人，好大的气势！"

李固面红耳赤，却敢怒不敢言，心想：前车之鉴，一些不满他的官吏，或被斩杀，或被囚禁。皇帝陛下从小聪明伶俐，迟早可以亲政，为了皇帝陛下的大业，自己千万要忍住。昔日，韩信受胯下之辱，才助高祖成就千秋霸业，只要皇帝能够保全，这点侮辱又算得什么。

眼见朝堂之上，竟然无一人敢与梁冀辩驳，质帝年幼，不免有不服之意，少年心性，自然无韬晦之略。于是，便脱口说道："真是个跋扈将军！"百官一听，都为皇帝的胆略所叹服，一时之间，群臣对于梁冀的不满之声，传遍了整个朝野。碍于情面，梁冀当然不会当场发作，但是内心却对这个皇帝愤恨不已，事后一想："此子初生牛犊不怕虎，如果放任不管，将来势必成为自己的心腹大患"。梁冀索性一不做二不休，欲除掉质帝再立新帝。

于是，梁冀便买通了宦官，暗自将毒药放在煎饼之中，送给质帝去吃。质帝没有什么防范之心，吃了煎饼便感受到心腹之间痛如刀割。太尉李固闻讯，急忙赶来，问太医：皇帝为何会这样。太医如实禀告，正欲施救，质帝便倒了下去。

本初元年（146年），闰月甲申日，皇帝崩于玉堂前殿，年仅九岁。可叹其在位时间不足一年，就在奸臣梁冀的毒害下殒命。

为了防止李固随意乱说，同年闰月丁亥日，太尉李固被免官。戊子日，司徒胡广任太尉，司空赵戒任司徒，太仆袁汤任司空。与梁冀一起总理尚书事。自此，梁冀一人总揽朝中大权，嚣张跋扈，不可一世。

刘志登基

汉质帝本初元年（146年），汉桓帝刘志即位，此时刘志年方十五岁。

按照汉朝祖制，在外为王侯的人绝对不可以擅自僭越，登基为帝。但是自从汉章帝以后，汉室便在外戚或者宦官的操控下，屡屡废黜正统太子，而迎立年纪幼小的在外王侯之子为帝。汉桓帝刘志便是在这样的背景下侥幸登上九五大位的。

其实在此之前，梁氏兄妹和一众宦官就对废立皇帝之事有所考虑。眼看着质帝日益长大，而且表现得也极具王者之气，若不将之尽早扼杀，迟早会危及梁氏兄妹的统治。越早选出可以替代他的人，便越能够保证梁氏兄妹的江山永固。

于是，他们将自己的目光朝向了刘志。刘志虽然年龄很小，但已经继承了刘翼蠡吾侯的封爵，而且经过他们多方的调查，发现此人胸无大志，目光短浅，正是二人心目中继承皇位的人选。

所有人都没有预料到，这一天竟然会来得这么快。这日，梁妠以皇太后身份征召刘志到洛阳城北的夏门亭，准备把自己的妹妹嫁给他。忽然宫里传来消息，自己的哥哥梁冀竟然毒杀了质帝。很快，梁冀便来到梁太后寝宫，商议册立新君之事。梁太后本来还准备对梁冀肆无忌惮的作为有所责怪，但是一想到兄妹阋墙的后果，梁太后便迅速镇定下来。

梁冀一到，便向梁太后说道，此番质帝已死，要想继续维护自己的统治，当务之急，就是选择一个符合自己心意的君主。太后闻言，深感有理，忙向梁冀说道，前面他们二人已经关注的人选，即刘志，可以承担这样的角色。此番刘志已经是他们的妹夫，如果能够登上帝位，不仅能够迅速堵住悠悠众口，还能够亲上加亲，让自己更加容易地控制皇帝。梁冀一听，当即赞道："还是太后圣明！"

第二天，这二人便将这个决定在朝堂之上公布，可惜尚在位的李固早就纠集了一帮人，反对刘志称帝。在李固的带领下，胡广、赵戒及大鸿胪杜乔都认为清河王刘蒜"明德著称"，且血缘与质帝最近（为质帝兄），应立为嗣。梁冀苦于找不到别的理由反对，只好宣布暂停讨论。

第二天，宫中掌握实权的宦官站了出来，特别是中常侍曹腾，坚决反对册立清河王刘蒜为帝，其实无论是谁做宫中的主子，一时半刻之间，也很难将梁氏兄妹的权力削弱半分，当然宦官们的权力也就不会受到什么影响。但是刘蒜很不幸，曾经因为看不起宦官乱权，而在曹腾去拜谒他之时，对其多有怠慢。曹腾一直就是一个睚眦必报的人，此番当然不能让刘蒜在自己的眼皮底下承继九五之尊。否则日后他一旦做大，自己等人不是要任其鱼肉了吗？

最终，在外戚宦官的联合压制下，李固等人被迫让步，不久，李固便被罢官。

本初元年（146年）闰六月初七日，大将军梁冀持节以青盖车迎刘志进入南宫，当天，登基即位，是为汉桓帝。桓帝年少，梁太后继续临朝听政。

此后，刘志成了梁氏兄妹手中又一个傀儡。此时，朝廷内外，国家大事，事无巨细，多数事情都是由梁冀　言而决。梁冀专擅朝权滥施暴力，忌妒陷害忠良，多次用邪说歪理蛊惑太后。对于李固之事，二人早就决定将他贬官为民，然而即使李固不在朝中，那些支持他的人依然在许多事情上违逆梁冀的意思，梁冀便认为，他们是借了李固的势头。于是，梁冀悍然决定，杀一儆百。不久，梁冀便撺掇梁太后诛杀了李固。

和平元年（150年）春天，太后行将就木之际，对自己一生的功过是非做出了比较全面的思考，她知道，自己无论如何，再也无法执掌这大好河山了，眼见皇帝日益长大，梁冀日益变老，群臣都生出了反对梁氏、拥立刘志的心思，为免自己死后留下不好的名声，也为了将来皇帝执掌大权之后，能够念自己拥立之功，放梁氏一马，便决定将政权归还皇帝。乘辇车到宣德殿，召见宫中与朝廷官属及梁氏众位兄弟。

不久，梁太后便溘然长逝，她在位十九年，享年四十五岁。死后与顺帝合葬在宪陵。虽然在名义上，梁太后将政权放归到刘志的手中，但是实际上，梁冀变得比往日更加嚣张。他见自己亲手杀了质帝，天下人虽然都知道那是自己所为，却不能将自己奈何，便以为只要自己君权在手，恩威并重，皇帝还是自己手中玩物，百官也只不过是一群看客。

一举定江山

在梁皇后逝世之前，桓帝便极为宠幸一个妃子，她就是梁贵人。梁贵人其实应该姓邓，名猛女，是和熹皇邓绥的堂兄之子邓香的女儿。据史书记载，梁贵人的母亲宣，起初嫁给邓香为妻，生下梁贵人。后又改嫁梁纪，梁纪是大将军梁冀妻子孙寿的舅舅。梁贵人少时失去了父亲，随其母亲居住，因而姓梁。

这年，梁冀的妻子在一次偶然的情况下，看见她容貌美丽，同时又和梁冀一个姓氏，算得上是亲戚，便在永兴年中举进她入掖庭，为采女。此女天资聪颖、美丽绝伦，桓帝一见之下，顿时为之倾心，加上梁太后塞给他的皇后所作所为不为人喜，梁贵人便显得特别受宠爱。一人得道之下，第二年，皇帝又封她的哥哥邓演为南顿侯，位为特进。

此刻，桓帝终于不用再忍受梁皇后执掌后宫的窝囊气，便决意将梁贵人册立为皇后。梁冀此时依然把持着朝中的军政大权，自己妹妹尸骨未寒，皇帝便要另立皇后，叫他这个"国之柱石"情何以堪？他认为，自己妹妹之所以会在备受冷落的凄凉中死去，都是被这个蛊惑了桓帝的梁贵人所害。

愤怒之下，梁冀决定除掉这个红颜祸水的女人。

其实，在梁冀准备除掉梁贵人之前，他还杀了梁贵人的姐夫。前面说到，梁贵人因为其母亲的缘故，改姓邓为姓梁。这件事情在其姐夫议郎邴尊的眼中，便成了大逆不道的事情。他认为，当今天下臣民最大的敌人，不是贪官污吏，也不是内乱外患，而是梁氏家族，特别是梁氏兄妹。梁贵人改姓，虽然能够博取梁氏兄妹的喜爱，但却是为求入虎穴，不觉入了狼窝。梁贵人闻言，深觉有理，便欲将这姓氏改正过来。梁冀闻言，当即大怒，这不是看不上梁冀吗？梁氏一族，权倾朝野，在这大汉天下，只要有梁冀在一天，就无人敢在他面前有半点违逆。于是，梁冀不顾皇帝和梁贵人的颜面，直接将议郎邴尊抓了起来，皇帝在梁贵人的请求下，正要前来向梁冀求情，还未到梁冀府上，便听人通传说，邴尊被梁冀当场杀死。刘志虽然心有不平，但为了不激起梁冀的反感，只能忍气吞声，从此绝口不提此事。

梁皇后死后，梁贵人之母宣便经常和梁贵人在一起。过去梁皇后极力反对这种情况，害怕宫中妃子和外戚勾结在一起，坏了自己的宫中地位。此时梁皇后已死，梁贵人终于能够和自己的母亲时常在一起，一诉宫中的寂寞了。可惜，这件事很快便传到梁冀的耳中，梁冀一来跋扈，二来则是为人敏感。一次两次还好，梁贵人三番五次地前去和自己的母亲相会，难道是为了夺取她们觊觎多时的皇后大位？于是疑心之下，便想将梁贵人和其母亲一起杀死。

俗话说，谋事在人，成事在天，梁冀万万没有想到，自己所派去的刺客进入宣家时，竟然被邻居袁赦发现，袁赦告知宣，宣入宫向桓帝哭诉，由此点燃了汉桓帝心中的怒火，使他再也难以忍耐。因为梁皇后已死，桓帝正欲册立梁贵人为后，梁冀刺杀贵人之生母，岂非欺人太甚!

　　真到了要动手的时候，桓帝又犹豫不决起来。这么多年，桓帝都生活在梁冀兄妹的阴影之下，那种感觉实在是太过刻骨铭心了。他知道，一旦自己失败，不仅做不了皇帝，还很可能会有杀身之祸。为了严密封锁消息，桓帝不得已躲进厕所里面，向身边宦官唐衡战战兢兢地问道："左右宦官中谁和梁冀不和？"唐衡想了想，说："单超、左悺与梁冀的兄弟梁不疑有怨，徐璜、具瑗也不满梁家，但不敢言。"汉桓帝一想，这几人在宫中颇有权势，又与梁冀有隙，定然能够为自己所用，于是，桓帝忙将单超、左悺秘密召入内室，对他们说："梁冀兄弟专擅朝政，满朝公卿有目共睹，我想把他们除掉，你们意下如何？"单超等道："如此奸贼，早就该杀，只是我们势单力薄，不知陛下有何打算？"汉桓帝说："我主意已定，只需诸位全力以赴地助我即可。"

　　单超、左悺知道桓帝势单力弱，而且性格中也缺乏杀伐果断的勇气，不由担心汉桓帝迟疑不决，会延误了大事。汉桓帝见此，忙果断地说："奸佞梁冀早该服罪，有什么可迟疑的？"当即，命属下将徐璜、具瑗招来，五个人共同策划，结为同盟，汉桓帝还咬单超胳膊出血为誓。单超嘱咐汉桓帝："今大计已定，陛下不要多言，以免被人怀疑！"

　　汉桓帝的除奸谋划尽管很秘密，甚至都将自己的初次谋划的地点放在了厕所之中，本以为会万无一失的。可惜，他们还是低估了梁冀的实力，梁氏一族，能够执掌大汉江山几十载，光靠嚣张跋扈是万万难以做成此等大事的。乍看之下，梁冀似乎像是一介莽夫，但仔细一想，就会发现，梁冀实际上是个很聪明的人。他狠毒地杀死了汉质帝，便顺利地化解了梁氏一门潜在的危机。他扶持汉桓帝，又能够掌握宫中大权。他杀梁贵人身边之人，就是为了让其孤立无援，即使做了皇后也只是孤家寡人一个。桓帝的这些小动作，又怎么能够瞒过梁冀呢？要知道，偌大的皇宫之中，可是遍布了梁冀的眼线。为防不测，梁冀派心腹宦官张恽以护卫皇帝的名义入宫，进而借机监视桓帝和单超等人。单超等人虽然是一介宦官，但是久居宫廷，对于梁冀的用心，自然看得真切。知道这件事情一旦有半点失误，便会万劫不复，于是先下手为强，以"辄从外入，欲图不轨"的罪名，将张恽抓了起来。

桓帝也意识到，梁冀已经对自己的所作所为有所警觉，急忙到前殿，召集各省尚书议事，以张恽事为借口命尚书尹勋召集尚书台官吏武装起来，守卫中枢机构，这样，就能防止梁冀狗急跳墙，激起兵变。与此同时，又派宦官首领黄门令具瑗统领皇宫禁军千余人与司隶校尉张彪包围了梁冀的住宅，梁冀万万没有料到，此番桓帝竟然真的动手了，前面自己不是没有发觉他的一些小动作，但梁冀以为，只要自己军权在手，皇帝就不敢妄动。还未等梁冀缓过神来，桓帝便派光禄勋袁盱收缴梁冀的大将军印绶。

梁冀知晓，此番是人心所向、大势所趋，自己万难挽回必败之局了。不久，他便在战战兢兢中自杀，其妻孙寿也一同自尽。接着，桓帝又"悉收梁氏、孙氏中外宗亲送诏狱，皆弃市"，其他与梁冀交厚的公卿将校被处死的数十人，其故吏、宾客被免官的三百余人，一时间，"朝廷为空"。据传，梁冀的家产被没收，拍卖后得钱三十多亿钱，真可谓是富可敌国。

桓帝在这件事上，充分利用了天时地利人和等各种有利条件，蓄谋已久，一触即发，挥手之间，便一举定下江山。由此而观之，桓帝并不是一个昏聩无救之人，只可惜，他所处的那个时代，注定东汉日益衰败。除非能够遇到如汉武大帝一般的雄才大略之主，否则，汉朝垂暮之气日渐浓郁，万难力挽狂澜。

桓帝过于仰仗宦官，在梁氏一族彻底被剿灭之后，宦官专权、党锢之乱，便在桓帝的执政生涯之中交相上演。

水火不容的士大夫与宦官

在诛除梁冀之后，桓帝为收揽人心，第一件事不是改变梁冀执政之时的诸多弊病，而是论功行赏。单超、徐璜、具瑗、左悺、唐衡五人均被封为县侯，单超功劳最大，食邑两万户，后又封为车骑将军；其他四人各一万户，世称"五侯"。中常侍侯览呈上五千匹缣，桓帝赐以关内侯，不久又晋封为高乡侯。就连小黄门刘普、越忠等八人都被封为乡侯。从此以后，东汉政权又从外戚手中转到宦官手中。宦官在心理上本就异于常人，此番夺取大权，还不如梁氏掌权之时。他们一心为了满足自己，无恶不作、任意妄为，搞得天下大乱、民怨沸腾。

延熹三年（160年）单超死时，桓帝赐以东园棺木以及棺中玉器，出殡时调动五营骑士、将作大匠建造坟墓。此时的桓帝，在亲政掌权之后，其懦弱性格日益显现出来，并在宦官的制约下，变得不明是非，暴虐无能。徐璜的侄子徐宣，在担任下邳令之时，暴虐无道、鱼肉乡里。他不仅不将天下百姓放在眼里，即使是汝南太守李皓，也被他视如草芥。他曾经强制要求娶李皓的女儿，遭到严词拒绝之后，便带领士兵将其女儿抓了过来，百般羞辱之后将其射杀。李皓知道了这件事情，也只能徒呼奈何，直到东海相黄浮知道此事，便下令抓了徐宣一家，将其处死，以正律法。宦官徐璜为报仇便纠集了一干宦官，在桓帝耳边大肆进谗言，桓帝当即大怒，不问因由便诏令治狱，将东海相黄浮判了髡钳重刑，谪入左校做苦工。

其实，皇帝之所以会变得如此不堪，是有深刻的原因的。一方面，这些宦官都为桓帝亲政立下了汗马功劳，皇帝执掌大权，当然不能忘恩负义。另一方面，则是皇帝在此时已经是孤家寡人一个，身边没有任何可堪大任的人才可用，只能仰仗宦官。最后，则是因为桓帝在夺权成功之后，宦官为了博取他的欢心，想尽各种办法，可谓煞费苦心。时间一久，桓帝便沉溺于享乐，逐渐荒废了国家大事。这就引起了新兴士大夫势力的不满。而在天下寻常百姓眼中，更多的人是选择支持士大夫的，然而，他们毕竟和宦官的根深蒂固不一样，在实力上远远比不上宦官。两派在根本利益上的不同，注定会演变成一场轰轰烈烈的冲突。

这一天终于来临，事情的起源还需要从汉桓帝延熹九年（166年）说起。对于宦官乱政、为非作歹，无论是居庙堂之高还是处江湖之远，人人莫不怨声载道。而正在此时，宦官赵津、侯览等党羽与张泛、徐宣等人借着桓帝下诏书大赦天下之际，加速自己的不法行动，这样一来，自己便可以明目张胆地胡作非为，即使被抓住，也可以在大赦之时免于惩罚。而在此之前，由于宦官屡进谗言，桓帝又对其信任不已，朝中大臣大多被压制。士族官员成瑨、翟超、刘质、黄浮等早就看不惯宦官的言行，当此之时，虽然势单力孤，却依然不畏权贵，在大赦以后按律处置了这些人。宦官等人向桓帝进言，说他们纠结在一起，毁谤朝廷，危害社稷，桓帝听信一面之词，重处了这些官员。宦官见有机可乘，遂借机对朝中不满他们的臣属进行打击。

一时之间，朝廷之上可谓风声鹤唳，人人自危，为了维持局势的稳定，为平白无故蒙受冤屈的官员平反，太尉陈蕃、司空刘茂二人一起站了出来。他二人位极人臣，朝中士人皆是唯他们马首是瞻。针对当前宦官乱政、桓帝被蒙蔽的事实，太尉陈蕃、司空刘茂与其他士族官吏进行了严密的商议，可惜还是走漏了风声，被宦官们提前察觉，向桓帝告发说，士大夫群集，欲对桓帝的执政现状进行诽谤。果然，第二天，太尉陈蕃、司空刘茂二人便在大殿之上一起向皇帝进谏，桓帝一听，顿时心中不悦，要不是这二人都是朝中重臣，这么多年以来对汉朝也算得忠诚可嘉，桓帝几乎就要当场发作。刘茂见状，其胆小谨慎的性格便迅速占据了上风，原来商议好二人同时上书的事情，也只能半途作废。遂剩下陈蕃一人独自上书，为遭受陷害的官员辩解，要求桓帝"割塞近习与政之源"，清除宦官乱政的不正之风。桓帝闻言，果然和昨天中常侍等人所说的一样，欲要结党营私，打击忠心于自己的宦官们，只是这陈蕃树大根深，一时之间还不好对付，桓帝便决定不理他，而宦官等人则因此更加嫉恨士大夫们，虽不敢加害名臣陈蕃，但对其他人则大加报复。

虽然朝中大臣、地方官员以及民间百姓大多站在士人一边，纷纷指责宦官乱政，为非作歹，排斥忠良。可惜毕竟相信宦官的是皇帝，刘志一声令下，天下莫敢不从，结果这些站在士族一方的官员被纷纷免官，成瑨、刘质等最终在狱中被害，岑晊、张牧等人逃亡得免。此时的河南尹李膺对于朝局变动的情况也时刻关注着。之前宦官党羽张成之子因为宦官的庇护，在大赦之前公然了结私人仇怨，杀害了一人。李膺负责查办此事，宦官阉党见桓帝即将大赦，对此事也没有放在心上，哪知道李膺在大赦期间，对于张成之子的罪行压下不审，专门等到大赦过后，再行定罪，以排解自己心中的愤懑，将宦官及其党羽绳之以法。不久，按照当朝律例，李膺处死了张成之子。张成闻讯，心中大痛，心想：此仇不报枉为人，连夜向宦官禀明此事，要求他们念在自己忠心不贰的份上，为其亡故之子报仇雪恨，宦官对于李膺处处与他们作对之事，早就心怀不满，欲要施以惩戒。于是，宦官一党遂让张成弟子牢修上书，诬陷李膺等人养太学游士，交结诸郡生徒，结党营私，诽讪朝廷，扰乱民众。

桓帝听信了宦官一党，当即大怒，遂诏告天下，逮捕并审理党人。御史中丞陈翔、太仆卿杜密等重臣及陈寔、范滂等士人皆被通缉。太尉陈蕃知道这是宦官之奸计，遂以"罪名不章"为由拒绝平署诏书。宦官见桓帝颁布的诏书因为没有太尉的批准无法生效，便向桓帝进言，跳过司法程序，直接让宦官负责的北寺狱审理此案。李膺、陈寔、范滂等人慨然赴狱，受三木酷刑（他们的头颈、手、脚都被上了刑具，叫做"三木"，然后被蒙住头一个个拷打）在狱中关押了一年多而不改其辞。

司隶校尉李膺等二百余人受诬为党人，一并犯罪被监禁，这些人大多是天下名士，民间所认同的"贤人"。度辽将军皇甫规以没有名列"党人"而被捕为耻，上书"臣宜坐之"，要求桓帝连自己一块儿治罪。桓帝没有理他。陈蕃再度上书，以夏商周三代之事劝谏，言辞激切，桓帝嫌他多嘴，以陈蕃提拔的人才不好的罪名免去了他的太尉一职，改以光禄勋周景为太尉。司空刘茂深谙"皮之不存，毛将焉附"的道理，也连同一批士人向皇帝进言，请求赦免士人官吏的罪责，可惜桓帝此时已经彻底被宦官所迷惑，大权也大多掌握在宦官的手中，不久，司空刘茂便以协同之罪被罢免，改以光禄勋宣酆为司空。

后来桓帝窦皇后的父亲槐里侯窦武同情士人，上书求情。

桓帝心中暗想，此事大可就此为止了，因为朝中反对宦官的大臣几乎全部遭到打压，物极必反，没有必要激起他们全部的变动。而宦官虽然好用，但如果权力太大，则非社稷之福。

永康元年（167年）六月庚申日，桓帝颁布诏书，大赦天下，免除党锢的罪。

短暂的外戚统治

因桓帝无子，桓帝死后，便需要从刘氏宗族之中寻找一个合适的人选，来充当这个傀儡皇帝。皇后窦妙急召父亲窦武进宫协商，经侍御史推荐，选中了汉章帝的哥哥河间王刘开的曾孙，汉桓帝的堂侄，年方十二岁的解犊亭侯刘宏为太子，继承皇位，就是汉灵帝。

窦氏一门中，窦武素来有被封侯拜将的才德，因此，其见识也远超窦氏一族中的其他人。他认识到，当前朝局不稳，朝中大权很多掌握在宦官的手中，这极大地限制了窦氏一门的发展。眼下汉庭刚刚经历"党锢之祸"，党人虽然遭受打压，但是却赢得了广大百姓的支持。窦氏一门自从窦宪兄妹之后，便日益衰微，近些年才逐渐兴起，但是要对付宦官，在力量上还是略显不足。所谓"杀敌一千，自损八百"，即使成功地诛除阉党，也势必会落得个两败俱伤的结局。

于是，党人便成了窦氏打击宦官的首要拉拢势力。在窦武的推动下，窦太后再次起用陈蕃为太尉，同时找回李膺、杜密等有名党人，参与朝政。然而窦太后人处深宫，被势力强大的宦官所包围，宦官们整日甜言蜜语，窦妙一介女流，在政治上还显得十分生涩，因而在不知不觉之间，就被宦官哄得晕头转向，视他们为心腹，经常受他们的影响而改变主张，对此窦武和陈蕃等人都很担心：照此下去，太后没了是非之心不说，还会严重削弱外戚和士大夫的权威。于是，窦武便生出剪除宦官之意，但窦太后却因为不相信宦官的危害而迟迟不能下定决心。

迟则生变，窦武和陈蕃深刻地明白这个道理。这日，窦武和陈蕃秘密进入皇宫内部，晋见窦太后。其实窦太后早就知道他们会来，也知晓他们来到其寝宫的目的。窦妙觉得，自己不能见他们，否则他们又会提起扫除宦官这件事情。宦官们一个个对自己忠心耿耿，对皇朝事物更是尽心尽力，杀之不忍，害之不仁。索性自己不见窦武和陈蕃，将这件事情拖着，或许不久以后，他们就会明白自己的苦心，了解宦官的忠诚。

此时太后掌权，便和皇帝一样居住在北宫之内。窦武和陈蕃到达北宫，忙令太监通传，说有重要事情禀报太后。哪知这太监在通传这件事情之前，竟然事先向宦官侯览、曹节、王甫等人报告。侯览遂命人严密监视窦太后等人。

闻知窦太后竟然避而不见，不禁让侯览等人不明所以。窦武等人遂跪在宫外，声言如若太后一直拒而不见，他们就一直跪着。太后眼见自己的策略竟然不见效，只能宣他们进殿来，显然这时太后已经在某种程度上，被他们的胡搅蛮缠弄生气了。窦武一见太后，忙向她哭诉道："大汉将亡了，吾等危险了。"太后闻言，忙将窦武扶起来，诘问他何故如此危言耸听。窦武忙向太后说道:"如今朝廷之中,主要有三种势力,一则是朝廷百官,二则是我等外戚,三则是宦官阉党,前两种都是为了匡扶社稷,维持江山的有力力量,但最后一种则极大地威胁了皇朝的统治,他们整日无所事事,只想着如何牟取私人的利益,如何谋害正义的力量,多少仁人志士被他们构陷,太后如果不想重蹈覆辙,就必须要汲取前人的教训,迅速诛除这群势力,维持我们的长久统治。"

太后闻言,心中暗道:果然不出我所料。当下,万万不能如他们所愿,一来是那些宦官极力支持自己做了皇后,如今又成为太后,临朝听政,杀了他们,不就是恩将仇报吗?二来他们如今个个对自己忠心不贰,而这群士大夫最喜欢搬弄是非,如果诛除了宦官,将来皇帝长大成人,他们独大,要自己交出权力,又拿什么去制约他们呢?当务之急,就是先稳住他们,再想办法化解此事。

心中计定,太后便让窦武和陈蕃先回去,此事自己定有妥善的解决办法,要他们不要急于一时。

但她没有料到,这话传到宦官的耳中,便不是太后的本意了。他们以为,定然是太后限于自己权力未稳固,待得江山一定,便是"飞鸟尽,良弓藏,狡兔死,走狗烹"。宦官头领曹节有鉴于此,向大家建议道:"先下手为强,后下手遭殃。"

这年九月,宦官侯览、曹节、王甫等人把灵帝骗出来开路,掌握了宫廷禁卫军,封锁了各个宫门,也就间接地控制了皇宫禁苑。随即,他们带领一队禁军,以皇帝的名义,闯进长乐宫,以武力逼迫窦太后交出了传国玉玺,并起草诏书调取了军队的符令节杖,以谋反罪名派军队逮捕围攻窦武、陈蕃。

窦武父子知晓大势已去，随即自杀，陈蕃门下数十人被杀，幸好陈蕃德高望重，在朝野上下有很深的根基，便只是被贬官。窦太后虽然在开始之时，极力维护宦官，如今被迫迁入南宫幽禁，窦武家属流放日南比景。城门失火，殃及池鱼，凡是陈蕃、窦武举荐的，以及他们的门生、旧属，自公卿以下，一律免官，永不录用。至此，宦官们取得了决定性的胜利。他们操纵灵帝，封曹节为长乐卫尉，育阳侯；王甫为中常侍。其他朱瑀、共普、张亮等六名宦官为列侯，十一人为关内侯。

窦氏一门短暂的专权统治就这样结束，留下年幼无知的汉灵帝在深宫内院之中，外戚和士大夫的势力都黯然收场，东汉政权正走向落幕之时。幽居南宫的窦太后，虽然已经失去父兄和权势，但她名义上仍然是灵帝的嫡母，宦官虽然掌握了灵帝，但却不能够妄自处置她，皇帝亦因为太后有援立的功劳，在建宁四年（171 年）十月初一，率领群臣到南宫朝拜，亲自进献祝寿。此外，黄门令董萌因此多次为太后向皇帝诉说冤情，皇帝采纳他的建议，对太后的供养资财俸禄比以前更多了。然而，此时的宦官已经是无所不用其极了。中常侍曹节、王甫痛恨董萌依附帮助太后，就诬陷董萌诽谤灵帝之母，董萌因此获罪下狱而死。

窦武和陈蕃的苦心经营，却坏在了这个无才无能、惑于群小的窦太后手中，窦太后亲手断送了自己和家人甚至是整个东汉的前途，深刻地感受到懊悔和痛苦，可惜为时已晚。

汉灵帝熹平元年（172 年）六月，窦太后的母亲病故，伤心过度的窦太后不久病逝。她死后，掌权的宦官们仍不肯放过她，将其遗体送到城南的一个宅院里，不让她和桓帝合葬。兹事体大，灵帝犹豫不决，于是急忙召集朝会讨论此事。可惜，此时的朝堂之上，众宦官已然权势滔天，百官都不敢出声，唯恐招致杀身之祸，只有廷尉陈球顶住压力，挺身而出，指出"皇太后以盛德良家，母临天下，宜配先帝，是无所疑。"太尉李咸等人也和宦官赵忠、曹节、王甫等人展开了激烈的争论，最后终于让宦官们无言以对，使灵帝同意让窦太后以先帝嫡配的身份合葬宣陵，谥为"桓思皇后"。

卖官鬻爵只求财

灵帝贵为一朝天子，不思为国为民，只贪图个人享受，国家之惑乱可见一斑。在灵帝统治的二十多年中（168 年至 189 年），汉朝的官制已经变得面目全非。自熹平七年（178 年）以后，文武官员体制已然发生了巨大的变化，高官显位并不是凭借个人名望、孝顺廉洁、功勋才德获得，而是有钱者居之。

过去汉朝也有过卖官的事情，但都是为了解决巨大的财政困难，而且都是在有限的规模和很低的官职上。但如今，汉灵帝公然承认，只是出于满足自己、太后以及几个宦官的贪欲，便大肆出卖国家的最高官职。178 年，三公成为炙手可热的商品，如果是因为三公的权力被严重削弱而使得出售官职成为可能，那么最高决策层的贪污腐化则是卖官鬻爵的根源诱惑所在。

买卖官职之举是在大汉宫城之中一个叫西苑的地方组织进行的。三公之位价值一千万，九卿之位价值五百万，这些都是虚职，不能有效搜刮民脂民膏，因而很多人宁愿去买一个郡守。当时汉朝有一百多个郡县，一个郡守职位，可以卖得两千万。曾经的举孝廉制度依然有效，只需缴纳五成的买官费就可以获取相应职位。崔烈曾在中平二年（185年）用仅仅五百万就获取了司徒之职，让皇帝懊悔不已。为了获取更多的钱财，187年，灵帝决定，出售关内侯以获取钱财。

皇帝卖官鬻爵，只为满足个人私欲，可见当时汉灵帝的昏庸到了何种程度。当然，除了搜刮钱财之外，卖官之举也有其更为深刻的原因，一则是从建宁二年（169年）开始到光和七年（184年）结束的两次党锢之祸。天下贤明的儒生都被害了个遍，因而造成职位上的严重空缺。二则是回避制度上的限制，当时一个官员是不允许在其所出生的郡县任职的，即使在其妻子出生的郡县也不被允许，导致官员空缺越来越大。最终，皇帝用来满足酒池肉林情趣之事的"鸿都门学"学生便成了皇帝选拔官员的直接来源。在这种风气的治理下，汉朝灭亡的日子就要来临了。

汉末的农民起义

由张角领导的黄巾起义，是中国历史上最伟大的农民起义之一，他主要借助了两大宗教力量的影响，一是佛教，二是道教。

佛教于汉明帝时期传入中国，主要得益于张骞通西域之后，丝绸之路的畅通，东西方文化得以在这条路上长久地交流。佛教便在此后不久，从西域传向东土大汉。东汉王朝第二任皇帝刘庄曾梦见一个金人。有学问的大臣就告诉他，金人是西域的一个被称为"佛"的神祇。刘庄随即派遣官员蔡愔及秦景等人去西域求佛，那时还没有人知道西域的佛是由天竺（印度）传入。蔡愔于65年出发，两年后返国，随同他来的有两位外国籍的高僧摄摩腾和竺法兰以及白马驮着的佛教经典。刘庄特地在首都洛阳东郊建造一座白马寺，招待这两位高僧并安置经典。佛教自此被统治者承认，成为东汉统治天下的另一重要工具。

不过事实上，白马到洛阳时，佛教在民间已经大大地流行，亲王刘英，即刘庄的弟弟就以信奉佛教而闻名，举国皆知其修身养性的佛家宗旨。

道教是传统的中国宗教，其具体的诞生或者出现日期，现在已经无证可考。只知道道教跟道家学派有密切关系。道家学派中有一部分人士转变为"阴阳家"，介乎学派与宗教之间。这种以炼丹炼金，求长生不死药的高级巫师，被称为"方士"，深受历代帝王的欢迎。以后方士中又有一部分转变为念咒画符的人物，道教遂在不知不觉中形成。汉顺帝时方士中一位大家张道陵集神秘之大成，在四川鹤鸣山修炼。张道陵不时用符咒为人治病祈祷。民间大众云集响应，逐渐形成一股势力，历史上称之为"太平道"。追随他的门徒，都要奉献五斗米，所以也称"五斗米道"。张道陵死后，儿子张衡继承了他的门派。张衡死后，儿子张鲁继承。此时已到汉灵帝统治时期，各地混战不休，皇帝昏聩无能，大汉政权摇摇欲坠，政府欲要借助张鲁拥有的群众力量，便委派他当汉中（陕西汉中）郡长（太守）。此时尚没有"道教"这一说，直到三百年后五世纪时，名道士寇谦之出世，才确定"道教"名称。

汉朝的战争从汉明帝时期到汉灵帝之时，一直没有断绝。虽然在169年被全部扑灭，但是也留下了巨大的祸患。没有被战争直接波及的中原地区，因军需万急，导致黎民百姓不堪忍受沉重的徭役负担。在苛捐杂税和官员贪暴以及地主剥削重重迫害之下，大量农民被迫开始逃亡甚至发生民变。逃亡和民变又引起因劳力缺乏而产生的水灾旱灾蝗灾。水灾蝗灾又引起农村破产。这一系列事件逐渐构成一个恶性循环，整个汉朝的根基岌岌可危。而此时的朝野上下，宦官跟士大夫正斗争得如火如荼，没有人关心那些在死亡中挣扎的农民。农民为了生存，遂逐渐集结在一个标志"黄巾"之下，希望自己决定自己的命运，能够饥饿之时有饭可吃，寒冷之时有衣可穿，风雨交加之时有一栖身之地。眼看这么基本而质朴的愿望却在汉室昏聩的统治之中逐渐化为梦幻泡影，农民遂投身到轰轰烈烈的反汉起义之中。在黄巾标志下，张角在他的家乡巨鹿（今河北宁晋），供符咒传教。十余年后，张角的门徒达到有数十万人。"苍天已死，黄天当立，岁在甲子，天下大吉。"这是张角的起义口号。黄巾势大，不少宦官认为东汉政府已无前途，纷纷投诚张角，约定黄巾军到达京师之时，便打开城门，迎接张角入朝。可是如此庞大的组织中不可避免地会有内奸或变节分子，再严密的城墙也会有透风的地方。另一位门徒唐周，因为得不到张角的器重，又害怕起义失败而招致杀身之祸，便向东汉政府告密。

宦官们听闻此事，当即行动起来，就在光和七年（184年）一月，马元义被捕，被最残忍的车裂酷刑处死。根据口供的牵引，辗转杀了一千多人，并通缉张角。张角仓促间下令起兵，一夜之间，百万以上的农民掀起暴动。他们用黄巾裹头，以分别敌友。可惜他们没有料到，这次出现的剿灭自己的汉军，并不像这个政府一样，满是沧桑，反而个个英勇善战，以一敌十。也难怪，那些凉州（河西走廊）部队在血腥中成长，强悍善战，没有经过训练的农民们，面对这群虎狼之师，虽然有刀枪剑戟在手，却和手无寸铁没有任何两样，坚持不久便兵败如山倒。而正在此时，张角因为其最为钟爱的弟子马元义的被杀而伤心不已，大病之下溘然长逝，失去领导的黄巾军很快就被汉军瓦解。于是这一历史性的农民暴动只支持了十一个月就被分别击溃。然而，这个世界却再也不能恢复原状了。汉政权的权威遭到了严重的挑战，从此，虽然有人力图改良，但都逃不过最终的一个结果：推翻汉朝，改朝换代。

特别是此时的凉州部队，在剿灭黄巾起义的过程中，将势力从西凉边境延伸到中原腹地，汉政府碌碌无为，中央军队不值一哂，使得西凉军将领开始轻视朝廷，当朝廷征召他们到洛阳担任宫廷少府时，大将之一的董卓竟然拒不接印，唯恐放弃西凉军权，此后便会乖乖等死。偏偏又遇到两个愚蠢至极的官员何进与袁绍，想利用他来胁迫何太后，从而维持汉室的统治。此种驱狼搏虎的做法，无疑是在引火自焚。189 年，当洛阳追兵在黄河南岸小平津从宦官手中救出刘协时，董卓率领大军适时地赶到，刘协就在凉州兵团护驾下，返回首都洛阳，是为汉献帝，从此开始了他极富传奇色彩又悲剧感十足的一生。

宫中巨变

灵帝的一生，昏聩不明。诸葛亮在《出师表》里述说后汉败亡的往事，"未尝不叹息痛恨于桓灵也"。

无可非议的是，灵帝在位之时，还是做了一件明智的事情，即选择了一个忠心于自己的好大臣，他就是蹇硕。汉灵帝末期，灵帝亦已深切地感受到世运不济，东汉政权已经岌岌可危，为了维持这样一个乱而不损的时局，他亲手组建了一个以"西园八校尉"为核心的卫戍部队，任命"壮健而有武略"的小黄门蹇硕为上军校尉，统帅这支部队。并且在弥留之际嘱托他的这位心腹拥立刘协为帝，一则是为了弥补自己对于王美人香消玉殒的遗憾，二则是为了制衡外戚，防止其再度专权。

中平六年（公元189年），昏庸的汉灵帝在人民的一片怨声中结束了他的一生，终年三十四岁。死后谥号孝灵皇帝，葬于文陵。

蹇硕无愧于汉灵帝的重托，几次三番地发动对何皇后二人的进攻，可惜天不遂人愿。初时，汉灵帝的灵柩停放在殿中，蹇硕便命人在灵柩四周密布伏兵，等何皇后的哥哥何进入殿拜奠时，就乘机动手将其杀死。然而，蹇硕计策竟然被属下出卖，被何进知晓。何进闻知消息，立即进行部署，调集禁军甲士，封锁四方城门，同时通报何皇后。何皇后位居正宫，调兵遣将就占有优势。而蹇硕不过是一个校尉，与手握重兵兼且得到各方拥戴的何氏兄妹相比，实在是实力微薄。何皇后马上下令，封锁禁宫，同时与何进一起拥兵入宫，升朝议政，宣布十四岁的皇长子刘辩为皇帝，史称汉少帝。何皇后以太后身份临朝，何进与太傅袁隗辅政，负责军国事务。

蹇硕见事情败露，却丝毫不灰心，誓死要完成先帝的遗愿，他认识到，当今皇宫大内，能够与何氏兄妹抗衡者，只有宦官。于是，他早仓促之间找来一些宦官，以完成先帝遗愿，诛灭乱臣贼子的名义，号召大家一起捕杀何进。他不知道，何氏兄妹能够有今天的成就，就是会笼络宦官的心。因此，宦官们为了自己的利益，将如此机密大事告诉了何进，何进命黄门令逮捕并处死了他。

何进以皇帝舅舅身份辅政，地位立刻高过三公，为了维持政权的稳定，何氏兄妹不久又拉拢了"累世宠贵，海内所归"的袁绍、袁术，军权、声望都达到顶峰，权力日益膨胀。骠骑将军董重看着何进横行朝廷，心中十分不平。董太后眼看本来应该是自己独大的朝局，竟然被何氏兄妹夺取了，心中愤恨不已，于是发誓除掉何氏外戚。可惜，何氏兄妹在董太后动杀机之前，就已经盯上了她，因为他们明白，自己要想寻求江山稳固，就必须要诛除惑乱的根源，即刘协。而刘协历来由董太后抚养看护，因而除掉董太后才是当务之急，先下手为强，董太后还没有反应过来，何皇后便与何进设毒计，除掉了董氏。

除掉董太后一族以及蹇硕之后，天下唯一可以威胁何氏兄妹外戚专权的就只有宦官了，此时何皇后已经成了何太后，对于宦官在宫中横行，也胸怀"过河拆桥"之心。只是眼下宦官权力还未有丝毫削弱，何太后便认为，不可以轻举妄动，以免打草惊蛇。而袁绍则不然，他代表的士大夫阶级，在经历党锢之祸之后，几十年的休养生息才略微恢复元气，此番有天赐良机，当然要和宦官阉党一决雌雄。眼见太后坚决不同意自己现在就诛除宦官的做法，袁绍只能跟外戚领袖大将军何进私下里结合，密谋铲除宦官。

袁绍建议招董卓入朝，以"清君侧"之名讨伐宦官，进而胁迫何太后。袁绍的建议遭到了曹操的反对，他说，对付宦官，一个法官就行了，这样引狼入室，恐非天下之福。然而，曹操的建议未被采纳。可惜事机不密，何进等人的密谋被宦官们知道了。于是宦官们悍然决定发动宫廷政变，把何进诱进皇宫砍头。

何进部曲将领吴臣、张章获悉何进被杀，急忙调集军队包围了皇宫。虎贲中郎将袁术也率兵攻打宫殿，放火烧了南宫九龙门及东西宫，逼迫宫中交人。袁绍遂率领禁卫军纵火焚烧宫门，攻入皇宫，对宦官进行灭绝性的屠杀，无论老幼，无论善恶，有些倒霉的年纪较长的洛阳市民，因为没有留胡须的缘故，被误会是宦官，也遭到灾祸。

当袁绍攻入皇宫时，宦官张让等人慌忙去见何太后，也没说何进已死，只说他谋反焚宫。何太后也惊慌失措，被张让、段珪等挟着，与少帝刘辩、陈留王刘协一起逃入北宫。这时，袁绍等也带人冲入宫中。他命令军士见宦官就杀。张让、段珪劫迫少帝兄弟逃出皇宫，后来为卢植等人所迫，投入滚滚东去的黄河之中。

挟天子以令诸侯

董卓进驻洛阳之后，军阀混战便从此不休不止，一发不可收拾。轰轰烈烈、涤荡心魄的三国时代就此拉开序幕。

董卓来到洛阳勤王，竟然给予了刘协一番际遇，刘协在少帝刘辩继位之后，被封为陈留王。刘协为董太后抚养长大，虽然年幼，但远比刘辩更聪明更有气魄。董卓是董太后的同族，于是心中便产生了废掉刘辩，更立刘协的想法。他以迎少帝有功，扩大自己的势力，把持朝政。

中平六年（189年）九月初一，董卓率领公卿到崇德殿，强迫何太后诏策废除少帝，贬为弘农王；立陈留王刘协为帝，是为汉献帝。

董卓一到洛阳，便用其凉州兵团马上把洛阳控制住。朝中原来那些分属于袁绍、曹操的禁卫军，常年养尊处优，面对能征善战的凉州军队，一个个噤若寒蝉。袁绍知道已无能为力，只能逃到自己的属地冀州，积极发展军队势力。而曹操则潜伏在洛阳，密谋一个良机。终于，他迅速接近了董卓，并和大臣王允合议，诛杀董卓。王允将自己家族的宝刀赐予曹操，只盼他能够手刃董贼。可惜，董卓一直有其义子吕布保护。人言，人中吕布、马中赤兔。要在当时勇武天下第一的吕布面前杀死董卓，定比登天还难。

这日，董卓召曹操入其寝宫，为了奖赏曹操积极地支持自己，便命令吕布前去马厩挑选一匹最好的战马给曹操。酒过三巡，董卓不胜酒力，便在曹操面前睡去，他哪里知道，这个他认为最忠心自己的曹操，正欲谋害于他。可是，真的到了动手的时候，他却踌躇不定了。此番自己即使能够手刃董卓，也势必会招致更多的军阀来控制献帝，把持朝纲。但是如是不杀他，献帝就不能得到自由，汉室天下必将危亡，自己也会被千夫所指，永远不能出头。

曹操一代枭雄，此刻却陷入了两难之中，忽然，刀光一闪，董卓猛然惊醒："曹操，你欲何为？"曹操见事情败露，忙急中生智，借口向董卓进献宝刀。董卓一时没有怀疑，放过了曹操，曹操当即离开董卓，杀了城门守将飞离洛阳。待得董卓醒悟过来，已经为时晚矣。

自此，曹操声名大振，虽然没有成功杀掉董卓，却使得天下士人归心，就连曾经捉住他的县令陈宫也放了他，虽然曾经曹操羞辱了陈宫，陈宫却因为其义举而誓死跟随曹操。可惜后来曹操"宁愿我负天下人，休叫天下人负我"的所作所为，为陈宫所不齿，便离开了曹操。

曹操既走，董卓高兴地发现，他控制首都就等于控制皇帝，控制皇帝就等于控制全国。朝中士大夫也有反对他的人，但是每次都被他以铁血政策所化解。士大夫工于权谋，却也有一个致命的弱点，就是缺少杀伐果断的勇略。因此，董卓不久便稳定了洛阳局势，连位居三公的王允也噤若寒蝉，不敢直视其目。

董卓本来只是西凉部队的将领，统辖范围不过几十个郡县，现在成了全国主宰，便如那乞丐突然成了亿万富翁。太快的形势变化，使他把政治看得过于简单。认为现在什么都有了，只缺少威望，而建立最大威望的最大妙法，莫过于把旧皇帝废掉，另立一个新皇帝。正好刘协甚合董卓的心意，朝中士大夫大多数也比较支持刘协即位。于是，董卓强迫刘辩退位，另立刘辩九岁的弟弟刘协上台。第二年，更把刘辩和他的母亲何太后杀掉。

董卓以为，自此自己便可以坐享其成，挟天子而号令天下，一时之间，天下无人可以制衡他。对大臣，董卓随时会杀其身、灭其族；对于后宫嫔妃，董卓亦是天天毁其身、败其誉。以为这样天下群臣百姓就会臣服在其淫威之下。可是董卓没有料到，蛮干不但不能建立威望，反而引起强烈反感，等于把攻击自己的刀柄授给敌人。果然，正苦于没有借口的敌人有了借口，各地反对董卓的武力，共组成十八镇诸侯，在东方集结，推举"四世三公"、军力最强的袁绍当盟主，以江东孙坚为前锋，讨伐董卓。几番大战下来，董卓损兵折将，特别是上将军华雄被关羽斩杀，更是让董卓内心极为恐惧。此外，董卓并不熟悉洛阳，他的根据地在关中（陕西中部），于是下令把首都迁到长安，距他进入洛阳只六个月。皇帝和人民，一齐跟跄上道。为了彻底执行，也为了不给诸侯留下任何实物，董卓纵火焚烧洛阳，自姬旦在洛阳筑城以来，经营了一千四百年的当时世界最伟大最繁华的都市，化成一片焦土，方圆百里以内，不见任何炊烟。居民仓促中向西搬移，既没有计划，又没有准备，举家搬迁，像押送囚犯一样，在联军争先进入洛阳之时，凉州兵团夹驰道旁，奔腾鞭策，马蹄的践踏和饥饿疾病，使死亡相继，洛阳长安相距直线五百公里，沿途堆满尸体，人人恨死了董卓，正是屠灭董卓的最好时机，可惜其他人要么目光短浅，要么实力不足（如刘备），只有曹操向孙坚借了五千骑兵，连带自己的三千家族骑兵，追击董卓而去，试图劫回献帝，可惜最终还是狼狈而回。

尽管洛阳化为一片瓦砾，董卓还是在有意和无意之间留下了皇权的象征物——玉玺。此物被十八镇诸侯联军的先锋孙坚所得，一时之间，甚为欢喜。黄盖、孙策等辈，无不向孙坚道贺。只有孙权道破玄机，此物不但没有任何实际用处，反而会平白招来别人的嫉恨。曹操也极为同意孙权的看法，不由赞叹："孙氏一族，满门英豪，可叹、可喜、可虑！"后世也有附会当时曹操的想法："天下英雄谁敌手，曹（曹操）刘（刘备），生子当如孙仲谋（孙权字仲谋）。"果不其然，孙坚匹夫无罪、怀璧其罪，在返回江东的途中，荆州牧刘表应袁绍所请，伏兵江上，孙坚死于非命。江东大权从此由长子孙策执掌。

眼见天子囿于董卓之手，西凉军兵强马壮，关中更是土地肥沃，居高临下，兵锋所指，中原无可抵挡。更兼有董卓爱将吕布保驾，一时之间，天下无人可以撼动董卓第一诸侯的地位。一个没有政治头脑的人偏偏坐在非有政治头脑不可的座位上，不啻坐在毒蛇的牙齿上。董卓的末日终于来临。

事情的起源其实应该追溯到董卓知道曹操意欲谋害自己之时。那时，他一见宝刀便知道是王允的主意，便命吕布前去搜查。哪知道吕布没有搜到证据，反而搜出了个绝世美女貂蝉。二人一见倾心，吕布更是被她迷得神魂颠倒。一段痴狂的爱情就此萌芽。如果让这二人就此发展下去，倒也是乱世之中一桩美事。只是貂蝉的义父王允却看到了诛灭董卓的契机。

吕布与貂蝉很快坠入爱河，不可自拔，王允便以大汉兴亡、天子荣辱、自己生死为要挟，要貂蝉同意自己的计策。貂蝉一界女流，碍于王允的养育大恩，便从了王允，将自己送到董卓府上，任其施为。吕布知晓，不禁大怒，细问之下，才知道是董卓抢了自己最钟爱的女人。在王允的唆使下，吕布叛变，把董卓刺死，屠灭董卓三族。这是小说家言，历史上王允确实在吕布帮助下除掉董卓。董卓制约天下只有短短三年五个月，就此败亡。

治世之能臣，乱世之奸雄

无论天下人如何评判曹操，他心中自有一番计较。任你东西南北风，我自岿然不动，曹操的个人逻辑每每出人意料，为传统儒学所不容，因而赋予其奸雄之称。

曹操不愧为一代雄主，在获取献帝之后，在政治上向各方诸侯进攻，依靠政治上的优势，使得军事上的不足得到很大的弥补。

初平三年（192 年），青州黄巾军大获发展，连破兖州郡县，阵斩兖州刺史刘岱。济北相鲍信等人迎曹操出任兖州牧。曹操和鲍信合军进攻黄巾军。不久鲍信战死。曹操"设奇伏，昼夜会战"，终于将黄巾击败。自此获降卒三十余万，人口百余万。曹操收其精锐，组成军队，号青州兵，实力大增。此后，他又击破吕布，挺进徐州。

眼见曹操日益壮大，袁绍终于坐不住了。在灭杀了公孙瓒之后，势力大增，如果不出意外，灭掉曹操指日可待。于是，袁绍便用对付董卓的办法对付曹操，他发动勤王军事行动。但是此刻各方诸侯心中都有自己的小算盘，都不愿意助袁绍灭了曹操，因为那样一来，天下为数不多可以与袁绍争雄的曹操就会灭亡，群雄就会被袁绍以秋风扫落叶之势屠尽。只有荆州刘备率领为数不多的兵士前来相投。

其实在此之前，刘备曾想前往许昌晋见献帝，刘备素以汉室家族自居，亦以锄强扶汉为己任，此番曹操控制献帝，自己只能帮助袁绍灭了曹操，才能够解救献帝。刘协迁都许县后四年，即建安五年（200 年），曹操和袁绍在官渡（河南中牟东北古鸿沟渡口）决战。当时曹操和袁绍在军力上悬殊巨大，袁绍具有绝对优势。兼且曹操劳师远征，粮草军械严重不足，当此之时，曹操谋士司马荀或极力劝解曹操破釜沉舟，不要撤兵。恰逢袁绍之谋士许攸进言灭曹，袁绍却由于其子病重而耽误军事，许攸大骂其为庸主，被袁绍贬谪，心中郁闷难当，便来投曹操这儿时玩伴，并献计烧毁袁绍军粮重地乌巢。败讯传来，袁绍军队大乱方寸，随即大败。大将张郃、高览等人率部投降曹操。袁绍弃军逃回黄河以北。曹军大获全胜，斩首七万余级，尽获袁军辎重图书珍宝。曹操清点袁绍书信，得到自己部下勾结袁绍的信，尽烧之，说："当绍之强，孤犹不能自保，而况众人乎！"曹操趁势进兵，终于在建安九年（204 年）占领了冀州，成为天下第一诸侯。但是袁绍的势力并没有彻底肃清。袁绍之子袁尚、袁熙皆逃奔三郡乌桓。建安十二年（207 年），曹操为了肃清袁氏残余势力，也为了彻底解决三郡乌桓入塞为害问题，决定远征乌桓。最后彻底击溃乌桓。

自此，曹操基本肃清了北方，天下十三州他已经居其半。本欲就此一统天下，成就功名大业，可惜时局不明，军事上的严重错误，导致赤壁之战的大败。

此间的献帝刘协也加紧了活动的步伐，力图摆脱曹操的控制。袁绍败军之前，曹操将刘关张三人引到自己的都城许昌，天子见有机可循，直接称呼刘备为皇叔，并为其封侯，以求培植忠于自己的势力。

并且在暗中用衣带写下血诏，号令天下诸侯勤王讨贼。刘备在与曹操煮酒论英雄之后，便知道曹操必定不会容自己存活于世，此番正好名正言顺地为天子讨逆。哪知事情败露，献帝妃子董贵人之父董承等人都被曹操诛杀，怀孕的董贵人也被绞杀。伏皇后畏惧曹操，于是写信给她的父亲伏完，尽数曹操残暴不仁之事，希望伏完能够效仿董承，铲除权臣，但伏完始终未敢行动。自此，曹操无论是军事上还是政治上都得到了强盛和稳固，为以后的天下一统奠定了雄厚的基础。

四百年江山终有尽头

　　自卧龙先生诸葛亮出世之后，天下三分的蓝图便已经被描绘。刘备打出了"汉贼不两立，王业不偏安"的旗号，想要一统天下，中兴汉室。可惜投徐州牧陶谦，则徐州最终被曹操所获；再投袁术，袁术无容人之量，便被曹操所灭；最后投了袁绍，以为凭借其强大势力，可以实现自己的一腔抱负。哪知袁绍有时是贤君，有时却是庸主，更无容人之量、扶持汉室之心。官渡之战之后，曹操势力滔天，刘备只能投了荆州牧刘表。可谓虚负凌云万丈才，一生襟抱未曾开。郁闷之下，终于三顾茅庐，寻到卧龙凤雏之一的诸葛孔明。当初荆州隐士水镜先生就曾预言："卧龙凤雏，得其一便可安天下。"果然，诸葛亮隆中对，制定了以后刘备的进军方略，刘备自此不再是一只无头苍蝇，而是有了"先取荆州，后得西川，再图中原"的三步走的庞大计划。终于，孙刘联盟的建立，夺取了赤壁之战的胜利，瓦解了曹操一统天下的野心，同时也让刘备有了立身之地荆州，从此不再寄人篱下。

　　建安二十五年（220年），魏王曹操去世，他的儿子曹丕认为先王曹操素有威仪，因而才得以统领群雄。此番曹丕继位，要树立恩威，就只能对功臣进行封赏，也只有废汉自立，才能够对群臣进行分封。曹丕亦认为自己在北方的地位已经足够稳固，有足够实力登上九五大位。这年十二月十日，曹丕逼迫刘协禅让帝位给他，刘协虽百般不愿，但还是被迫告祭祖庙，禅位于曹丕。曹丕登上受禅坛，接受玉玺，即皇帝位。随即进入许都，改延康元年为黄初元年，国号为魏，追尊曹操为武皇帝，庙号太祖。废献帝为山阳公，曹皇后为山阳公夫人，勒令搬出宫去，但仍然可以用汉天子礼乐。

在三国并立的金戈铁马声中，汉帝国就此轰然倒塌。狂沙漫天之间，充满了叹息和无奈，也洋溢着激情和奋进。历史始终向前，脚步不会停止，汉朝四百年兴亡历史，给后人留下无尽的思考。

图书在版编目 (CIP) 数据

汉朝其实很有趣 / 宛梦编著 . -- 北京 : 中国华侨
出版社，2020.12（2021.2 重印）
ISBN 978-7-5113-8209-2

Ⅰ . ①汉… Ⅱ . ①宛… Ⅲ . ①中国历史－汉代－通俗
读物 Ⅳ . ① K234.09

中国版本图书馆 CIP 数据核字（2020）第 091353 号

汉朝其实很有趣

编　　著：宛　梦
责任编辑：黄　威
封面设计：冬　凡
文字编辑：杨　君　黎　娜
美术编辑：盛小云
经　　销：新华书店
开　　本：880mm×1230mm　　1/32　　印张：8　　字数：180 千字
印　　刷：三河市恒升印装有限公司
版　　次：2020 年 12 月第 1 版　　2021 年 11 月第 4 次印刷
书　　号：ISBN 978-7-5113-8209-2
定　　价：38.00 元

中国华侨出版社　北京市朝阳区西坝河东里 77 号楼底商 5 号　邮编：100028
发 行 部：（010）58815874　　　传　　真：（010）58815857
网　　址：www.oveaschin.com　　E－m a i l：oveaschin@sina.com

如果发现印装质量问题，影响阅读，请与印刷厂联系调换。